マンション改修モデル事例集 Ⅱ

CONTENTS

3 ……… 巻頭企画

61 ……… 基礎知識

83 ……… モデル事例

119 ……… マンション改修に役立つ製品紹介

外壁再生工事

GNSタイルonタイル工法

既存外壁をピンネット工法で落下防止し新規に弾性接着剤でタイル張りを行います。

GNS タイルonタイル

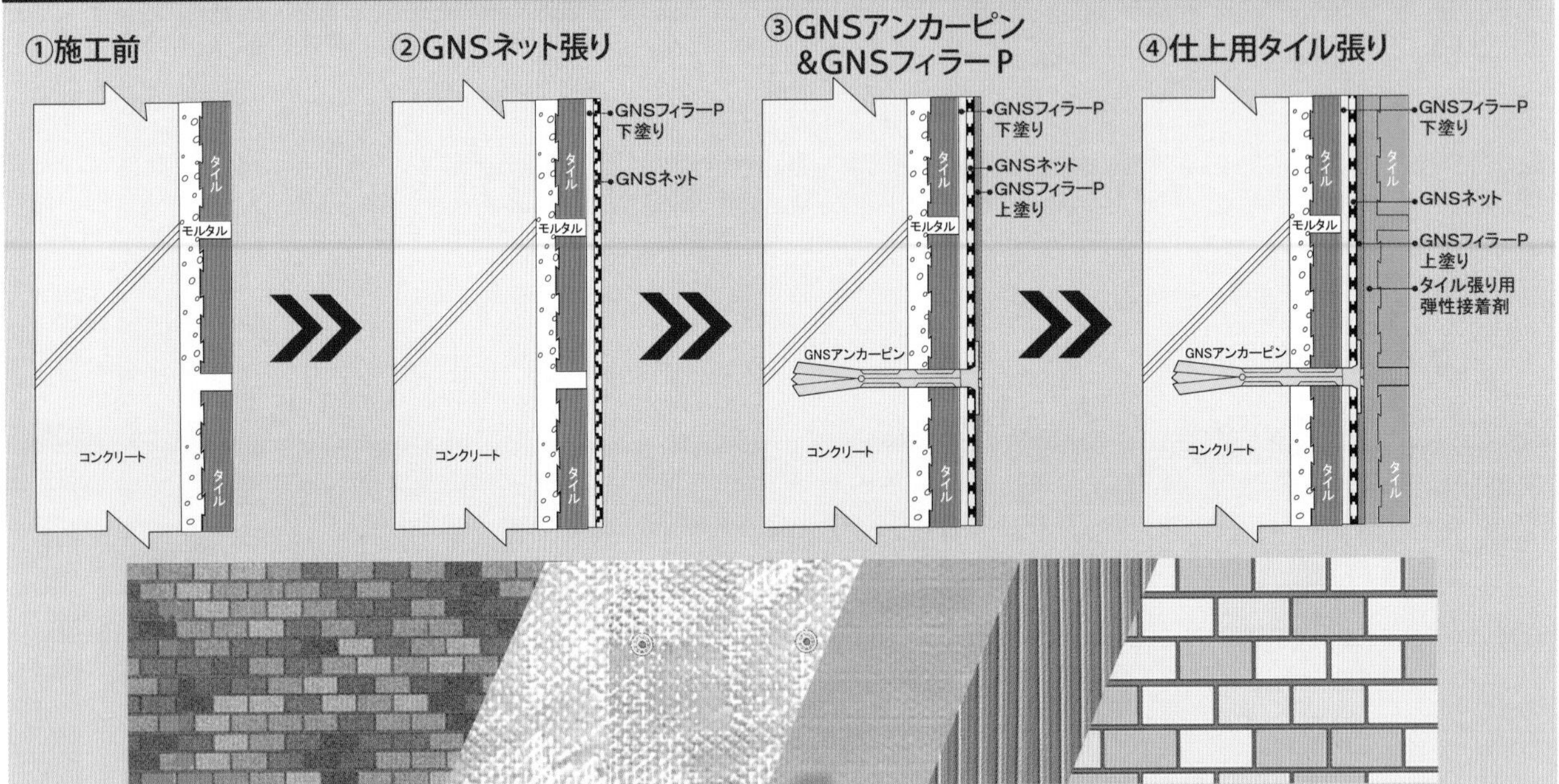

保証は「全国ビルリフォーム工事業協同組合」との連帯保証

1事故6億円・1名6億円・対物6億円

保険会社／三井住友海上火災保険株式会社

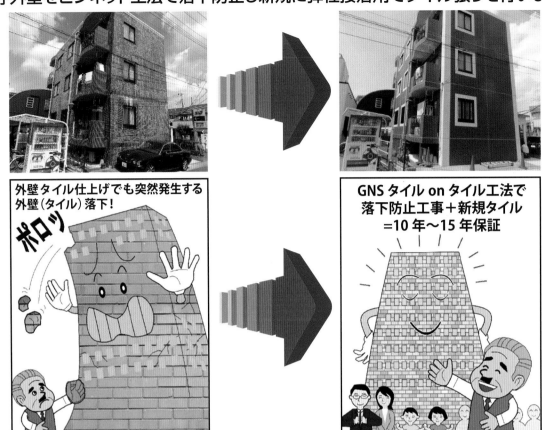

巻頭企画

マンション政策の現状と課題 …… 4

これからのマンション管理　新たな時代へ …… 14

東京におけるマンションの適正な管理の促進に関する条例に基づく、
管理状況届出制度について …… 20

あなたのマンションに＋αの安全性を！ …… 26

民法改正に伴うマンション修繕工事
請負契約約款の改正とその考え方 …… 30

管理組合のためのマンションの維持保全と大規模修繕工事
（賢く育てる分譲マンション） …… 36

築50年時代のマンション再生 …… 44

クリーンコンサルタント連合会（CCU）の活動と
マンション改修の課題 …… 48

住宅金融支援機構における
マンションの維持・再生に関する制度について …… 54

マンション政策の現状と課題

国土交通省 住宅局 市街地建築課 マンション政策室

マンションの現状

(1)全国のマンションストック

マンションは、大都市における土地利用の高度化の進展、職住近接といった利便性や住空間の有効活用などの機能性への評価等を背景として、都市部を中心に持ち家として定着し、昭和50年には約50万戸であったものが、20年後の平成7年には約300万戸になるなど、そのストック数が急激に増大してきました。平成30年度末現在で、ストック数は約655万戸となり、国民の1割超が居住する重要な居住形態となっています（図1）。

(2)高経年マンションの増加

そのような中、高経年マンションストックの増加が懸念されています。築後40年を超えるストックは平成30年度末現在で約81・4万戸ですが、10年後には約2・4倍の約197・8万戸、20年後には約4・5倍の約366・8万戸に急増するものと見込まれています（図2）。

また、現在、旧耐震基準マンションは約104万戸と推計されていますが、10年後には新耐震基準マンションであっても築40年超のものが約94万戸となると見込まれ、今後は新耐震基準マンションについても高経年化が進むことが見込まれています（図3）。

なお、全国のマンションストックのうち住宅団地は約3分の1の約200万戸、約5，000団地あると推計されていますが、これらは高度経済成長期に建設されたものが多く、建物・設備などの老朽化等により、今後再生の検討時期に入っていくことが予想されています（図4）。

(3)マンションの大規模化

いわゆるタワーマンションの出現に象徴されるように、マンションの大規模化が近年進んでいます。例えば、民間企業の調査によると、20階建て以上のマンションの全国の累積棟数は、昭和63年まででは18棟だったものが、平成30年末現在で1，278棟となっています（図5）。

(4)既存住宅流通量の増加

平成元年と平成30年の既存住宅流通量（持ち家として取得した既存住宅数）を比較すると、共同住宅等は4・5万戸から7・9万戸に増加（＋76％）しており、マンションストックの増加に伴って流通量が拡大し、既存マンションの管理状況等に関する情報ニーズが高まっていると推察されます（6頁図6）。

(5)マンション居住者の永住意識の高まり

平成30年度マンション総合調査によると、62・8％の区分所有者が「永住するつもりである」と回答するなど、マンション居住者の永住意識は年々高まっており、マンションが長期にわたって適切に維持管理されていくことの重要性が高まっています（6頁図7）。

マンション管理・修繕に関する課題と政策的支援

(1)マンション管理・修繕に関する課題

マンションは、その管理・修繕を行っていくに当たって、多様な

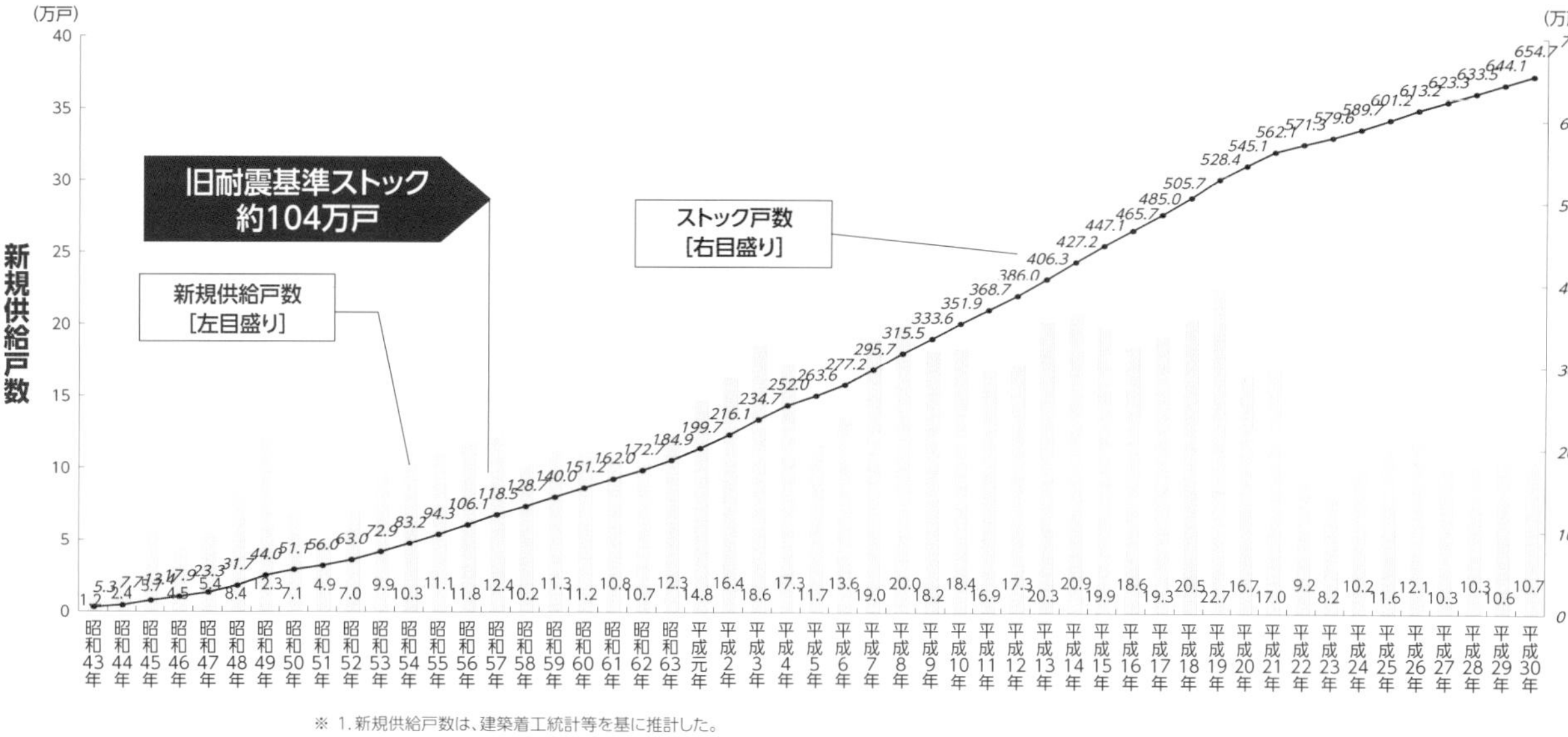

※ 1. 新規供給戸数は、建築着工統計等を基に推計した。
2. ストック戸数は、新規供給戸数の累積等を基に、各年末時点の戸数を推計した。
3. ここでいうマンションとは、中高層(3階建て以上)・分譲・共同建で、鉄筋コンクリート、鉄骨鉄筋コンクリートまたは鉄骨造の住宅を言う。
4. 昭和43年以前の分譲マンションの戸数は、国土交通省が把握している公団・公社住宅の戸数を基に推計した戸数。

図1 分譲マンションストック戸数

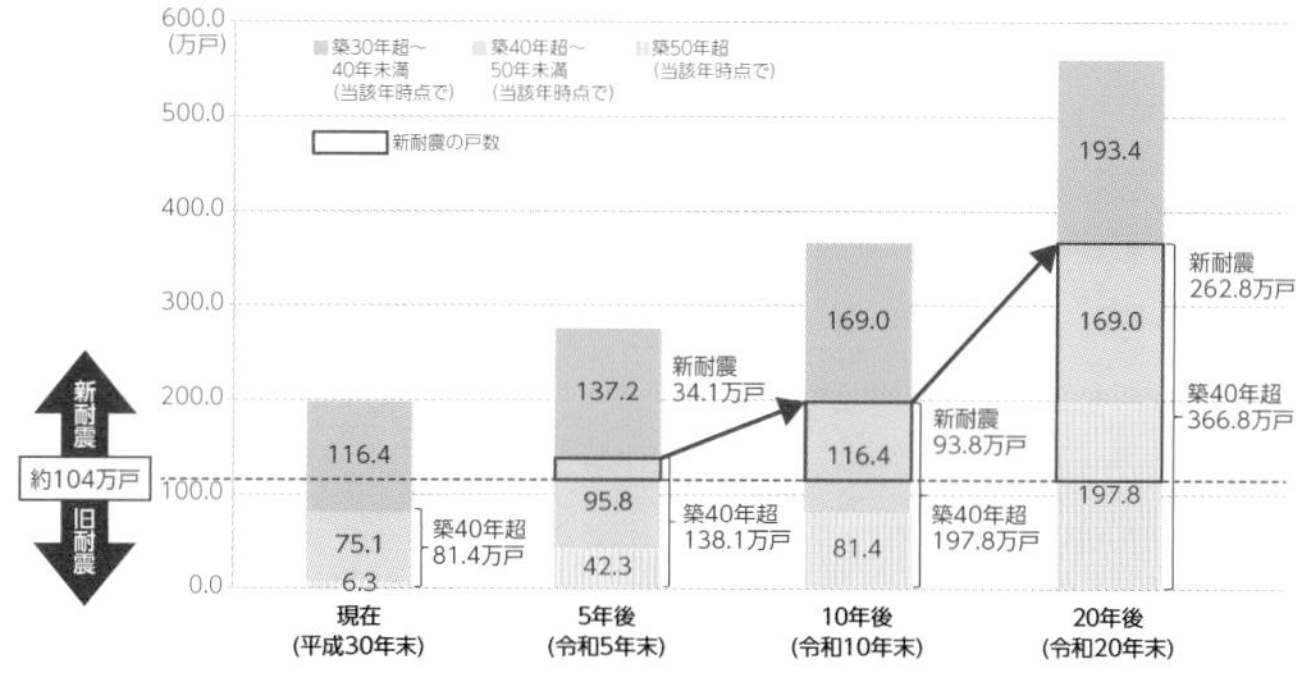

※現在の築50年超の分譲マンションの戸数は、国土交通省が把握している築50年超の公団・公社住宅の戸数を基に推計した戸数。
※5年後、10年後、20年後に築30、40、50年超となるマンションの戸数は、建築着工統計等を基に推計した平成30年末のストック分布を基に、10年後、20年後に築30、40、50年を超える戸数を推計したもの。

図3 新耐震基準マンションの高経年化

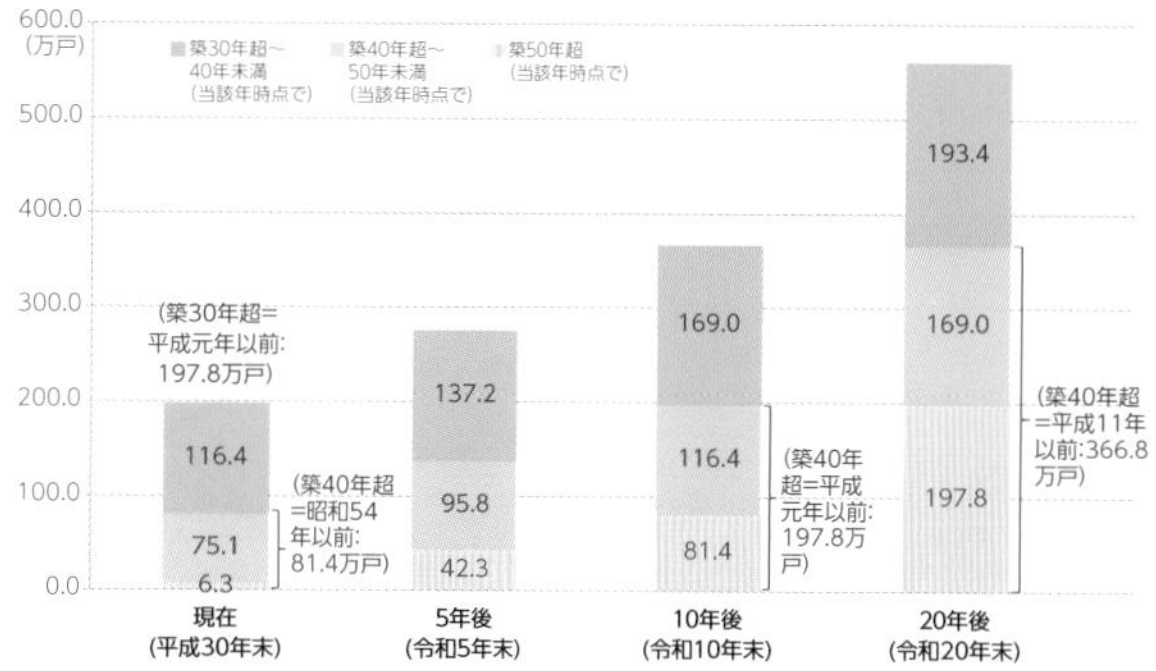

※現在の築50年超の分譲マンションの戸数は、国土交通省が把握している築50年超の公団・公社住宅の戸数を基に推計した戸数。
※5年後、10年後、20年後に築30、40、50年超となるマンションの戸数は、建築着工統計等を基に推計した平成30年末のストック分布を基に、10年後、20年後に築30、40、50年を超える戸数を推計したもの。

図2 築後30、40、50年超の分譲マンション戸数

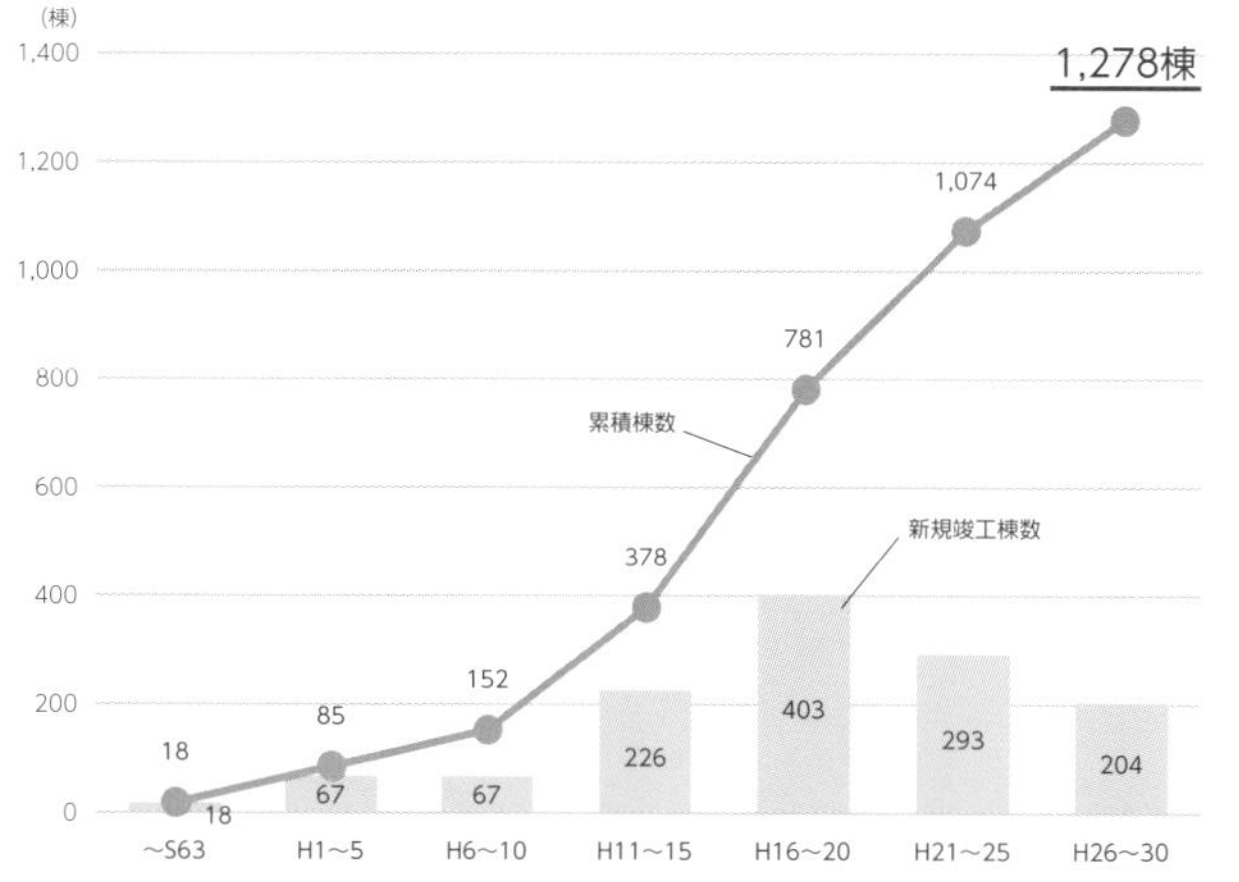

※最高階数が20階以上
【出典】(株)東京カンテイ タワーマンションの供給動向

図5 全国のタワーマンション※の累積棟数および新規竣工棟数

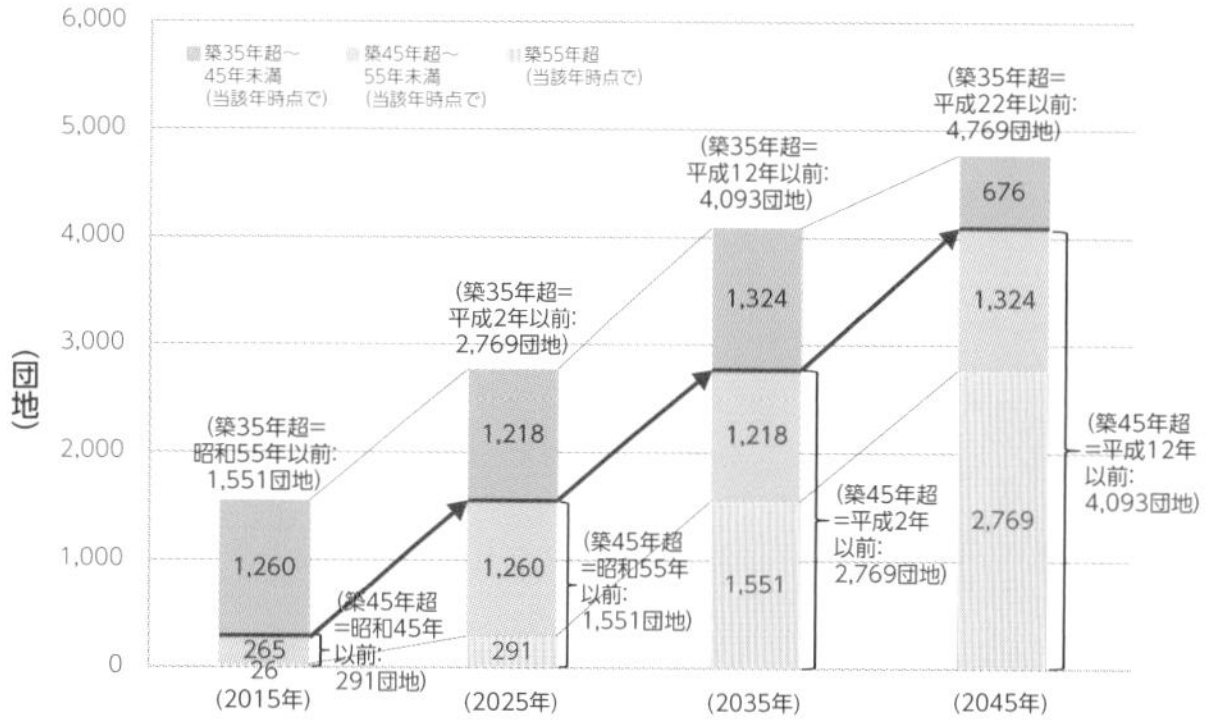

※団地型マンションの定義
①同一敷地内に計画的に建てられている二棟以上の共同住宅群で、②分譲敷地を含むおおむね50戸以上のもののうち、③当該敷地が区分所有者等により共有されていると推定されるもの。
※推計方法
平成15年以降の住宅・土地統計調査では、団地・団地以外を判別する調査項目がないことから、平成25年住宅・土地統計調査およびUR・全国公社の供給実績を用いた特別集計、東京都の団地型マンション住棟数調査等により推計。

図4 大規模な団地型マンションの高経年化

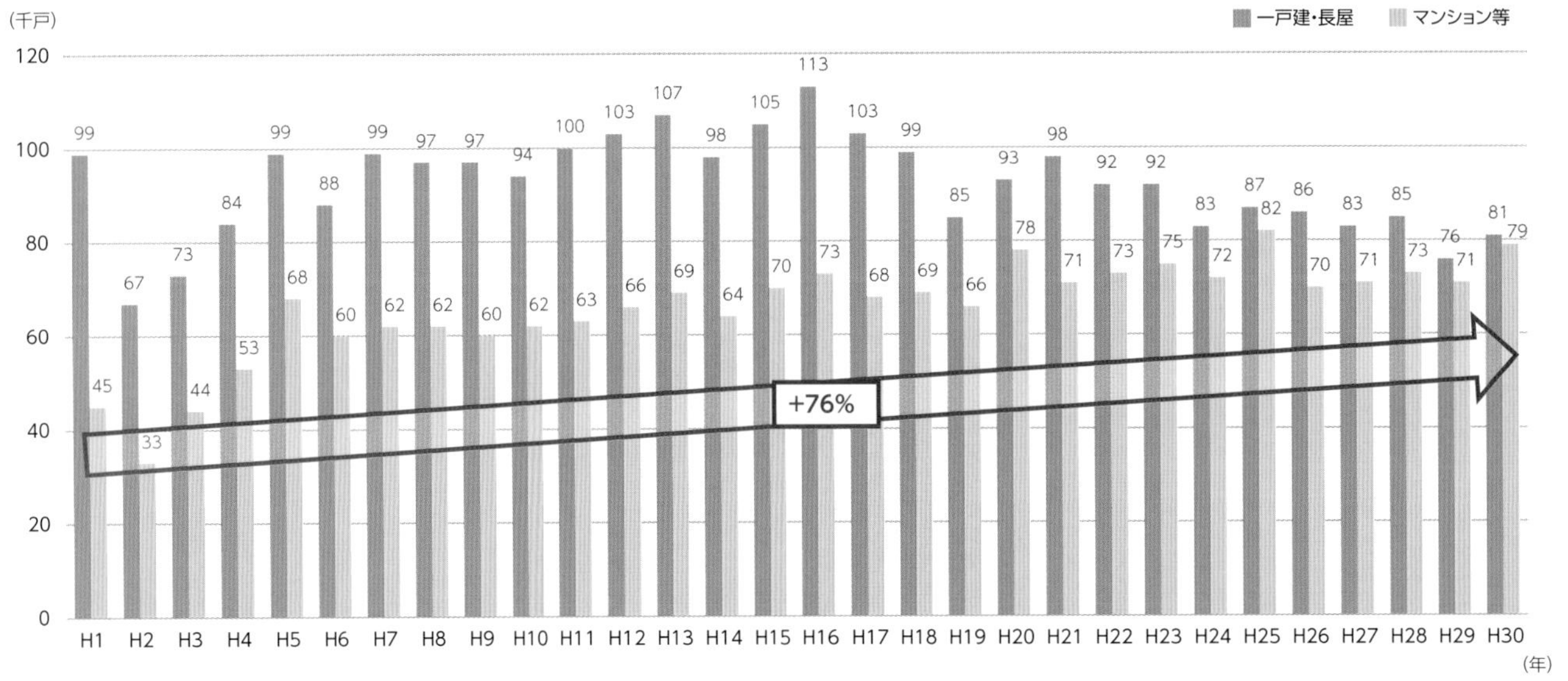

【出典】住宅・土地統計調査(総務省)

図6 既存住宅流通量(持ち家として取得した既存住宅数)

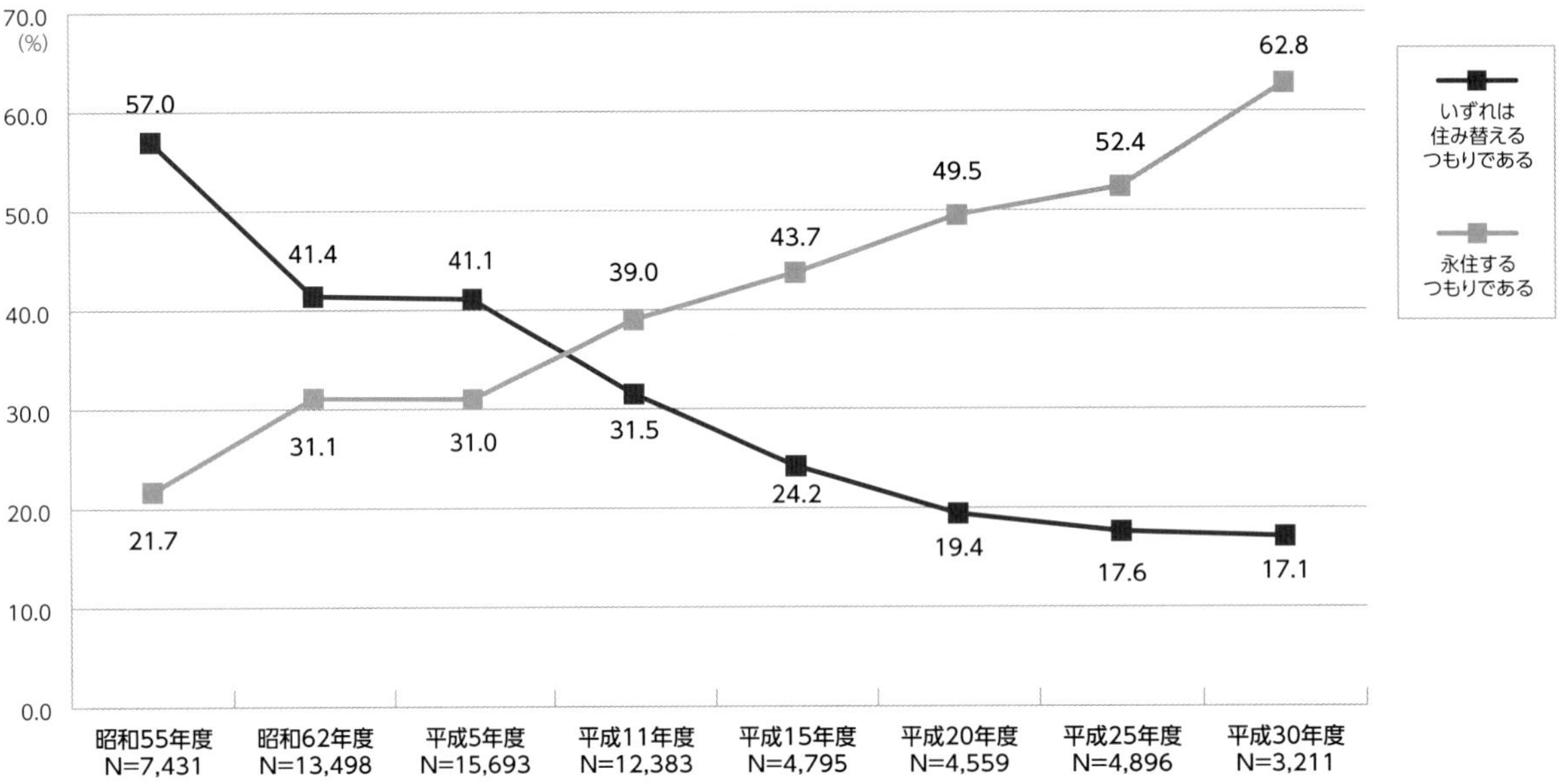

【出典】平成30年度マンション総合調査

図7 マンション居住者の永住意識

価値観を持った区分所有者間の合意形成に多くの労力と時間を要すること、修繕等の工事やその計画策定、管理規約の見直し等に当たって技術的・法律的な専門知識を要することなど、多様な課題を有しています。

例えば、マンションにおいて安全で快適な居住環境を確保し、資産価値を維持するためには、修繕工事を適時適切に行うことが不可欠です。しかしながら、前述の多様な課題等により適時適切な修繕工事がなされていない懸念があります。大規模修繕工事の実施周期を12年程度と仮定すると、築30年以上のマンションで実施回数が1回以下のマンションは22％、築40年以上のマンションで実施回数が2回以下のマンションが37％となっています。また、34・8％のマンションにおいて修繕積立金が計画に比して不足している実態も明らかになっています（図8・9）。

マンションの管理・修繕が適時適切になされず放置されると、当該マンションの居住環境や資産価値が悪化するだけでなく、例えば外壁等の落下事故、空き家への不審者の侵入、給排水管の破損放置による悪臭被害、外観の劣化による景観悪化など、周辺にも防災・治安・衛生・景観面等に重大な影響を与えることとなります。

　これらのことから、国においては、従来からマンションの管理・修繕に関するさまざまな施策を講じています。

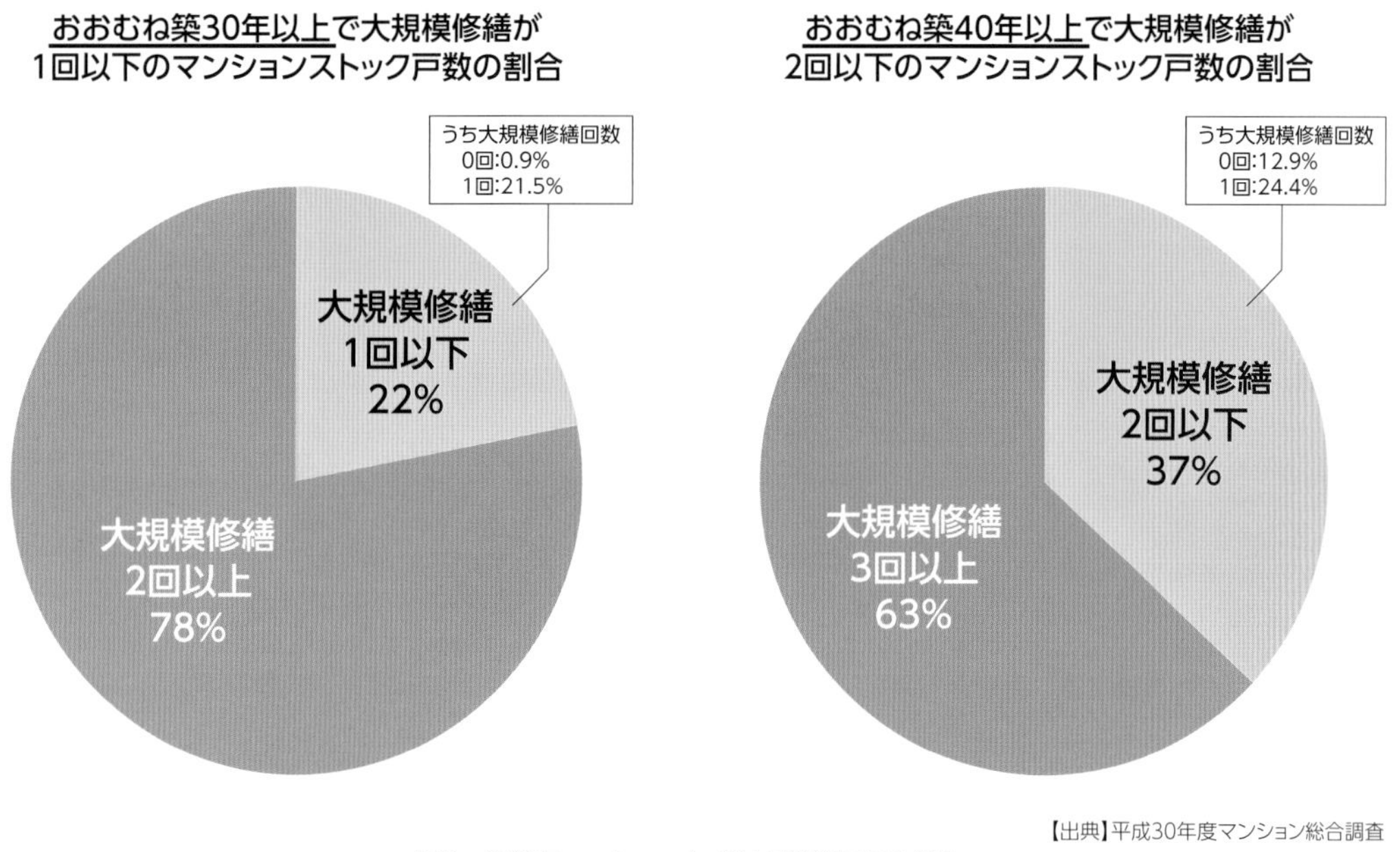

図8　高経年マンションにおける修繕不足の懸念

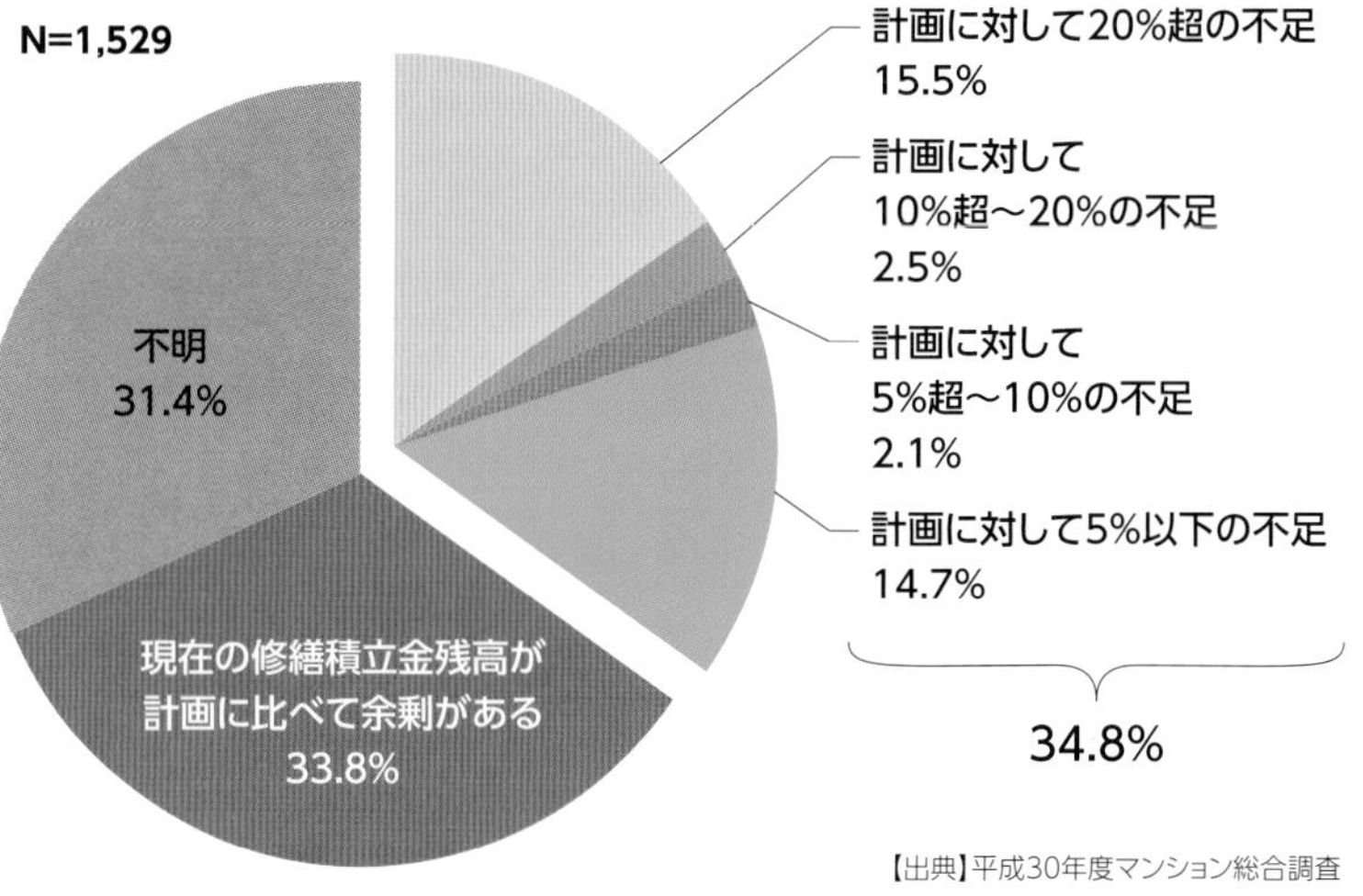

図9　現在の修繕積立金の状況

(2) マンションの管理に関する政策的支援

① 管理組合を支える体制の構築

　管理組合を支える体制として、平成12年の「マンションの管理の適正化の推進に関する法律」の制定により、マンション管理士制度やマンション管理業者の登録制度を設けるとともに、マンション管理適正化推進センターを設置しています。マンション管理適正化推進センターは国の指定を受けた相談窓口として、日常の管理組合運営や建物・設備の維持管理等について電話、面談、メール等により、公平・中立的な立場で管理組合や区分所有者への情報提供・相談受付を行っています。

② 管理組合における外部専門家の活用の促進

　管理組合の担い手不足等に対応し、管理組合の運営にマンション管理士や建築士等の外部専門家をスムーズに活用できるよう、平成28年に「マンション標準管理規約」を改正し、外部専門家が管理組合役員に就任する管理方式等を選択できるモデル規定を整備しました。具体的には、外部の専門家が管理組合の運営に携わる際の基本的なパターンとして、（1）理事・監事外部専門家型または理事長外部専門家型、（2）外部管理者理事会監督型、（3）外部管理者総会監督型の3パターンを例示しています（8頁表1）。

　また、平成29年には「外部専門家活用ガイドライン」を制定し、活用する場合の留意事項等を示しています。

表1　外部専門家活用パターン

(1)理事・監事外部専門家型または理事長外部専門家型	(2)外部管理者理事会監督型	(3)外部管理者総会監督型
●理事会有り	●理事会有り	●理事会無し（総会のみ）
●管理者＝理事長	●管理者≠理事長	●理事長がいない
●外部専門家は「役員」（理事（理事長＝管理者を含む）または監事）に就任	●外部専門家は役員ではない ●外部専門家は「管理者」に就任	●外部専門家は役員ではない ●外部専門家は「管理者」に就任

③管理状況の開示ルールの整備

これまで、売買契約の際の「重要事項説明」の対象に、修繕工事の実施状況や修繕積立金の状況等を位置付けるとともに、平成28年に「マンション標準管理規約」を改正し、上記状況を含む管理組合の財務・管理に関する情報を外部に開示する際のルールを整備しています。

(3)マンションの修繕に関する政策的支援

①長期修繕計画の策定の促進

適切な内容の長期修繕計画の作成およびこれに基づいた修繕積立金の額の設定を促し、マンションの計画修繕工事の適時適切かつ円滑な実施を図るため、長期修繕計画作成の標準的な様式や項目等を示した「長期修繕計画作成ガイドライン」を平成20年に策定・公表しました。また、主に新築マンションの購入予定者の修繕積立金についての関心や理解を深めることを目的に、修繕積立金の額の目安や積立方法を示した「マンションの修繕積立金に関するガイドライン」を平成23年に策定・公表しました。

②大規模修繕工事の発注等の相談窓口

大規模修繕工事等において、発注者たる管理組合の利益と相反する立場に立つ設計コンサルタントの存在も指摘されていることから、管理組合や区分所有者からの大規模修繕工事等に関する相談窓口を設けて、設計コンサルタントを活用した設計監理方式を採用する際の留意点や参考となる取組事例の紹介等を行っています。

〈相談窓口〉

・（公財）住宅リフォーム・紛争処理支援センター
住まいるダイヤル：０５７０―０１６―１００

・（公財）マンション管理センター
建物・設備の維持管理の相談：０３―３２２２―１５１９

③修繕の資金確保への支援

修繕工事への金融面での支援として、管理組合への貸付けを行う「マンション共用部分リフォーム融資制度」を住宅金融支援機構において設けています。マンション共用部分リフォーム融資の件数は、平成30年度末までに約８，５００件となっています。

マンションの再生（改修・更新）に関する課題と政策的支援

(1)マンションの再生（改修・更新）に関する課題

マンションは、建築後年数の経過につれて劣化や陳腐化が進行することから、その時代時代に求められる性能や機能に見合うようグレードアップする改修を行うことも必要です。こうした、改修の適時適切な実施は、マンションの長寿命化を図り、省資源による環境負荷を軽減することにもつながります。

また、相当の建築後年数が経ち、劣化等によりマンションの性能や機能が著しく低下した場合などにおいては、改修との比較により、更新（建替え等）を検討することが必要となります。これまでマンションが建て替えられた実績は累計で２４４件、約１９，２００戸（平成30年度末時点）となっていますが、マンション再生を巡る環境はこれまで以上に困難さを増しています（図10）。

例えば、建替え事業の事業採算性は近年低下傾向にあります。区分所有者の負担額は増加傾向にあり、かつては３００～４００万円程度だったものが、近年では平均で１，１００万円超の負担を要するようになっています。従前従後のマンションの利用容積率比率を比較すると、以前は３～４倍程度であったものが近年では２倍前後に低下しており、いわゆる既存不適格のマンションでは容積率の余裕がないものも存在します。今後のマン

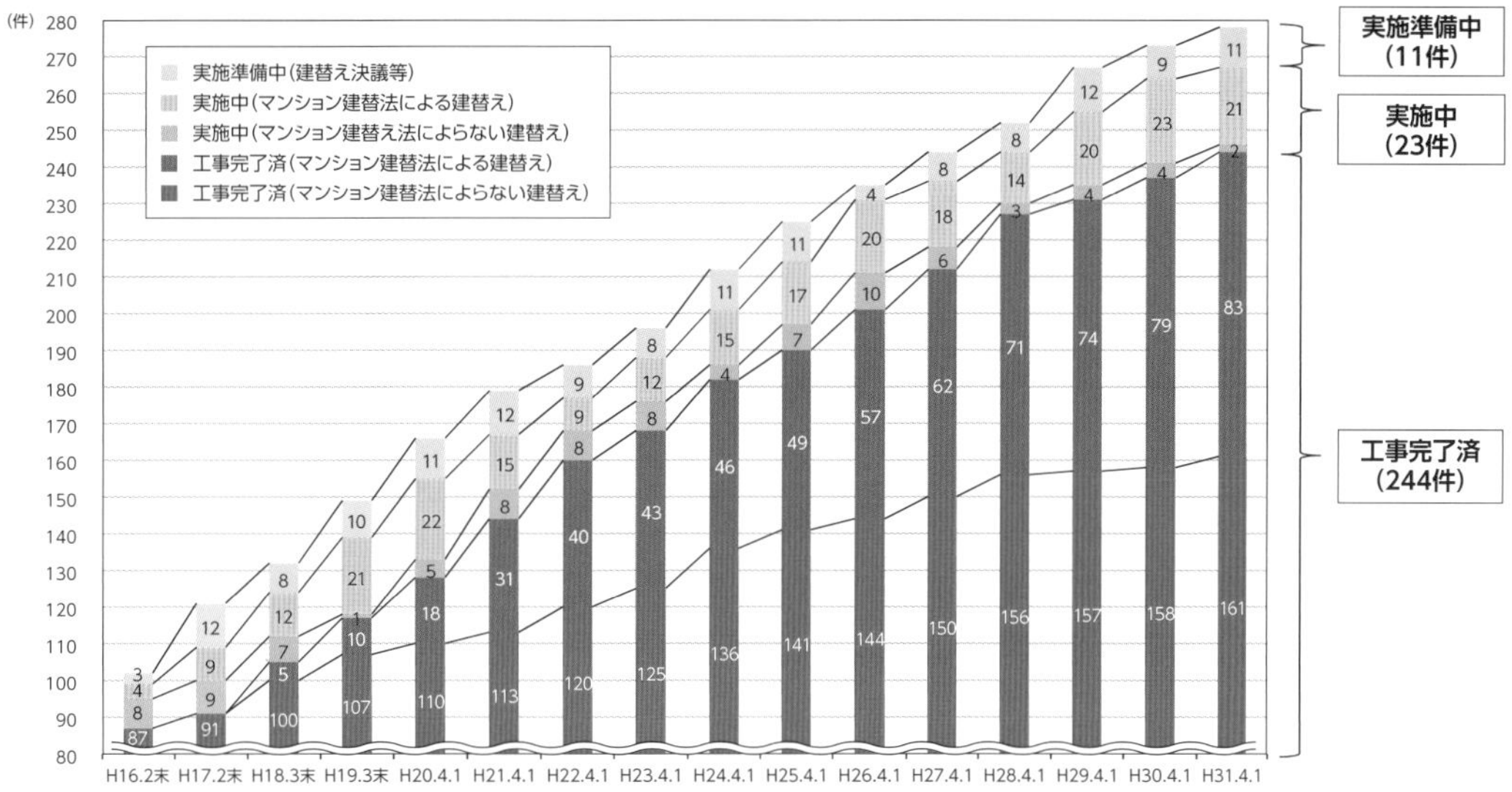

※国土交通省調査による建替え実績および地方公共団体に対する建替えの相談等の件数を集計。
※阪神・淡路大震災、東日本大震災および熊本地震による被災マンションの建替え(計112件)は含まない。
※過年度の実績は今回の調査により新たに判明した件数も含む。

図10　マンション建替えの実施状況

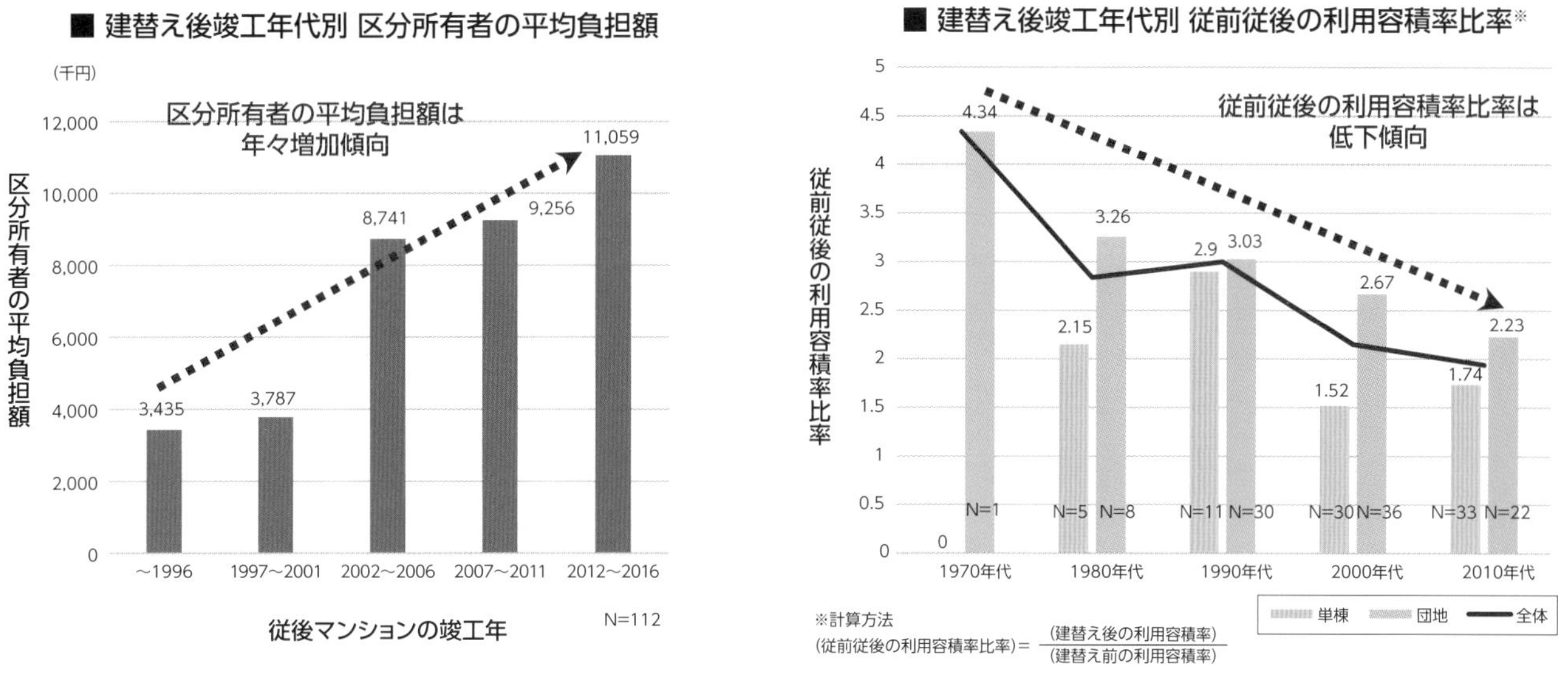

【出典】平成28年度マンションの再生手法および合意形成に係る調査

【出典】国土交通省が把握している建替え事例等から分析

図11　マンション建替え事業における事業採算性の低下

ション再生には厳しい条件が求められることが見込まれます（図11）。

　また、マンション再生に係る合意形成は、団地型マンションをはじめとして大規模なほど困難になります。これまでに実現したマンション建替え事例の75・2％が100戸以下と、比較的小規模のマンションを中心に建替えが行われてきた状況にありますが、現在建替えを検討している団地型マンションは、200戸を超えるものが77・8％となっており、今後はこれまで以上の大規模なマンションでの再生が必要となってきます（10頁図12）。

(2)マンションの改修に関する政策的支援

①改修によるマンション再生の促進

　改修によるマンション再生手法が管理組合に広く普及するよう、「改修によるマンションの再生手法に関するマニュアル」を平成16年に作成（平成22年に改訂）し、公表しました。当マニュアルは、第一にマンション区分所有者に活用されることを想定しているため、専門技術的な記述は必要最小限にとどめ、できる限り簡易な表

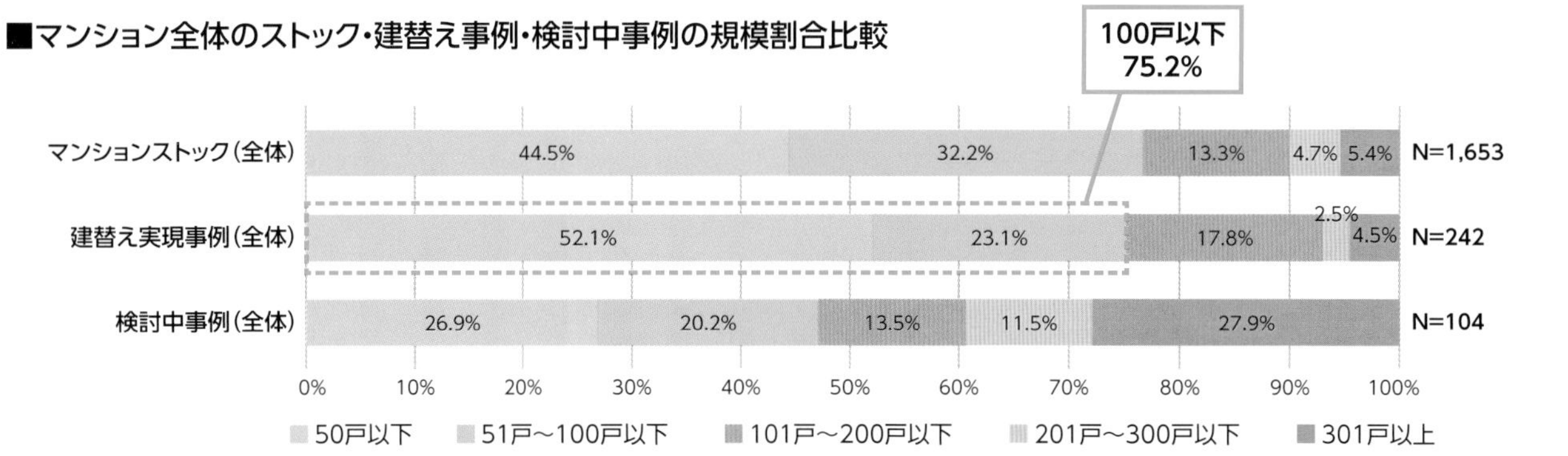

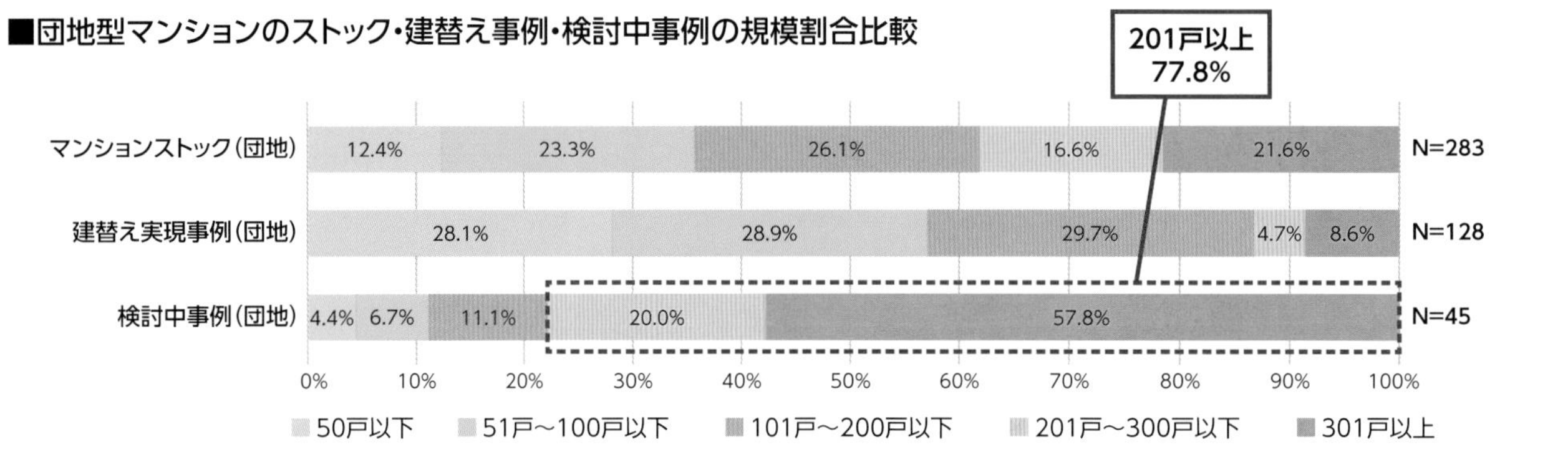

【出典】国土交通省が把握している建替事例および平成30年度マンション総合調査により分析

図12　大規模な団地型マンションにおける合意形成の困難化

現に努めています。

②耐震改修の促進

大規模な地震の発生に備えて建築物の地震に対する安全性の向上を一層促進するため、平成25年に建築物の耐震改修の促進に関する法律を改正しました。これにより、区分所有建築物の耐震化に係る意思決定の円滑化を図るため、耐震性が不足しているとして行政庁に認定された建物については、区分所有者の過半数の合意によって、建物共用部分の大規模な耐震改修を行うことを可能としました。

③性能向上改修の促進

耐震化、省エネ化等の性能向上改修の促進を図る観点から、「住宅・建築物安全ストック形成事業」による耐震診断と耐震改修費用の助成、税制、住宅金融支援機構の融資制度による支援を行っています。

(3)マンションの更新に関する政策的支援

①マンション再生の仕組みの多様化

平成14年の区分所有法改正およびマンションの建替えの円滑化等に関する法律の制定により、いわゆる過分の費用要件が削除されるなど建替え要件の緩和がなされるとともに、マンション建替えに事業制度が導入され、建替え事業遂行の円滑化が図られました。

また、平成26年のマンションの建替え等の円滑化に関する法律（以下「マンション建替え円滑化法」）の改正により、耐震性が不足するマンションについて、改修・建替えに次ぐ再生手法として、マンション敷地売却制度が創設されました。

②マンション再生の資金確保への支援

再建マンションの購入資金の負担が困難な高齢者について、住宅金融支援機構による「高齢者向け返済特例制度」による融資を行っています。

また、「優良建築物等整備事業」において、マンション建替えの際に共用部分の整備費等を支援しています。

③マンション再生に係る相談体制の整備

区分所有者等からの建替えやマンション敷地売却についての法律

や制度の相談に、弁護士や建築士等の専門家が対応する窓口を平成27年から住宅リフォーム・紛争処理支援センターに設けています。設置以来これまでに433件（平成30年度末まで）の専門家相談が行われています。

④団地型マンションの再生手法の多様化

平成14年に区分所有法が改正され、団地型マンションについて、全棟を一括で建て替える場合は全体の5分の4以上かつ各棟の3分の2以上の合意、一部の棟を建て替える場合は対象棟の5分の4以上かつ全体の4分の3以上の合意で可能とする団地決議の制度が設けられました。

また、平成28年に都市再開発法が改正され、団地型マンションの敷地の共有者のみで組合施行による市街地再開発事業を実施する場合に、各共有者をそれぞれ一人の組合員として扱い、3分の2以上の合意で建替え事業を進めることが可能となりました。

さらに、平成30年にマンション建替え円滑化法施行規則等を改正し、全棟耐震性不足の団地型マンションについて、各棟での5分の4以上の合意が全棟で得られた場合に全棟一括でのマンション敷地売却を可能としました。

今後のマンション政策

(1)マンション関連の法律改正について

マンションの管理の適正化や再生の円滑化に向けた取り組みの強化等、ストック時代における新たなマンション政策のあり方を検討するため、令和元年9月に社会資本整備審議会住宅宅地分科会の下にマンション政策小委員会を設置し、そこで検討された結果を踏まえて、マンションの管理の適正化の推進に関する法律（以下「マンション管理適正化法」）およびマンション建替え円滑化法の改正案を第201回国会に提出しました。改正案の概要は以下の通りです（図13）。

①マンション管理適正化法の改正案の概要

【マンションの管理の適正化の推進】

・国による基本方針の策定

・地方公共団体によるマンション

法案の概要

マンション管理適正化法の改正

マンション管理の適正化の推進

国による基本方針の策定

国土交通大臣は、マンションの管理の適正化の推進を図るための基本的な方針を策定

地方公共団体によるマンション管理適正化の推進

地方公共団体による以下の措置を講じる

マンション管理適正化推進計画制度

基本方針に基づき、管理の適正化の推進を図るための施策に関する事項等を定める計画を策定

管理適正化のための指導・助言等

管理の適正化のために、必要に応じて、管理組合に対して指導・助言等

管理計画認定制度

適切な管理計画を有するマンションを認定

マンション建替え円滑化法の改正

マンションの再生の円滑化の推進

除却の必要性に係る認定対象の拡充

除却の必要性に係る認定対象に、現行の耐震性不足のものに加え、以下を追加

①外壁の剥落等により危害を生ずるおそれがあるマンション等
- 4/5以上の同意によりマンション敷地売却を可能に
- 建替時の容積率特例

②バリアフリー性能が確保されていないマンション等
- 建替時の容積率特例

（建物の傷みが著しく外壁の剥落等が生じた事例）

団地における敷地分割制度の創設

上記①等の要除却認定を受けた老朽化マンションを含む団地において、敷地共有者の4／5以上の同意によりマンション敷地の分割を可能とする制度を創設

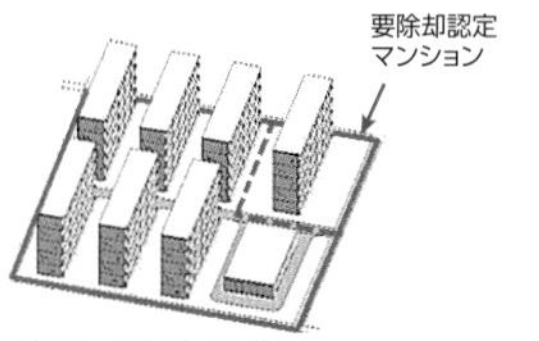

敷地分割により要除却認定マンションの売却・建替えを円滑化

図13 マンション関連の法律改正

管理適正化の推進（マンション管理適正化推進計画制度、管理適正化のための指導・助言等、管理計画認定制度）

②マンション建替え円滑化法の改正案の概要

【マンションの再生の円滑化の推進】

・除却の必要性に係る認定対象の拡充（マンション敷地売却事業の対象の拡充、容積率の緩和特例の適用対象の拡大）

・団地における敷地分割制度の創設

⑵令和2年度予算について

既存住宅ストックの管理適正化等による有効活用・既存住宅流通の活性化を推進するため、今後急増する高経年マンションについて、適切な維持管理を促進するとともに、改修や建替え等によるマンションの円滑な再生を図る取り組みへの支援を強化し、ソフトとハードの両面から、老朽化マンションへの総合的な取り組みを促進します。

①「マンション管理適正化・再生推進事業」の拡充

地方公共団体や管理組合等によるマンションの管理適正化・再生推進のための先進的な活動に対して支援を行うことにより、成功事例・ノウハウを収集し、全国への水平展開を図るとともに、マンションの適正な管理や再生の円滑化をより一層推進するため、制度の周知・普及等を行う事業を支援する「マンション管理適正化・再生推進事業」を拡充します（図14）。

令和2年度予算額:1.5億円

事業概要

管理組合等による管理効率化・適正化、再生促進の取り組みを後押しする活動を行う法人を支援することで、**成功事例・ノウハウを収集・分析し、全国の地方公共団体・管理組合等への普及・定着**を図るとともに、地方公共団体等と連携して行われるマンションの管理適正化や再生の促進に関する**全国の先駆的な取り組み**をモデル事例として支援を行う。（事業期間:令和元年〜3年度）

支援対象の活動内容

①マンションの新たな維持管理適正化・再生推進　※下線部は令和2年度予算の拡充事項

- マンション管理の効率化を図るための技術導入などモデル事例への支援
- 空き家・所有者の高齢化など新たな課題に対応したモデル事例への支援等

②老朽マンションの建替え等の専門家による相談体制等の整備

- 弁護士等による建替え、敷地売却、敷地の分割等の相談

③地方公共団体等によるマンションの管理適正・再生推進事業

- 地方公共団体等が実施する管理が不十分なマンションの実態調査への支援
- 地方公共団体等が行う、管理が不全化するおそれのあるマンションを対象とした、修繕積立金・長期修繕計画等の水準を適正化するための支援
- 地方公共団体等が実施するマンションの再生に向けた規制等を合理化するための支援

④制度の普及・周知活動等に関する事業

事業主体

①、②管理組合の活動を支援する取り組みを行う法人

③地方公共団体または地方公共団体と連携する法人・団体

ただし、マンション管理に関する計画や条例等を策定している（策定見込みを含む）自治体であること

④民間事業者等

補助率

①③（補助率）定額

（限度額）1事業主体当たり1,000万円

※複数の自治体を対象に行う場合、1自治体当たり1,000万円／年

②（補助率）定額

（限度額）1事業主体当たり1,500万円

④当該事業の実施に要する経費以内の額

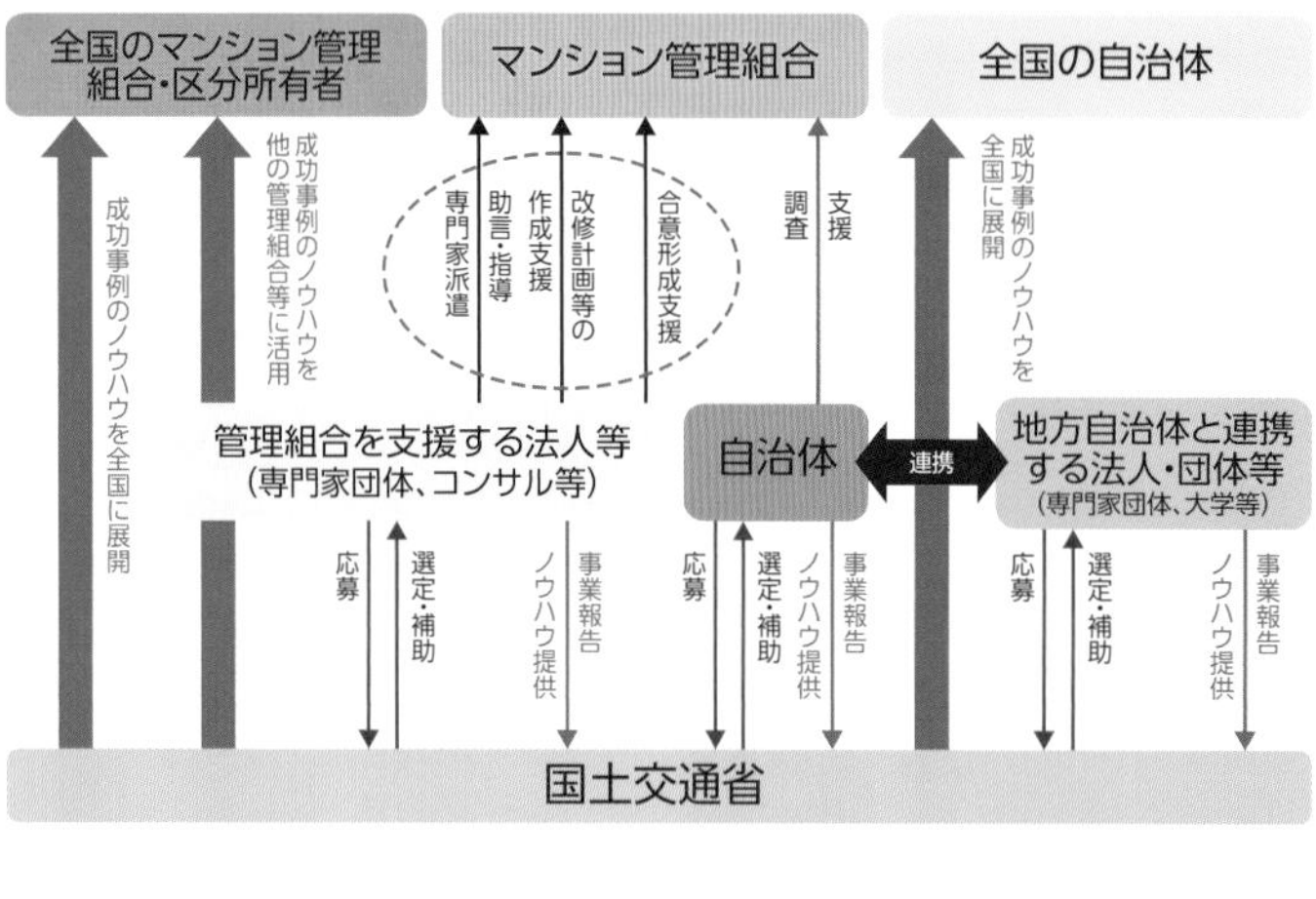

図14　マンション管理適正化・再生推進事業

②「マンションストック長寿命化等モデル事業」の創設

今後急増する高経年マンションについて、適正な維持管理を促進するとともに、マンションの円滑な再生を図る取り組みを促進するため、長寿命化に資する先導的な改修等に対して支援を行う「マンションストック長寿命化等モデル事業」を創設します（図15）。

おわりに

これまで国においては、マンションの適正な管理や円滑な再生が進むようさまざまな取り組みを行ってきましたが、人口減少等の社会経済情勢の変化、高経年マンションストックの増大といったマンションを取り巻く環境や課題は厳しさを増しており、取り組みの継続的な見直しが必要です。

マンション政策小委員会における議論の結果は、令和2年2月に「とりまとめ」として公表されました。「とりまとめ」では、前述の「今後のマンション政策」のような法制度に関わる内容のほか、予算や運用面などについても当面取り組むべき施策の方向性が示されています。例えば、修繕工事関係では「工事発注の適切性の確保のための継続的な取り組みを行うべき」、「長期修繕計画・修繕積立金に係るガイドラインの見直しを検討すべき」、「大規模修繕等のための多様な資金調達手段の拡充（リバースモーゲージの活用やローンプレイヤーの拡大等）を図るべき」などとされています。

国土交通省としては、この「とりまとめ」の内容を踏まえつつ、引き続きストック時代にふさわしいマンション政策を推進してまいります。

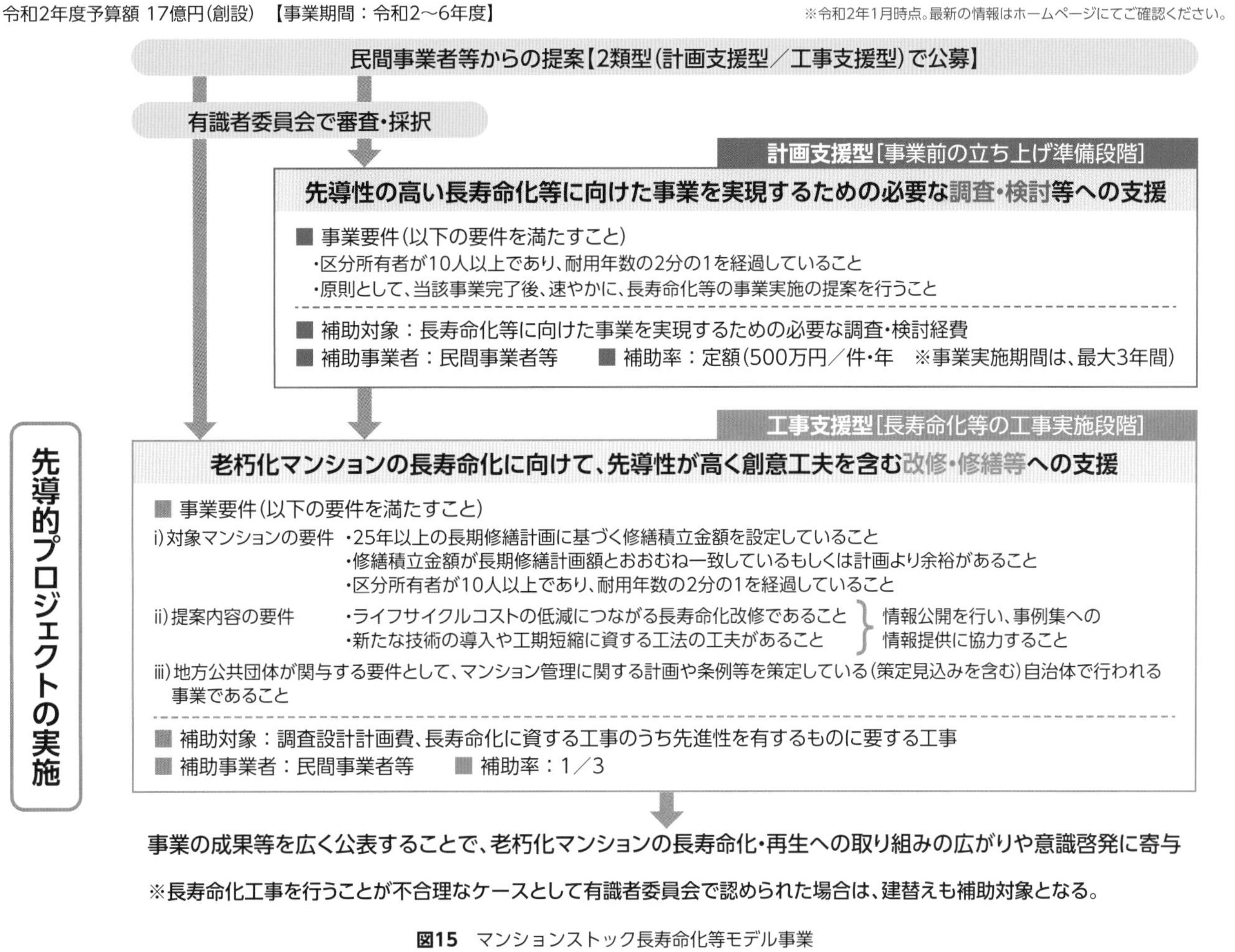
令和2年度予算額 17億円（創設）【事業期間：令和2～6年度】
※令和2年1月時点。最新の情報はホームページにてご確認ください。
民間事業者等からの提案【2類型（計画支援型／工事支援型）で公募】
有識者委員会で審査・採択
計画支援型［事業前の立ち上げ準備段階］
先導性の高い長寿命化等に向けた事業を実現するための必要な調査・検討等への支援
■ 事業要件（以下の要件を満たすこと）
・区分所有者が10人以上であり、耐用年数の2分の1を経過していること
・原則として、当該事業完了後、速やかに、長寿命化等の事業実施の提案を行うこと
■ 補助対象：長寿命化等に向けた事業を実現するための必要な調査・検討経費
■ 補助事業者：民間事業者等　■ 補助率：定額（500万円／件・年　※事業実施期間は、最大3年間）
工事支援型［長寿命化等の工事実施段階］
先導的プロジェクトの実施
老朽化マンションの長寿命化に向けて、先導性が高く創意工夫を含む改修・修繕等への支援
■ 事業要件（以下の要件を満たすこと）
i）対象マンションの要件　・25年以上の長期修繕計画に基づく修繕積立金額を設定していること
・修繕積立金額が長期修繕計画額とおおむね一致しているもしくは計画より余裕があること
・区分所有者が10人以上であり、耐用年数の2分の1を経過していること
ii）提案内容の要件　・ライフサイクルコストの低減につながる長寿命化改修であること
・新たな技術の導入や工期短縮に資する工法の工夫があること
情報公開を行い、事例集への情報提供に協力すること
iii）地方公共団体が関与する要件として、マンション管理に関する計画や条例等を策定している（策定見込みを含む）自治体で行われる事業であること
■ 補助対象：調査設計計画費、長寿命化に資する工事のうち先進性を有するものに要する工事
■ 補助事業者：民間事業者等　■ 補助率：1／3
事業の成果等を広く公表することで、老朽化マンションの長寿命化・再生への取り組みの広がりや意識啓発に寄与
※長寿命化工事を行うことが不合理なケースとして有識者委員会で認められた場合は、建替えも補助対象となる。

図15　マンションストック長寿命化等モデル事業

これからのマンション管理 新たな時代へ

横浜市立大学 国際教養学部 教授
齊藤 広子

マンション管理の新たな時代

マンション管理の新たな時代に突入しました。「新た」には三つの意味があります。

一つ目は本当に管理が重要になってきたということです。築年数が経ったマンションが増え、年数を重ねるほど、管理による質の違いが明確になってきました。それがマンションの中古市場にも反映してきています。新たな管理の局面です。

二つ目には「守りの管理」から「攻めの管理」への転換が求められています。マンションが生まれたままの状態を維持するだけでは、年数が経てば陳腐化していきます。そこで、時代にあった水準に改修していくことが必要です。新たな管理の必要性です。

三つ目は管理組合も、それを支える専門家にも、新たな役割が出てきたことです。マンションを単に修繕するだけでなく、資産・価値を維持向上させていくために、経営のセンスを持ち、マネジメントすることが必要になっています。人々が安心して暮らし、快適に暮らすために、改修の合意形成をサポートすることも専門家に求められています。新たな管理の役割です。

耐震改修をして マンションを強く安全に

耐震改修への取り組み

管理組合が主体となり、改修した事例として、耐震改修を実施したマンションを取り上げて見てみましょう。

私の研究室で耐震改修をしたマンションを調査した結果、興味深い事実が分かりました。

第一に、マンションの耐震改修は、予備診断、本診断、耐震改修設計、耐震改修工事と進みますが、耐震改修をした事例の7割で、予備診断、本診断をした担当者が、改修設計をし、工事を設計監理方式で、業者を入札する方法としています。では、その予備診断の業者はどう決めたのでしょうか。多くは行政のセミナーなどに参加し、耐震診断という方法を知り、行政の案内等で業者の選定を行い、その専門家のもとで工事実施まで行っています。耐震診断や耐震改修工事は専門性が高く、かかる費用が大きくなり、かつ管理組合にとっては初めての経験になるため、専門家によるサポートが大きなカギとなっています。

第二に、耐震診断・耐震改修を実施できたマンションでは、ともに耐震診断・改修工事のために一時金を徴収していないということです。すでに蓄えていた修繕積立金を使う、あるいは必要な費用を借入れして対応しています。各区分所有者に個別の費用負担を強いると、足並みが揃わなくなる可能性があるからです。そのため、常日頃から、修繕のために必要なお金をしっかりと積み立てることが必要です。計画修繕にさえも対応できないマンションで、新たな工事などをするのは、困難になるからです。

第三に、合意形成を円滑に行うために管理組合がさまざまな工夫をしています。その一つの事例として、費用負担を全体（管理組合）が個に対して行っている事例があります。耐震改修工事をする場合、4分の3以上の賛成が必要です（場合によっては過半数の賛成でも可能です）。さらに耐震改修工事による特別の影響を及ぼす住戸がある場合は、全体の4分の3以上の賛成と、特別の影響を及ぼす住戸の承諾が必要となりますが、その特別の影響を与える住戸に対しては全体で補償を行い、合意形成をしやすくしていました。また、仮住まいをしない方法を選択しています。

つまり、管理組合主体型の改修は、生活への影響を少なくし、適正な専門家の支援体制のもと、個別の費用負担をなくし、さらに合意形成を金銭で補完する工夫などがとられています。こうした対応には、管理組合の主体的な取り組みとともに専門家の適切なアドバイスが重要になります。

また、上手に補助金などが使われています。調査結果では、工事費は戸当たり16・2～255・6万円（平均84・2万円）で、うち補助金が3～9割でした。耐震改修はすごくお金がかかるというイメージですが、必ずしもそうではない場合もあり、旧耐震基準のマンションでは、ぜひとも診断をし、建物の状態を把握し、命を守る、暮らしを守るために、マンションを強くしていただきたいです。

取り組み体制

耐震診断、耐震改修工事を行うには、管理組合が継続的に取り組み、区分所有者や居住者の理解を得ることが大事になります。そのために、どのような組織体制で取り組んだのでしょうか。区分所有者の意向の把握、情報の共有のためにどのような取り組みを行っているかを見てみましょう。

理事会で取り組む場合もありますが、理事会内にプロジェクトチームをつくる、あるいは修繕委員会、耐震診断委員会、耐震専門委員会を、理事会とは別の組織としてつくり取り組むことが多くなっています。100戸未満のマンションでは理事会での対応が多く、戸数が多くなると、別に委員会などをつくり対応しています。

区分所有者や居住者に説明会やアンケートの実施を行っている事例が多くなっています。また、アンケートよりも直接区分所有者と話ができる、説明会をできるだけ多くするようにしたという事例もあります。そして、説明会やアンケート以外に、広報を通じて丁寧な説明が行われています。

耐震改修工事をする際に、そのほかの改修工事を実施している場合があります。それは、耐震改修工事に費用をかけても、見た目があまり変わらないため、区分所有者の気持ちを高めにくいからです。お伺いした事例では、ロビーを改装する、ロビーを大理石にする、オートロックや宅配ボックスを設置するなど、エントランス部分の改修が多くなっていました。また、大規模修繕工事と一緒に工事をし、共用廊下の改装、対震ドアへの変更等が行われた事例もあります。

耐震改修の取り組み事例

耐震改修工事に取り組んだ、素敵なマンションに出会いました。町田市にある築約50年、約800戸の団地型マンションは、多様な耐震改修方法を駆使し、全住戸を耐震改修した事例です。団地型マンションで多くの棟がありますが、丁寧な全体説明を行い、棟によって耐震改修の方法も費用も異なることから、棟別にも丁寧に対応されています。管理組合は主体

写真1・2・3　階段室ごとに鉄部部分の色を変化（赤、オレンジ、青に）

的に取り組んできた長い歴史を持ち、一定金額以上の工事の業者は必ず公募で選ぶようにしています。そして、工事期間に仮住まいをするのは大変です。そこで、工事の音がうるさいと感じる居住者は工事をしている間は集会所などで過ごせるように対応されました。こうした居住者の暮らしを思いやる対応は、従来から月に1回、サロン等を開催し、居住者のことを考える取り組みがされてきたからでしょう。

　耐震改修工事だけでは、なかなか居住者はワクワクしません。そこで、改修工事の際に鉄部部分の色を変えてみました。また、階段室によっても鉄部部分の色が違っています（15頁写真1～3）。こうした少しの工夫により、マンションの新たな魅力が生まれています。

大規模修繕時に新たな魅力を

　大規模修繕は、単純にペンキを塗って見た目をきれいにするというものではありません。建物を計画的に修繕し、長く使えるようにするためのものです。そして最近では、大規模修繕の回数を重ねるたびに、多様な改修工事が行われるようになっています。

　築30年を超え、2回目の大規模修繕の際に、外構の改善を行っている事例です。とても積極的に行

写真4・5　狭い入り口を緊急車両通行可能なエントランスに

写真6・7　建物エントランス周りの改善

写真8　エントランス周り 工事前

写真9　工事後

写真10　集合郵便受け改善 工事前

写真11　工事後

提供：スペースユニオン 藤木亮介

写真12　カラフルな郵便受けに
オレンジハウスの取り組み

われ、狭い入り口を緊急車両が通行できるように（写真4・5）、また、玄関入り口部分の改修（写真6・7）や道路からマンションまでのアクセスを高齢者に優しく、車椅子やベビーカーも通りやすいようにバリアフリーにするなどが行われています。マンションが本当に素敵になっています。

築約40年の階段室型の団地型マンションで、2回目の大規模修繕の際に、エントランス改善（写真8・9）、集合郵便受け交換（写真10・11）、ドアの改装、階段手すり交換などの改修を行いました。玄関扉は交換しませんでしたが、表面材料を張り替えてきれいに改装しました。

築約40年で、窓サッシの改修をした事例があります。さらにそのほかにも、給排水管の取り換え、オートロックの設置、外断熱によるエコ対策、集会所の増設、建物の劣化への対応だけでなく、時代に合わせたマンションにするために陳腐化予防対応が行われています。

大規模修繕時に外壁の色を見直すことがあります。色にも時代のはやりがあります。色が陳腐化すると、マンションも陳腐化しているように見えてしまいがちです。そこで、専門家の指導のもと、区分所有者が外壁の色を投票して決めるなども行われています。こうした取り組みは区分所有者、居住者のみんなが大規模修繕に関心を持ち、主体的に参加するのを促すことにつながります。

大規模修繕時だけではなく、マンションの再生として取り組む事例もあります。その一つの事例では、集合郵便受けを変えています。エントランス付近をきれいにすることで、毎日居住者が通り、目で見てマンションの変化に気が付きます。ちょっとカラフルな郵便受け（写真12）に、気持ちも楽しくなってきます。

マンションの改修事例

事例1：千葉市

千葉市の築約50年、約８００戸のエレベーターのない5階建て団地型マンションの事例です。

このマンションが１９９０年に2回目の大規模修繕を迎えた際、時代はバブル経済期でした。建て替えると、「無償で今の1・5倍の床面積を得られる」という等価交換による建替えの話が持ち上がりました。そこで建替え決議をし、区分所有者の97％までの賛成を得ました。しかし、当時は２００２年の区分所有法の改正前であり、建替えを5分の4で決議するには老朽化等の要件があり、実質的には建替えの決議には１００％合意が必要だと考えられていました。結局、3％の区分所有者から合意を得られず、１９９５年には建替えを断念しました。

２０００年にも、区分所有法による建替えに再度挑戦しました。全体では区分所有者の5分の4以上が建替えに賛成となり、棟別でも5分の4以上の賛成を目指しましたが、8棟で合意が得られず不成立に終わりました。その後は、協力してくれる事業者がいなくなったことから建替えは断念し、急ピッチで修繕を行う体制を整え、２００１年には給排水管の工事、屋上防水改修、２００４年には大規模修繕工事を実施しています。

２００９年に入居40年が経ったのを機に、団地の将来は、長期にわたる「修繕」なのか、再び「建替え」に取り組むかのアンケート調査を実施しました。結果、建替えを希望する区分所有者が約6割、修繕・延命を希望する区分所有者が約4割でした。建替え希望者を見ますと、マンションに住んでいない外部所有者が多く、一方、住んでいる区分所有者は修繕を希望し、しかも永住希望者が73％と多かったことから、「実際に住んでいる区分所有者の意向を尊重しよう。築70年を目指そう。5年後に80年を目指すマスタープラン計画に策定しよう」と決めました。そこで、しっかりと計画的に修繕をしていくために、修繕積立金の値上げ（平均月額50％）を行うことにしました。

２０１６年には約11億円かけて3回目の大規模修繕を実施し、同時に対震枠による玄関扉の交換、複層窓ガラスによる窓サッシの交換などを行い、修繕積立金で足りない費用は住宅金融支援機構から6億円の借入れをしています。その際、工事のために各住戸で片付けが必要な場合に、それをお手伝いする「お助け隊」の設置などを行い、生活への影響が大きい高齢者にも配慮しています。その後この組織は「サポートの会」に引き継がれ、日常的に管理組合が高齢者の生活支援を行う組織に発展しました。また高齢者の住戸からは玄関扉の鍵の保管を行う制度を設けるなど、高齢者の暮らしを支える体制が整備されてきました。

団地には豊かな芝生に囲まれた緑地部分があります。緑豊かで広々とした環境を維持・向上させるために、管理組合には園芸管理ボランティアを組織化した植栽会・芝刈隊があり、これらの会が中心となり団地の公園を再生する委員会をつくりました。外構・庭の大規模な改修、松の木が非常に多い団地だったため松の木の半分を伐採、公園の砂場や遊具、ベンチを新しくし、子供たちが安心して遊べる環境づくりを、管理組合と自治会が共同して行ってきました。取り組んで3年目には、公園の滑り台のイメージを変えようといくつかのデザイン案をつくり、文化祭の時に住民に投票してもらいました。選ばれたデザインに子供たちがペンキを塗り、仕上げました（写真13）。

このように、若い世代にも魅力的になるように取り組んでいます。マンションに賃貸で住んでいる入居者を巻き込み、また若い世代で団地内の各種イベントを支援するイケメンクラブをつくるなどしています。管理組合の理事のメンバーも大きく若返るようにしてきました。こうした取り組みから、このマンションで生まれ育った2代目が、また同じマンションに帰ってきています。

また、エレベーターがないので高層階に住む高齢者は日常生活が困難になるため、1階の空き住戸をバリアフリー化し、高層階の住戸との交換を行う仕組みを管理組合が情報を取り支援をしています。

管理を委託する管理会社はこうした管理組合の活動を応援し、空き住戸を10戸ほど買い取り、リノベーションを行い賃貸する、若者向けＤＩＹ型賃貸住宅を供給しています（写真14）。若い世代が賃貸住宅に入居し、子育てに最適な集合住宅の環境を気に入ったら中古で購入するといった道を開いているのです。

写真13 子供たちのワークショップで仕上げられた滑り台

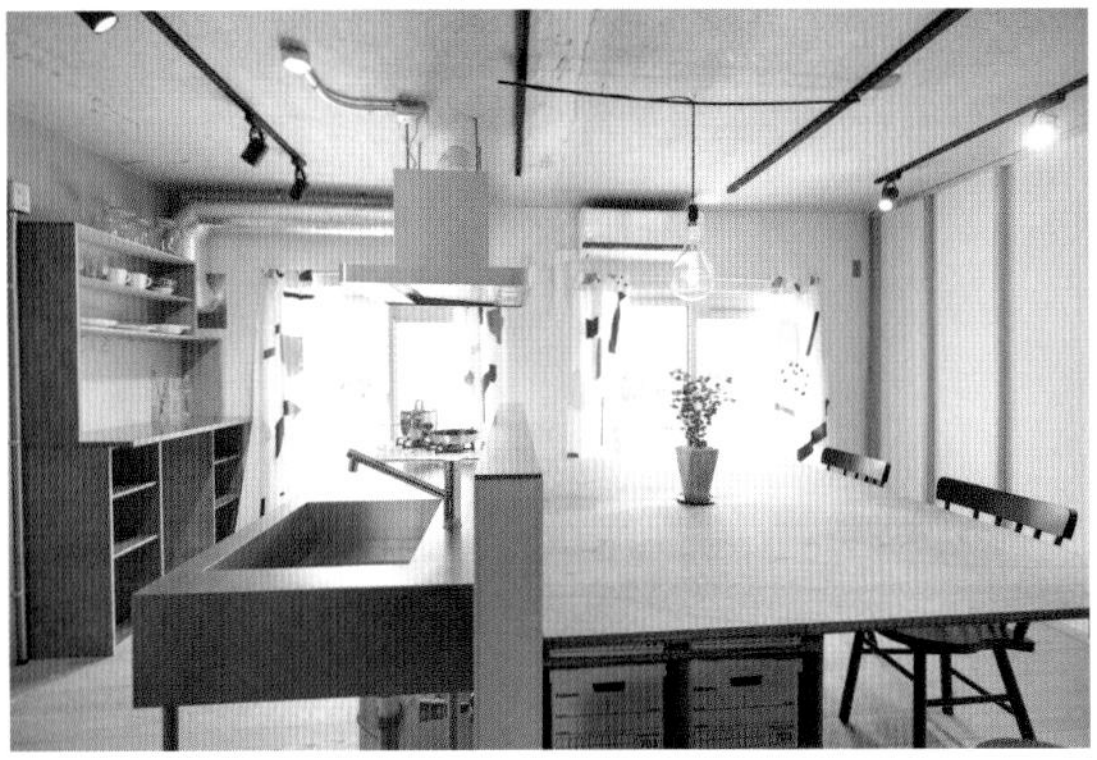
写真14 DIY型賃貸借住宅　写真提供：JS

写真15 コミュニティーカフェ

写真16 ゲストルーム

写真17　子供向けの絵本文庫

事例2：京都市

京都市にある築約40年、約200戸のマンションでは、マンションを魅力的にするために多様な取り組みをしています。理事を少数精鋭にしながらも、組合員の約半数が評議員や参与等の役員として組合運営に参加するように促しています。「少しでも時代の流れに合わせ、時代の流れを先読みし、新たな魅力を付加するといった将来を見据える」ことを大切にしています。質の高いマンションを目指し、マスタープランを作成し、エコ・省エネ対策として共用部分の電気代を削減、高圧一括受電、共用灯のLED化、住戸ガラスの断熱化、外断熱、太陽光発電設備の導入を行ってきました。

さらに、将来の建替えにも備え隣地の購入もしています。具体的には隣接するスーパーの店舗の建物と土地を購入し、コミュニティーホールに改装を行い（写真15）、ゲストルーム（写真16）や子供向けの絵本文庫（写真17）、マージャン室を開設しています。こうして道路面に接した隣接地を購入することで、土地を広くし、形状を良くすることで、将来の効率的な建替えにつながる可能性があります。

また、マンション独自で中古住宅の売買時に管理情報を提供するようにしています。若い世代が中古住宅として購入し入居することを期待し、子供向けの絵本文庫に合わせ、幼児同乗シート付自転車優先区画の整備を行い、日曜日にはコミュニティーホールの1階が喫茶室に、また管理組合はコミュニティー委員会に、集会所の運営、イベントの企画運営、用品レンタル、文化・厚生活動、サークル運営として助成しています。コミュニティーホール以外にも、管理組合所有の物件があり、それを店舗として賃貸し、不動産収入を得ています。

このマンションでは、「不動産の価値は管理組合の関与によって変えられる」とし、区分所有者に理解をしてもらうこと、そのため十分に説明することを大切にしています。まさにマネジメントをしているマンションの事例です。

さいごに

改修でマンションが生まれ変わり、人の心もワクワクするような事例を見てきました。築年数が経っても、若い世代にも魅力的になっています。

こうしたことが実現できるのは、第一に、マンションのビジョンとして、建物の劣化・陳腐化・管理不全を予防するために長期修繕計画だけでなく、長期の運営計画を含めて考えていることがあります。第二に、専門家をうまく活用しています。建物のハード面だけでなく、管理組合の合意形成の支援、金融面でのサポートが必要です。第三に、管理組合が主体的に取り組む体制ができています。さらに、耐震改修したマンションはその情報をしっかり開示することで、市場価値が上がっています。ですから、改修実践をしっかりとPRすることが必要です。

これからは、マンションで楽しく改修に取り組み、資産価値を上げていくことが重要になってきます。

東京におけるマンションの適正な管理の促進に関する条例に基づく、管理状況届出制度について

東京都　住宅政策本部　住宅企画部　マンション課

はじめに

東京において、分譲マンション（以下「マンション」という）は、主要な居住形態として広く普及し、都市や地域社会を構成する重要な要素となっています。一方で、建物の老朽化と居住者の高齢化といった「二つの老い」が進行しており、ひとたびマンションが管理不全※1に陥れば、周辺環境にも深刻な影響を及ぼす恐れがあります。

このような状況を踏まえ、都や管理組合、事業者等の責務の明確化、管理組合による管理状況の届出（管理状況届出制度）、管理状況に応じた助言・支援等の実施などを規定する「東京におけるマンションの適正な管理の促進に関する条例」（以下「条例」という）を平成31（2019）年3月に制定しました。

本条例に基づく、管理状況届出制度について紹介します。

※1　マンションの維持・管理や修繕が適切に行われず、外壁が落下するなど周辺にも悪影響を与えている状態。

管理状況届出制度

要届出マンション（昭和58（1983）年12月31日以前に新築されたマンション※2のうち、居住の用に供する独立部分が6以上であるもの）の管理組合は、5年ごとに管理状況の届出が必要です。

届出事項は、マンションの概要（所在地など）、管理状況に関する事項（管理組合の有無など）および連絡先です。それぞれの事項について、有無のチェックや簡単な数字の記入が必要です（詳細な届出事項については、24頁以降の届出書の記入例をご覧ください）。

届け出られた内容は、都と区市町村とで共有し、条例の施行のほか、マンションの建替えや耐震化の促進に関する施策の実施に当たっての基礎資料および連絡先として利用する場合がありますが、行政目的以外に利用することはありません。

※2　新築年月日は、登記事項証明書（登記簿）に記載されている日付をもとに判断します。

(1) 届出方法と届出先、届出の期限

届出は、次のいずれかの方法により、令和2（2020）年9月30日までに行う必要があります。

①管理状況届出システムへの入力

インターネットからシステムにログインし、届出事項を入力

②マンションが所在する区市町村への届出書の提出

届出書に届出事項を記入し、区市町村の担当窓口へ郵送または直

接持参（郵送などにかかる費用は自己負担）

(2) 調査（管理状況の確認など）

届出を行ったマンションや正当な理由なく届出を行わないマンションの管理組合・区分所有者等の協力を得て、個別訪問を行い、マンションへの立ち入り、書類や建物等の調査を行うことがあります。

調査を実施する際には、事前に「調査実施通知書」を管理組合に送付し、調査の実施予定日時、調査員の人数および担当連絡先などをお知らせします。

(3) 助言・支援

届出を行ったマンションの管理組合に対し、届け出られた管理状況について、必要な助言を行います。

また届出によって、管理組合や管理規約がない、管理者がいない、年1回以上総会を開催していない、管理費や修繕積立金を集めておらず、積み立てていないまたは計画的に修繕工事を行っていないことが分かったマンション等に対しては、個別訪問（調査）を行うとともに、管理組合の設立支援など管理状況に応じた支援を行います。

(4) 指導・勧告

要届出マンションの管理組合等から正当な理由なく届出がない場合、助言によっては管理状況の悪化を防ぐことが困難である場合等には、その管理組合等に対し、必要な措置を講ずるよう指導、または勧告することがあります。

届出方法の詳細

(1) 初めて届出を行う場合

■管理状況届出システムへの入力による届出（→22～23頁）

単棟型マンションが届出を行う場合の操作方法を記載しています。より詳細な操作方法や団地型マンションの場合の操作方法については、届出システムの「操作マニュアル」をご覧ください。

■区市町村への届出書の提出による届出（→24～25頁）

単棟型マンションの場合の届出書の記入方法を記載しています。より詳細な記入方法や、団地型マンションの場合の記入方法については、届出書の「記入の手引」をご覧ください。

(2) すでに届出を行った内容を変更する場合

一度届出を行った内容を変更する場合は、変更届出が必要です。届出方法（届出システムへの入力または届出書の提出）に応じて、「操作マニュアル」、「記入の手引」をご覧ください。

届出により受けられる支援

届出を行った管理組合は、その管理状況に応じて、マンションの管理、建替え・改修について、マンション管理士などの専門家による講義や個別具体的な相談に対するアドバイスを受けることができます。

おわりに

管理状況届出制度により、確実に管理状況を把握するとともに、その状況に応じた助言・支援等を行っていきます。この施策によって、管理不全の予防・改善および適正な管理を促進し、良質なマンションストックならびに良好な住環境の形成につなげていきます。

◎都では、マンションに関する情報を分かりやすく紹介するホームページ「東京都マンションポータルサイト」を開設しています。この条例や管理状況届出制度に関する情報、操作マニュアル、記入の手引および届出書等も掲載していますので、ぜひご覧ください。

管理状況届出システムによる届出方法

管理状況届出システムURL　https://www.mansion-todokede.metro.tokyo.lg.jp/

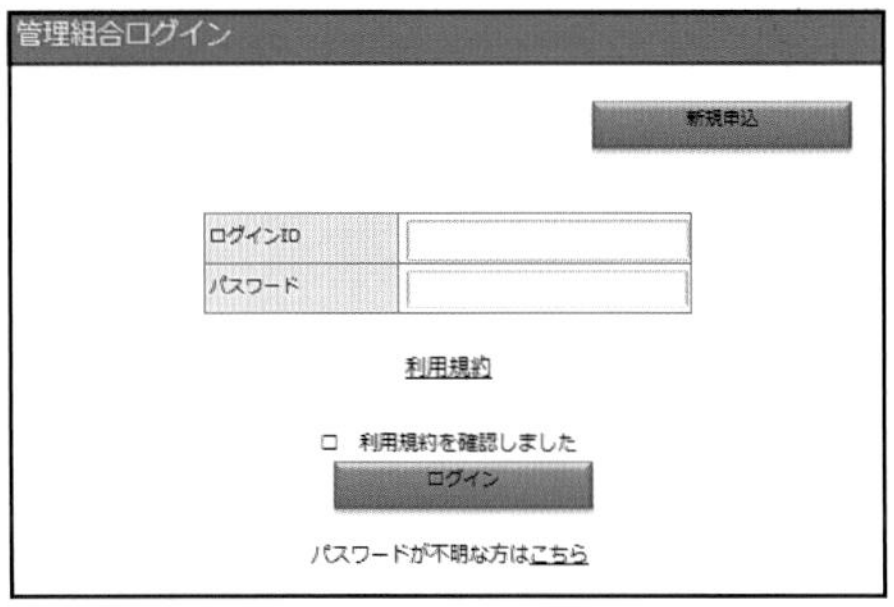

Step1 初回ログイン

①上記URLからシステムへのログイン画面を開きます。

②通知書※1に記載されているログインIDとパスワードを入力してください。

③利用規約をよくお読みの上、「利用規約を確認しました」にチェックしてログインボタンを押してください。

※1 要届出マンションの管理組合には、令和2（2020）年3月に東京都からログインIDとパスワードが記載された通知書等を送付しています（詳細は23頁をご覧ください）。

Step2 初期パスワードの変更

ログインボタンを押すと、初期パスワードの変更画面が開きます。

①「現在のパスワード」の欄に通知書に記載されているパスワードを入力してください。

②「新しいパスワード」、「新しいパスワード（確認）」の欄に設定したいパスワードを入力してください。※2

③「メールアドレス」、「メールアドレス（確認）」の欄に連絡用のメールアドレスを設定してください。

④入力内容を確認し、変更ボタンを押してください。

※2 パスワードは届出の変更等を行う際に必要になりますので、理事長の交代などにより、届出に関する行政（都や区市町村）との連絡窓口となる方が変わる場合は、必ず引き継いでください。

東京都の 分譲マンション総合相談窓口のご案内

相談料無料

都では、日常の維持管理、建替えや改修に関するさまざまなご相談や、管理状況届出制度に関するお問い合せにお答えする総合相談窓口を開設しています。お気軽にご相談ください。また、来所による対面相談をご希望の方は、事前に電話にて予約の上ご来所ください。

公益財団法人 東京都防災・建築まちづくりセンター

☎ 03－6427－4900

相談日	**月～金、第１土曜、第３日曜**（祝日、年末年始は休業）
相談時間	**午前９：００～午後５：００**（水曜日は午後７：００まで）

メール　mansion-soudan@tokyo-machidukuri.jp

F A X　03-6427-4901

所在地　東京都新宿区西新宿 7-7-30　小田急西新宿 O-PLACE 2F

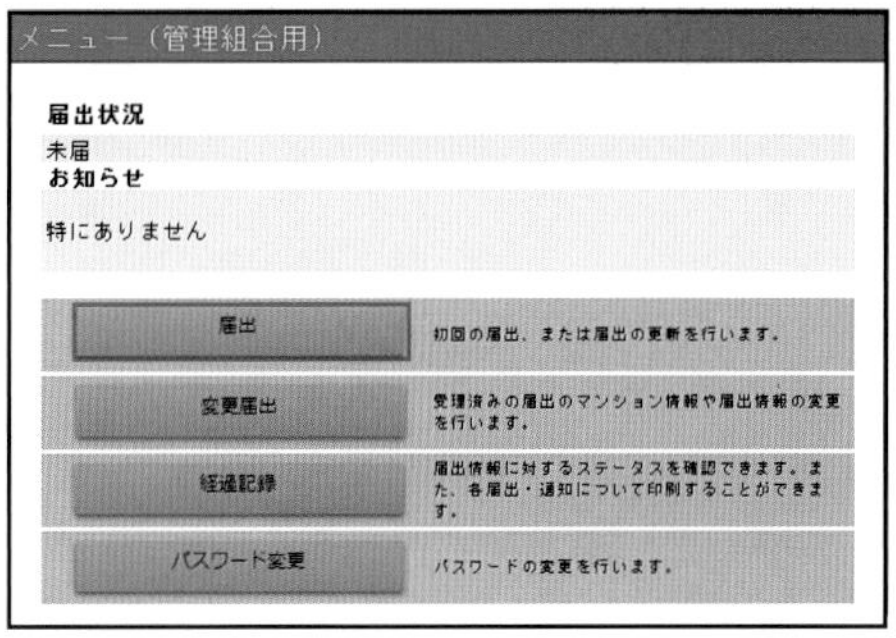

Step3 メニュー画面から届出を選択

変更ボタンを押すと、メニュー画面が開きます。

①メニューから、「届出」を選択してください。

Step4 届出内容の登録

「届出」を選択すると、届出事項の登録画面が開きます。

①画面上の指示に従って届出内容を入力してください。※3

②入力した内容等をご確認の上、ページ下部の「入力内容を確認しました」にチェックして、登録ボタンを押してください。

※3 管理不全を予防するための必須事項の入力に当たっては、24頁を併せてご覧ください。

『管理不全を予防するための必須事項』のいずれかに「ない」または「いない」と回答した場合

管理組合や区分所有者等の協力を得て、ヒアリングなどにより管理状況を確認することがあります（詳細は21頁）。

Step5 受理・助言通知の確認

- 届出は、区市町村が届出内容を確認した後、受理されます（届出登録から受理までは時間を要する場合があります）。
- 届出の際に「連絡窓口」に入力したメールアドレスに、届出受理通知や管理状況に応じた助言通知が届きます。

①メールに記載されているURLをクリックし、ログインしてください。

②メニューから、「経過記録」を選択してください。

③経過記録一覧表の右端の列の「参照」から、「帳票表示」を選択すると、届出受理の通知や助言通知をご確認いただけます。

ログインID、パスワードについて

要届出マンションの管理組合に対し、届出システムへのログインID等、届出書および届出先となる区市町村担当窓口などを記載したパンフレットを都から発送しています。
届いていない場合は、東京都住宅政策本部マンション課（☎03-5320-5004）までお問い合せください。

要届出マンション以外の管理組合が、届出システムから届出を行うには、ログインID等の発行が必要です。発行方法については、東京都マンションポータルサイトにて「操作マニュアル」をご覧ください。

東京都マンションポータルサイト　検索

マンション管理状況届出書の記入方法

記入上の注意：消せるボールペンや修正液は使用しないでください。

① 新規・更新

「新規」にチェックしてください。

② 届出者（理事長印などの押印不要）

Ⅰ 管理組合が届出を行う場合

管理組合名をご記入ください。
（氏名の記入は任意）

Ⅱ 区分所有者が届出を行う場合

管理組合名は記入せず、氏名のみをご記入ください。

③ 戸数

住戸だけでなく、事務所・店舗等を含む全体の数（専有部分の数）をご記入ください。

例：住戸数35・店舗数3の場合、38戸

④ 新築年月日

登記事項証明書（登記簿）に記載されている日付をご記入ください。

⑤ 管理不全を予防するための必須事項

Ⅰ 管理組合

管理組合が設立されている場合の他、区分所有者の定期的な会合や管理費の徴収が行われているなど、管理に関する活動が実態的に行われている場合も「ある」とします。

Ⅱ 管理者等

管理者※1が選任されていない場合であっても、実態的に管理する人がいる場合は「ある」とします。

Ⅲ 総会※2開催

「議事録」は、届出日の直近の総会議事録が作成されている場合は「ある」とします。

Ⅴ 管理費・修繕積立金

管理費・修繕積立金のそれぞれの額について、区分所有者間で取り決めがある場合は「ある」とします。

Ⅶ 修繕の計画的な実施

建物全体または複数の部位について行う工事を定期的に実施している場合は「ある」とします。

例：外壁塗装、屋上防水等

別　記
第１号様式（第４条及び第５条関係）
（表面）

マンション管理状況届出書

受　付　番　号

① ☑新規　　□更新

東京におけるマンションの適正な管理の促進に関する条例第15条第1項、第3項及び第4項並びに第16条第1項の規定により、下記のとおり届け出ます。

令和２年　４月　１日

新宿区長　　殿

届出先の区市町村に応じて記載して下さい。

② 届出者　**必須回答**

コーポ○○　~~マンション~~管理組合
（氏　名　　）

マンションの概要

所在地（住居表示）	〒 ***－**** 東京都新宿区西新宿○─○─○			
マンション名	フリガナ　コーポマルマル コーポ○○			
管理組合の形態	□団地管理組合である　⇒※団地管理組合である場合：全　**必須回答** （管理の形態） □ 棟別管理組合が中心となり、管理を行っている □ 団地管理組合が中心となり、管理を行っている □ その他（　　） ☑団地管理組合でない			
③ **戸　数**	全　64　戸　※団地管理組合の場合は、各棟の戸数を記載してください。			
階　数	8　階			
④ **新築年月日**	（西暦）　1980　年　5　月　31　日			
土地の権利	☑ 所有権	□ 借地権	□ 定期借地権	□ その他（　）
併設用途	□ なし	☑ 店舗	☑ 事務所	□ その他（　）
管理形態	☑ 全部委託	□ 一部委託	□ 自主管理	□ その他（　）
	※「全部委託」又は「一部委託」の場合は記載してください。			
	管理業者名（支店名まで記入）	フリガナ　カ)マルマルコミュニティ ニシシンジュク 株式会社　○○コミュニティ　西新宿支店		
	住　所	〒　***－****　電話　03　（　****　）**** 東京都新宿区西新宿△─△─△		

管理不全を予防するための必須事項　**必須回答**

管理組合	☑ ある	□ ない		
⑤ **管理者等**	☑ ある	□ いない		
管理規約	☑ ある	□ ない	**最終改正年（西暦）**	2018　年
総会開催	**年1回以上の開催**	☑ ある　□ ない		
	議事録	☑ ある　□ ない		
管理費	☑ ある	□ ない		
修繕積立金	☑ ある	□ ない	**㎡当たり月額**	180　円/㎡（月当たり）
修繕の計画的な実施（大規模な修繕工事）	☑ ある	□ ない	**直近実施年（西暦）**	2016　年

【記入上の注意点】
1　団地管理組合が届出を行う場合は、「記入の手引」を参照してください。
　各棟の記載事項について、下線を付けた項目以外の内容が同一である場合は、各棟別に下線を付けた項目を御回答いただき、それ以外の項目は基となる１枚にのみ記載していただくことで、届出を受理します。
2　太枠内は、必須で回答が必要な項目です。

（日本産業規格Ａ列４番）

『管理不全を予防するための必須事項』のいずれかに「ない」または「いない」と回答した場合

管理組合や区分所有者等の協力を得て、ヒアリングなどにより管理状況を確認することがあります（詳細は21頁）。

※1 マンションの管理の適正化の推進に関する法律第2条第4号に規定する管理者等
※2 区分所有法第3条および第65条に規定する集会

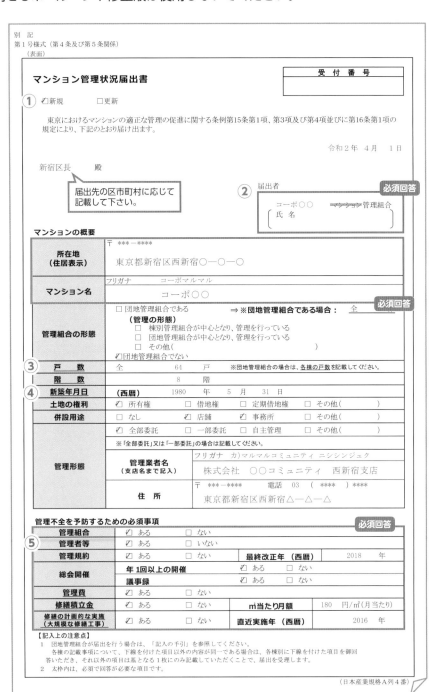

⑥ 空き住戸

1年以上空室になっている住戸の割合または戸数をご記入ください。

⑦ 賃貸化住戸

賃貸されている住戸の割合または戸数をご記入ください。

⑧ 耐震化の状況

耐震診断

簡易診断（1次診断）または精密診断（2・3次診断）を実施した場合は、「実施済」にチェックしてください。
また、精密診断でIs値が0.6以上（簡易診断の場合は0.8以上）だった場合は、「耐震性あり」にチェックしてください。

⑨ 連絡窓口

都や区市町村からご連絡する際の窓口となる方の「属性」「住所」「氏名」をご記入ください。

⑩ メールアドレス

区市町村からの届出書の受理通知や助言通知を管理状況届出システムで受け取ることを希望する場合や、その他お知らせ等をメールにて受け取ることを希望する場合は、ご記入ください。

（裏面）

適正な維持管理に関する事項

長期修繕計画	☑ ある　□ ない		最新作成年	（西暦） 2016 年
	計画期間	25 年間	【（西暦） 2017 年度 ～ 2041 年度】	
滞納対応に関するルール	☑ ある　□ ない		区分所有者等名簿等	☑ ある　□ ない
⑥ 空き住戸	【割合】 □0%　☑～5%　□～10%　□～15%　□～20%　□20%超　□不明			【戸数】 3 戸
⑦ 賃貸化住戸	【割合】 □0%　□～5%　☑～10%　□～20%　□20%超　□不明			【戸数】 5 戸
⑧ 耐震化の状況	※1981年5月31日以前に建築確認を受けたマンションである場合のみ回答してください。			
	耐震診断	☑ 実施済　□ 未実施	⇒※実施済の場合：	☑ 耐震性あり　□耐震性なし
	耐震改修	□ 実施済　□ 未実施		
設計図書	☑ ある　□ ない		修繕履歴	☑ ある　□ ない

マンションの社会的機能の向上に資する取組に関する事項

防災への取組	自主防災組織	☑ ある	□ ない
	防災マニュアル	☑ ある	□ ない
	防災用品の備蓄	☑ ある	□ ない
	避難行動要支援者名簿	☑ ある	□ ない
	防災訓練の定期的な実施	☑ ある	□ ない
バリアフリー化・環境への取組又は実施	エントランスのバリアフリー化（スロープの設置など）	☑ ある	□ ない
	共用廊下等への手すりの設置	□ ある	☑ ない
	エレベーターの設置	☑ ある	□ ない
	共用部分のLED化	☑ ある	□ ない
	開口部の遮熱性能の向上（二重窓・外断熱等）	□ ある	☑ ない
	電気自動車等用充電設備の設置等	□ ある	☑ ない
地域コミュニティの形成等の取組	☑ ある　□ ない 例：町会・自治会との共催事業・協力連携イベント（祭り・運動会・防災訓練・清掃活動等）		

連絡先　必須回答

⑨ 連絡窓口	属　性	☑管理組合理事長　□区分所有者等　□マンション管理業者　□その他（　　）
	住　所	***－****　電話 03 （ **** ） **** 東京都新宿区西新宿△－△－△　101号室
	氏　名	フリガナ　トウキョウ　タロウ 東京　太郎
	⑩ メールアドレス	※行政からのオンラインによるお知らせ等を希望する場合は、メールアドレスを記入してください。 **************@***. **. **

【留意事項】

1　東京におけるマンションの適正な管理の促進に関する条例（平成31年東京都条例第30号）第３条第２項では、条例の施行及びマンションの適正な管理の促進を図るための施策の実施に当たって、特別区及び市町村（以下「区市町村」という。）が行う施策に対し、都は必要な支援を行うものとしています。
　区市町村と緊密に連携し、情報の共有を図るとともに必要な支援を行うため、本届出内容は、同条第３項に定めるデータベースに記録するとともに、都と区市町村とで共有させていただきます。
2　御回答いただいた内容は、条例の施行のほか、マンションの建替えや耐震化の促進に関する施策の実施に当たっての基礎資料及び連絡先として利用する場合がありますが、行政目的以外に利用することはありません。

【受付欄】

受付	年　月　日	備考	
担当者			

（日本産業規格A列4番）

届出書の記入方法について

要届出マンションの管理組合に対し、届出書、届出先となる区市町村担当窓口などを記載したパンフレットおよび管理状況届出システムへのログインID等を都から発送しています。
届いていない場合は、東京都住宅政策本部マンション課（☎03-5320-5004）までお問い合せください。

届出書の「記入の手引」や「Q&A」は、東京都マンションポータルサイトに掲載していますので、ご覧ください。

東京都マンションポータルサイト　検索

あなたのマンションに＋αの安全性を！

建物診断設計事業協同組合 理事長　山口 実

今年（２０２０年）は、阪神・淡路大震災から25年になります。当時の記憶が薄れていく昨今ですが、私はお線香の煙が漂う現地の情景が今でも忘れられません。そのときに決意した「建物が命を奪ってはいけない」という思いは、今でも最も大切なことと思っています。

マンションに関して言えば、私は、現地の惨状を見て「マンションは命を守ってくれる」と改めて強く思いました。なぜなら、亡くなった多くの方は「文化住宅」のような民間木造住宅で被災しており、そこでの圧死や焼死の比率が高かったからです。ＲＣ造やＳＲＣ造であるマンションは、明らかに耐震性も耐火性も相対的に優れています。

東日本大震災でも同じような状況でした。マンションは安全であり、便利であり、耐久性があり、経済的であり、暮らしやすい住居です。それは、世界一の耐震性と耐火性によるもので、建築基準法や消防法で厳しく規制されているからでしょう。しかし、それだけではマンションの安全性は担保されません。そこで、ここでは法的に求められている構造上の安全性をベースにして、＋αの安全性向上について考えてみましょう。

水害からマンションを守る ～補助金も～

昨年（２０１９年）10月12日、台風19号が死者・行方不明者１１４名、全壊住宅３，０８１棟、床上・床下浸水６７，２８９棟という大きな被害を東日本にもたらしました。東北地方、長野県、栃木県等に大きな人的・物的な被害が報道される中にあって、多摩川流域の二子玉川や武蔵小杉などにも世間の注目が集まったのが印象的でした。そこには、二子玉川、武蔵小杉、田園調布という「憧れの街の被害」に対する世間の好奇な眼を感じたのは私だけではないでしょう。特にタワマンの被害について多く伝えられた印象がありますが、それは木造住宅等に比べて相対的に安全であると思われたマンションにも意外な盲点があったことによるものと思われます。その盲点は、多摩川上流での異常な雨量が下流域で氾濫し、街を、マンションを襲ったことによるものでした。そこで、ここでは改めてマンションを水害から守ることについて考えてみます。

下水道本管の許容量が限界を超えてマンホールから噴き出している映像はよく見られますが、その水がマンションの１階や地下にある受水槽、給水ポンプ、受変電設備・制御盤、エレベーターピット、駐車場等を襲うという被害が出ることがあり、思っている以上にマンションの機能停止が起こってしまうことに驚かされます。今回も、断水やエレベーターの運転停止によって、マンションでの生活上に多くの問題が生じたことが報道されました。

そこで、マンションが街からの冠水逆流に備える自衛策ですが、一つは外部からの水をエントランスなどで阻止する「止水板」という方法があります。地下鉄や地下街の入り口には、目立たないですが取り付けてあるものです。

マンションでは設置してある例は少ないと思いますが、私ども（建診協）のメンバーである設計事務所が関わり、２０１９年７月に岡山市にあるマンションの大規模修繕工事時に行った事例があります（写真1）。軽量で、いざというときに簡単に取り付けられるものです。この事例が素晴らしいのは、管理組合側から提案があったことです。おそらく、前年に隣の倉敷市真備町における水害から学んだことによるものでしょう。また、岡山市が設置費用の一部を補助する制度を設けていたことも後押ししたと思われます。なお、水害対策の補助金制度を設けてある自治体は多くありますので、地元の自治体に問い合わせるかホームページを調べてみてください。

さて、止水板はマンションのエントランスのような外部からの浸水を防ぐものですが、地下室のドアで浸水に備えるものもあります。これを「水密扉」といいます。潜水艦のような軍艦で、各室ごとに密閉できる扉のようなイメージでしょうか。私どもが関わっている横浜のタワマンで取り付けられた事例があります。これも、管理組合の理事長さんからのご提案でした。

ところで、本年（2020年）2月18日に、「建築物における電気設備の浸水対策のあり方に関する検討会（国土交通省・経済産業省）」の第3回会合が開かれ、ガイドラインの原案が発表されました。この冊子が店頭に並ぶころには、正式に発表されると思いますので参考にしてはどうでしょうか。

写真1　外部からの浸水を防ぐ新しいタイプの止水板

タイルの落下を防ぐ　～確実な改修工法を～

最近の大規模修繕で大きな問題になっているのが「外装タイルの剥落」（写真2）です。マンションに限らず建築の工法は進化していると思っていますが、この外装タイルの剥落は70年代から今日まで、古くて新しい問題としてなくなっていません。

「タイルの落下」というとタイル自体に問題があるような印象になりますが、むしろ張り方に問題がある場合が多いようです。かつて、［コンクリート＋下地モルタル＋張付けモルタル＋タイル］が普通の張り方だった時代の建物では、下地モルタルとコンクリートとの界面が剥がれるケースが多くありました。1989年11月に北九州の団地で起きた事故では3名の死傷者が出てしまい大きく報道されましたが、これは下地モルタルがコンクリートから剥がれて落下したものです。

［コンクリート＋張付けモルタル＋タイル］の「直張り」が普通になると、張付けモルタルとその施工方法が問題になってきました。最近の剥落した現場を見ると、目荒らしの不備や養生期間の確保などという品質管理の基本的なことが守られていないように思えます。そこには、コスト第一主義の工期短縮、人材不足などの背景があるようです。

最近の事例で驚くのは、1枚剥がれると後は手で軽く触れただけ

写真2　外装タイルの剥落

でバラバラと落ちてしまうようなケースが、いろいろな現場から報告されていることです。明らかに施工ミスと思えます。しかし多くの場合、大規模修繕工事のときに実施する調査診断や工事のときに不具合を発見しますから、新築から10年以上経過しているため、そのことを販売会社や施工会社に訴えても「瑕疵期間外」と言われてしまうケースが多いのが現状です。

そこで、瑕疵担保責任（民法改正後の契約不適合責任）期間内に調査診断することを検討してみてください。なお、ご承知の通り2008年の建築基準法改正により、定期報告制度で「テストハンマーによる全面打診等」が求められています。

さて、タイル剥離の補修方法ですが、以前から樹脂注入、アンカーピンニングなどの方法がありますが、最近では施工後のリスクを勘案して、より確実な「張り替え工法」と「ピンネット工法」が多くなっています。張り替えの場合には、有機系接着剤を使用します（2012年7月JASS19・国土交通省「公共建築改修工事標準仕様書平成31年版」）。この工法が一般化する前の物件に剥落が多いことからも分かるように、正しい施工を行えば、より安全性が高い工法であるといえます。

ピンネット工法も実績が多くあり、信頼性が高い工法です。しかし、従来の多くは［既存タイル＋ピンネット＋塗装仕上げ］となるため、外観がタイルであることにこだわるユーザーには人気がありませんでした。そこで、近年では［既存タイル＋ピンネット＋新規タイル仕上げ（タイル・オン・タイル）］という工法（写真3・4）も普及してきています。

ところで、いずれの場合も新しくタイルを張るわけですが、その色決めで時々管理組合と施工側でもめることがあります。それは、「既存タイルと色が違い、みっともない」というような内容です。そこで、まず理解していただきたいのは、タイルは焼き物であり、焼き物の色は原理的には「偶然の産物」だということです。

タイルのような陶磁器に着色する場合には、自然釉は別にすると、釉薬を塗り、それを改めて焼くことによって発色します。しかし、そのときの温度や湿度などにとても微妙に影響されますので、既存タイルの色に合わせるのは大変なのです。

では、マンションの外壁改修工事の場合にはどうすれば色違いを防げるのでしょうか。それは、補修用タイルの発注をなるべく早く行うことです。従来の塗装仕上げの場合には、工事の進捗状況に応じて工事中に決定するケースが多いようですが、それでは遅いのです。生産者もなるべく受注に合った色を出そうと試し焼き等を行い努力しますが、その期間が短いと色合わせが難しいということがあります。設計段階で発注するなど、方法を工夫してみて下さい。

いずれにしても、タイルの落下事故は被害者にもなり加害者にもなるという問題を抱えていますから、その調査診断や補修工法を真剣に検討してください。

写真3　タイル・オン・タイル施工前

写真4　タイル・オン・タイル施工後

その他の安全性も考えて

その他の＋αの安全性について考えてみましょう。

(1) 設備にも耐震性がある

耐震性は構造だけの話ではありません。例えば実際の地震では、受水槽の破損、配管の破断・亀裂、電気温水器の転倒等の事例が報告されています（写真5・6）。設備にも耐震基準がありますので、点検して問題があるときには改善してください。

⑵ 設備改修のときに注意がいる耐火性

ＲＣ造、ＳＲＣ造は耐火建築物であり、そこには「防火区画」があります。給排水管の更新工事が多く実施されていますが、防火区画を構成している壁や床に不要となった穴は必ず塞ぐ必要があります。防火区画を守るためです。

⑶ 歩行補助手すりと子供の安全性

高齢化社会を迎えたマンションでは、廊下や階段の歩行補助手すりは必要不可欠になっています。ところが、開放廊下の建物側ではなく、庭・道路側に手すりを取り付けてあるケースが時々見受けられます。これは危険です。小さな子供は、横棒があると登りたくなるからです。付けるなら建物側です。同じ視線でバルコニーにも注意し、エアコンの室外機や植木鉢が踏み台になっていないか点検してみてください。

写真5　地震で破損したFRP製パネルタンクの受水槽（2011年 仙台）

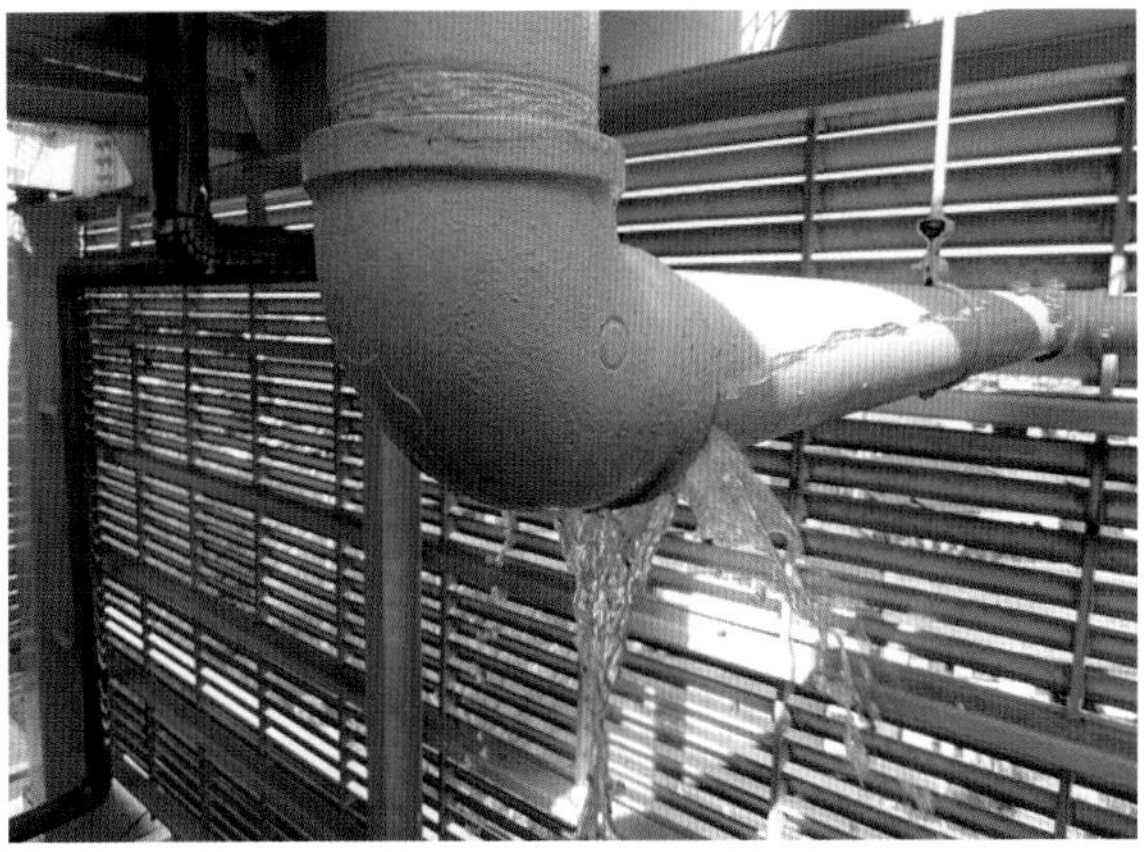

写真6　地震で破損した給水本管（2011年 仙台）

⑷ ヒートショックを防ぐ

冬場に、お風呂場で亡くなる方が多いのはご存知の通りです。この多くは、急激な温度変化で心筋梗塞を起こす例と、気を失って溺死するケースによるものです。消費者庁の推測（２０１８年）では年間約１９，０００人にも及んでおり、交通事故が３，２１５人（２０１９年）ですから約6倍にもなります。これを防止するには、マンション全体の断熱性を高めるのが理想的ですが、それが難しい場合には、せめて浴室・脱衣場の暖房を検討したいものです。

ところで、新型コロナウイルスは大変な問題になっていますが、「とにかく、居室の換気を行いましょう」と私は言い続けています。高気密・高断熱は換気とセットの話ですし、24時間換気に満足しないで、1日に数回、短時間でいいですから、窓を開けて部屋の空気を入れ替えませんか。

さて、＋αの安全性について述べさせていただきましたが、分譲マンションでの不安材料は、生命の安全と同時に資産価値の下落があります。２０２０年２月に起きた逗子にあるマンションの斜面崩壊のように、まったく予期せぬことが原因でも資産価値は下落することが想像できます。

同じように、水害にあったマンションでも、たとえそれが風評被害であっても市場の判断で下落する可能性があります。住宅は余っていますから、価値あるものが選ばれ、価値なきものは極論的には廃墟になっていきます。

戸建てに比べて、分譲マンションは区分所有者一人当たりの共有する土地の面積が狭いので、相対的に建物の有用性が資産価値により直接的に影響されます。ですから、安全、快適、健康、便利であり、経済的に、気楽に生活できるマンションこそが価値あるものになります。

しかし、それを守り発展させていくのは区分所有者だけですから、実は気楽ではないのです。しかも、多数決で決めていくという難題が控えています。これを乗り越えていくには、調査、分析、検討、決定、共有というステップを地道に行う以外にはありません。そこで、あなたのマンションの＋αの安全性について一度総合点検をしてみませんか。不幸な事件事故を教訓として前進していくのが、人間ですから。

民法改正に伴うマンション修繕工事請負契約約款の改正とその考え方

一般社団法人マンション計画修繕施工協会（略称：ＭＫＳ）　常務理事　中野谷　昌司

契約不適合責任と瑕疵担保責任

2020年4月1日の改正民法の施行により、これまでの「瑕疵担保責任」が「契約不適合責任」に変わったことに伴い、国土交通省中央建設業審議会において、建設業法第34条第2項の規定に基づいた建設工事の標準請負契約約款の勧告（行政指導の一方法として提出する意見で法的拘束力まではないもの）が発出されました（2019年12月20日　国土交通省中建審第2号）。

この勧告による改正工事請負契約約款において、契約不適合責任の担保期間については故意または重過失により生じたものを除き、引渡しを受けた日から2年以内でなければ契約不適合を理由とした損害賠償の請求、契約の解除、履行の追完の請求または代金減額の請求（以下「請求等」という）をすることはできないこととされました。ここまでは今までの瑕疵担保責任期間と変わらないように見えますが、改正前の民法では、このうちの損害賠償の請求と契約解除権だけとなっていたものが、今回の改正で履行の追完の請求または代金減額の請求も認められることになりました。

改正民法

（買主の追完請求権）

第５６２条

１．引き渡された目的物が種類、品質又は数量に関して契約の内容に適合しないものであるときは、買主は、売主に対し、目的物の修補、代替物の引渡し又は不足分の引渡しによる履行の追完を請求することができる。ただし、売主は、買主に不相当な負担を課するものでないときは、買主が請求した方法と異なる方法による履行の追完をすることができる。

２．前項の不適合が買主の責めに帰すべき事由によるものであるときは、買主は、同項の規定による履行の追完の請求をすることができない。

（買主の代金減額請求権）

第５６３条

１．前条第一項本文に規定する場合において、買主が相当の期間を定めて履行の追完の催告をし、その期間内に履行の追完がないときは、買主は、その不適合の程度に応じて代金の減額を請求することができる。

２．前項の規定にかかわらず、次に掲げる場合には、買主は、同項の催告をすることなく、直ちに代金の減額を請求することができる。

一　履行の追完が不能であるとき。

二　売主が履行の追完を拒絶する意思を明確に表示したとき。

三　契約の性質又は当事者の意思表示により、特定の日時又は一定の期間内に履行をしなければ契約をした目的を達することができない場合において、売主が履行の追完をしないでその時期を経過したとき。

四　前三号に掲げる場合のほか、買主が前項の催告をしても履行の追完を受ける見込みがないことが明らかであるとき。
3．第一項の不適合が買主の責めに帰すべき事由によるものであるときは、買主は、前二項の規定による代金の減額の請求をすることができない。

また、住宅の品質確保の促進等に関する法律（以下「品確法」という）および特定住宅瑕疵担保責任の履行の確保等に関する法律（以下「瑕疵担保履行法」という）などでは「瑕疵」という文言は残しているものの、民法改正に合わせて「定義」の条文を改正し、「この法律において「瑕疵」とは、種類又は品質に関して契約の内容に適合しない状態をいう。」を追加しました。

これにより、住宅新築請負工事においては「工事目的物のうち住宅の品質確保の促進等に関する法律施行令（平成十二年政令第六十四号）第五条に定める部分の瑕疵（構造耐力又は雨水の浸入に影響のないものを除く。）について請求等を行うことのできる期間は、十年とする。」とされていますので、構造耐力または雨水の浸入についての契約不適合責任期間は、これまでと同様に10年間は担保されることになります（図1）。

今回の民法改正により、瑕疵（通常では見つからない欠陥）という文言が契約不適合に変わったことで、マンション計画修繕工事の瑕疵の考え方をここで改めて整理してみます。

まず、これまでの瑕疵の考え方は次のように解釈されていました。

〔瑕疵とは〕

瑕疵とは、通常、一般的には備わっているにもかかわらず本来あるべき機能・品質・性能・状態が備わっていないこと

これに対して、今回の改正による契約不適合とは、次のようになります。

〔契約不適合とは〕

引き渡された工事目的物が種類又は品質に関して契約の内容に適合しないもの

これまでのマンション修繕工事における瑕疵担保責任は前述のように、各工事の品質だけでなく通常では見つからない施工不良（施工ミスや手抜き工事等）などが十把一絡げに施工者の瑕疵担保責任

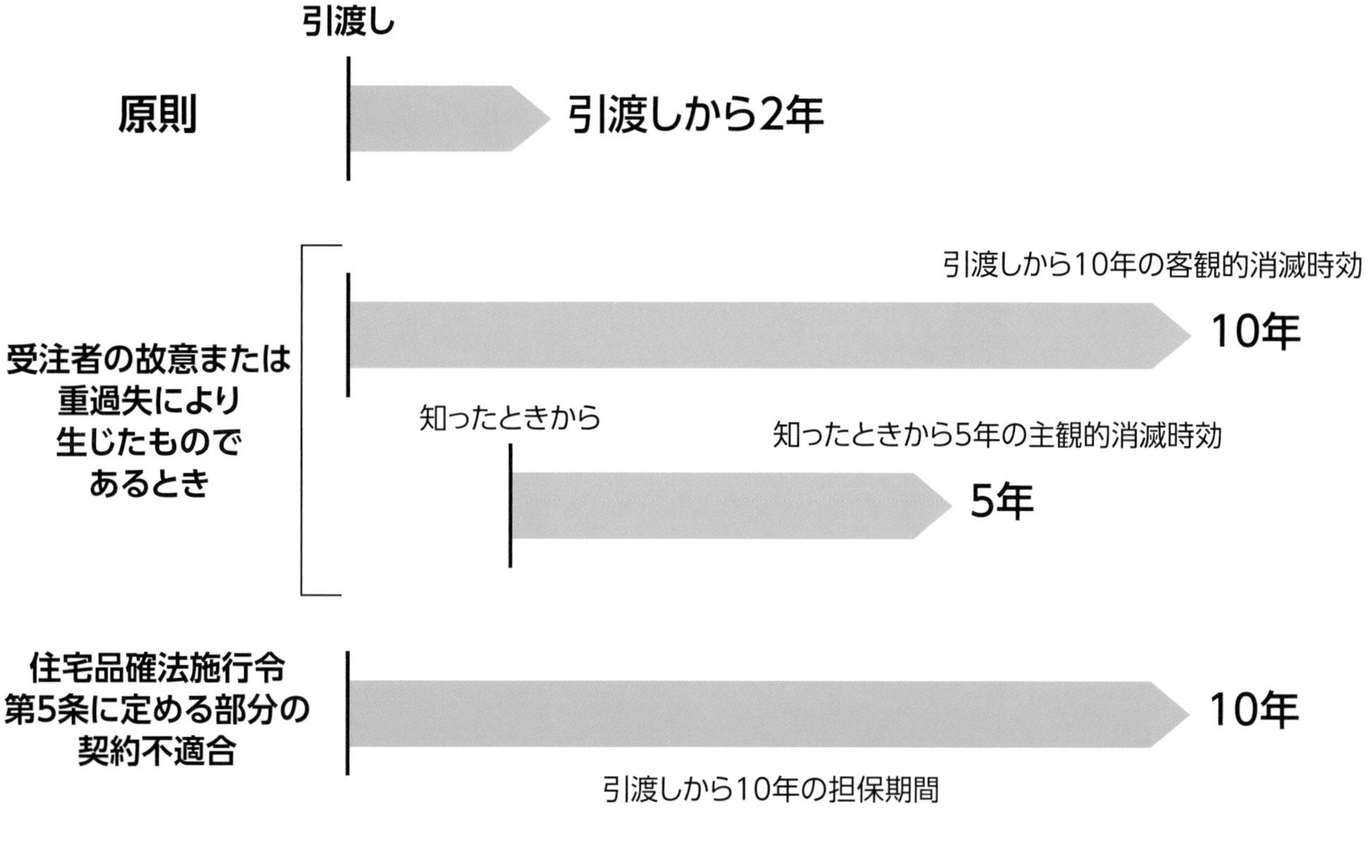

図1　改正標準請負契約約款による消滅時効

の対象となっていましたが、今回の契約不適合は契約内容に委ねられるところが多く、契約書に示された工事を完遂し、竣工後2年のうちに不適合であるとの指摘（通知）がなければ契約不適合責任は問われないというケースになることも考えられます。

新築工事においては図面通りに出来上がっており、引き渡された発注者が納得のいく品質（例えば傷一つない仕上がりなど）であると考えられることから、これまでの瑕疵と変わらないと解釈されているのですが、しかし、これまでのマンション大規模修繕工事のような、「下地補修工事５年保証」や「外壁塗装工事5年保証」といった具体的な記載のない契約書（見積要項書や仕様書も含む）となると、どこまでをこの品質の許容範囲とするのかが不明確となり、発注者、受注者の主観によりトラブルとなることも予想されます。

そこで、当協会としては考え方の一つとして、今回の民法改正を機に契約不適合責任と品質（または機能）の保証を明確に分けることを考えています。

マンション計画修繕工事における契約不適合責任

マンション計画修繕工事においては、これまで工事請負契約約款の瑕疵担保期間を適用せず、一般的に表1のような瑕疵保証期間を定め、特約として契約がなされていました。

表1の保証内容には、民間（七会）連合協定 マンション修繕工事請負契約約款第26条（瑕疵の担保）（2）の瑕疵担保期間として、品質保証だけでなく施工の瑕疵についても含まれるものとして考えられていました。そこで、これまでの「瑕疵保証」の解釈と今回の契約不適合に変わる解釈を表2と表3に例として挙げてみました。

マンションの計画修繕工事においては、発注者である管理組合（設計コンサル）から仕様書が提示され、それに基づいて契約がなされることが多いことから、この仕様書にどこまで書き込まれているかで契約不適合とされる内容が変わることになります。

国土交通省の建設工事の標準請負契約約款「民間建設工事標準請負契約約款（甲）」では、第17条（図面及び仕様書に適合しない施工）4項において発注者の指示や仕様書に指定された施工方法によるときは、第44条（契約不適合責任期間等）10項で契約不適合を理由として、請求等をすることができないとされていますが、受注者として適当でないことを知りながらあらかじめ発注者または監理者に通知しなかったときは、受注者はその責任を免れませんので、いずれにしても受注者は仕様書の内容等については入念なチェックを行う必要があります。

> 第十七条（図面及び仕様書に適合しない施工）
> 4　次の各号のいずれかの場合に生じた図面及び仕様書のとおりに実施されていないと認められる施工については、受注者は、その責任を負わない。
> 一　発注者等の指示によるとき。
> 二　支給材料、貸与品、図面及び仕様書に指定された工事材料若しくは建築設備の機器の性質又は図面及び仕様書に指定された施工方法によるとき。
> 三　第十三条第一項又は第十四条第一項の検査又は試験に合格した工事材料又は建築設備の機器によるとき。
> 四　その他施工について発注者等の責めに帰すべき事由によるとき。

> 第四十四条（契約不適合責任期間等）
> 10　引き渡された工事目的物の契約不適合が第十七条第四項各号のいずれかの事由により生じたものであるときは、発注者は当該契約不適合を理由として、請求等をすることができない。ただし、同条第五項に該当するときは、この限りでない。

> 第十七条（図面及び仕様書に適合しない施工）
> 5　前項の規定にかかわらず、施工について受注者の故意又は重大な過失によるとき又は受注者がその適当でないことを知りながらあらかじめ発注者又は監理者に通知しなかったときは、受注者は、その責任を免れない。ただし、受注者がその適当でないことを通知したにもかかわらず、発注者等が適切な指示をしなかったときは、この限りでない。

実際にマンションの計画修繕工事で使われる民間連合協定発行の

表1　マンション計画修繕工事におけるこれまでの瑕疵保証例

	工事項目	保証内容	保証期間
建築工事	下地補修工事	施工部位の再発	5年
	タイル工事	施工部位の剥離	5年
	壁面関係塗装工事	塗膜のふくれ、剥がれ、著しい変退色	5年
	鉄部関係塗装工事	錆の発生、塗膜の剥がれ	2年
	屋根防水工事	施工部位からの漏水	10年
	ベランダ防水工事	施工部位からの漏水	5年
	廊下防水工事	施工部位からの漏水	5年
	シーリング工事	施工部位からの漏水	5年
設備工事	配管工事	施工部位からの漏水	10年
	機器・設備工事	不良・故障	2年

表2　従来のマンション計画修繕工事における瑕疵保証のイメージに契約不適合を当てはめた例

	従来の瑕疵保証			
	契約不適合の例	故意・重過失の例	保証内容	保証期間（重大な瑕疵）
下地補修工事	施工工法、材料違い	補修数量改ざん、未承認の仕様変更	施工部位の再発	5年(10年)
タイル工事	指定補修の未施工、 補修タイルの未承認による色違い	補修数量改ざん、未承認の仕様変更	施工部位の剥離	5年(10年)
壁面関係塗装工事	規定塗布量不足、塗り忘れ	故意の塗装材料、塗り回数の未承認変更	塗膜のふくれ、剥がれ	5年(10年)
鉄部関係塗装工事	ケレン不足、塗り忘れ	故意の塗装材料、塗り回数の未承認変更	錆の発生、塗膜の剥がれ	2年(10年)
屋根防水工事	下地処理、規定塗布量不足	補修数量改ざん、未承認の仕様変更	施工部位からの漏水	10年
ベランダ防水工事	下地処理、規定塗布量不足	補修数量改ざん、未承認の仕様変更	施工部位からの漏水	5年(10年)
廊下防水工事	下地処理、規定塗布量不足	補修数量改ざん、未承認の仕様変更	施工部位からの漏水	5年(10年)
シーリング工事	厚み不足、打ち替え忘れ	打ち替え仕様を増し打ち、 バックアップ材の未承認再使用	施工部位からの漏水	5年(10年)
配管工事	配管支持不足、材料違い、 配管経路違い、復旧工事の不備	配管・バルブ・弁類数量改ざん、 耐火区画未処理	施工部位からの漏水	10年
機器・設備工事	性能不足、騒音対策不足	未承認の機器変更	不良・故障	2年

表3　民法改正による契約不適合と品質保証を分けた例

	民法改正による契約不適合と品質保証			
	契約不適合の例	故意・重過失の例	品質保証内容	
	保証期間2年	保証期間10年	保証内容	品質保証期間
下地補修工事	施工工法、材料違い	補修数量改ざん、未承認の仕様変更	施工部位の再発	5年
タイル工事	指定補修の未施工、 補修タイルの未承認による色違い	補修数量改ざん、未承認の仕様変更	施工部位の剥離	5年
壁面関係塗装工事	規定塗布量不足、塗り忘れ	故意の塗装材料、塗り回数の未承認変更	塗膜のふくれ、剥がれ、 著しい変退色	5年
鉄部関係塗装工事	ケレン不足、塗り忘れ	故意の塗装材料、塗り回数の未承認変更	錆の発生、塗膜の剥がれ	2年
屋根防水工事	下地処理、規定塗布量不足	補修数量改ざん、未承認の仕様変更	施工部位からの漏水	10年
ベランダ防水工事	下地処理、規定塗布量不足	補修数量改ざん、未承認の仕様変更	施工部位からの漏水	5年
廊下防水工事	下地処理、規定塗布量不足	補修数量改ざん、未承認の仕様変更	施工部位からの漏水	5年
シーリング工事	厚み不足、打ち替え忘れ	打ち替え仕様を増し打ち、 バックアップ材の未承認再使用	施工部位からの漏水	5年
配管工事	配管支持不足、材料違い、 配管経路違い、復旧工事の不備	配管・バルブ・弁類数量改ざん、 耐火区画未処理	施工部位からの漏水	10年
機器・設備工事	性能不足、騒音対策不足	未承認の機器変更	不良・故障	2年

表4　民間連合協定「マンション修繕工事請負契約約款」新旧比較表

旧約款　第26条 瑕疵の担保	新約款　第26条 契約不適合責任
(1)契約の目的物に施工上の瑕疵があるときは、発注者は、受注者に対して、相当の期間を定めて、その瑕疵の修補を求め、又は修補に代えもしくは修補とともに損害の賠償を求めることができる。ただし、瑕疵が重要でなく、かつ、その修補に過分の費用を要するときは、発注者は、修補を求めることができない。 (2)本条(1)による瑕疵担保期間は、[※1] 契約書に別段の定めのある場合を除き、第24条又は第25条の引渡しの日から、木造の建物については1年間、石造、金属造、コンクリート造及びこれらに類する建物、その他土地の工作物もしくは地盤については2年間とする。ただし、その瑕疵が受注者の故意又は重大な過失によって生じたものであるときは1年を5年とし、2年を10年とする。 (3)建築設備の機器などの瑕疵については、引渡しの時、発注者が検査してただちにその修補又は取替えを求めなければ、受注者は、その責任を負わない。ただし、かくれた瑕疵については、引渡しの日から1年間担保の責任を負う。 (4)発注者は、契約の目的物の引渡しの時に、本条(1)の瑕疵があることを知ったときは、遅滞なく書面をもってその旨を受注者に通知しなければ、本条(1)の規定にかかわらず当該瑕疵の修補又は損害の賠償を求めることができない。ただし、受注者がその瑕疵があることを知っていたときはこの限りでない。 (5)本条(1)の瑕疵による契約の目的物の滅失又は毀損については、発注者は、本条(2)に定める期間内で、かつ、その滅失又は毀損の日から6か月以内でなければ、本条(1)の権利を行使することはできない。 (6)本条(1)、(2)、(3)、(4)の規定は、第16条(5)の各号によって生じた契約の目的物の瑕疵又は滅失もしくは毀損については適用しない。ただし、第16条(6)にあたるときはこの限りでない。	(1)発注者は、引き渡されたこの契約の目的物が、種類又は品質においてこの契約に適合しないものであるとき(以下「契約不適合」という。)は、受注者に対し、書面をもって、目的物の修補又は代替物の引渡しによる履行の追完を請求することができる。ただし、その履行の追完に過分の費用を要するときは、発注者は履行の追完を請求することができない。 (2)本条(1)本文の場合において、受注者は、発注者に不相当な負担を課するものでないときは、発注者が請求した方法と異なる方法による履行の追完をすることができる。 (3)本条(1)本文の場合において、発注者が相当の期間を定めて、書面をもって、履行の追完の催告をし、その期間内に履行の追完がないときは、発注者は、その不適合の程度に応じて、書面をもって、代金の減額を請求することができる。ただし、次の各号のいずれかに該当する場合は、催告をすることなく、直ちに代金の減額を請求することができる。 a 履行の追完が不能であるとき。 b 受注者が履行の追完を拒絶する意思を明確に表示したとき。 c この契約の目的物の性質又は当事者の意思表示により、特定の日時又は一定の期間内に履行しなければ契約をした目的を達することができない場合において、受注者が履行の追完をしないでその時期を経過したとき。 d 本項a、b及びcに掲げる場合のほか、発注者が本項本文の催告をしても履行の追完を受ける見込みがないことが明らかであるとき。
	第26条の2 契約不適合責任期間等
	(1)発注者は、引き渡されたこの契約の目的物に関し、第24条又は第25条の引渡しを受けた日から2年以内でなければ、契約不適合を理由とした第26条に定める履行の追完の請求、代金の減額の請求、第29条(1)に定める損害賠償の請求又は第30条の2(1)もしくは第30条の3(1)に定める契約の解除(以下「請求等」という。)をすることができない。 (2)本条(1)の規定にかかわらず、建築設備の機器本体、室内の仕上げ・装飾、家具、植栽等の契約不適合については、引渡しの時、発注者が検査して直ちにその履行の追完を請求しなければ、受注者は、その責めを負わない。ただし、当該検査において一般的な注意の下で発見できなかった契約不適合については、引渡しを受けた日から1年を経過する日まで請求等をすることができる。 (3)本条(1)及び(2)の請求等は、具体的な契約不適合の内容、請求する損害額の算定の根拠など当該請求等の根拠を示して、発注者の契約不適合責任を問う意思を明確に告げることで行う。 (4)発注者が本条(1)又は(2)に規定する契約不適合に係る請求等が可能な期間(以下本条において「契約不適合責任期間」という。)内に契約不適合を知り、その旨を受注者に通知した場合において、発注者が通知から1年が経過する日までに本条(3)に規定する方法による請求等をしたときは、本条(1)又は(2)に規定する契約不適合責任期間内に請求等をしたものとみなす。 (5)発注者は、本条(1)又は(2)に規定する請求等を行ったときは、当該請求等の根拠となる契約不適合に関し、民法の消滅時効の範囲で、当該請求等以外の請求等をすることができる。 (6)本条(1)、(2)、(3)、(4)及び(5)の規定は、契約不適合が受注者の故意又は重過失により生じたものであるときには適用せず、契約不適合の責任については、民法の定めるところによる。 (7)民法第637条第1項の規定は、契約不適合責任期間については適用しない。 (8)発注者は、この契約の目的物の引渡しの時に、契約不適合があることを知ったときは、本条(1)の規定にかかわらず、直ちに書面をもってその旨を受注者に通知しなければ、当該契約不適合に対する請求等をすることができない。ただし、受注者が当該契約不適合があることを知っていたときは、この限りでない。 (9)引き渡されたこの契約の目的物の契約不適合が第16条(5)各号のいずれかの事由により生じたものであるときは、発注者は当該契約不適合を理由として、請求等をすることができない。ただし、第16条(6)本文に該当するときはこの限りでない。

「マンション修繕工事請負契約約款」もこの民法改正に伴い、表4のように改正されました。

民間連合協定「マンション修繕工事請負契約約款」の従来の「第26条 瑕疵の担保」の条文では、新築工事の約款に適用される瑕疵担保期間の2年は適用せず、表4※1にあるように表1の瑕疵保証期間を適用するために「契約書に別段の定めのある場合を除き、」を加えた経緯がありましたが、今回の改正ではこの文言は削除されました。しかし、特約として明示されていればもちろんその特約が優先されますので、どのような特約とするかが重要になります。

今後の「契約不適合責任」と「品質保証」の在り方について

前述のように、これまでの瑕疵に変わる契約不適合責任は、契約の内容に依存される部分が多くあることから、あまり設計図というものがなく、見積要項書と仕様書、工事内訳書で契約を行うマンション計画修繕工事においては、どこまで書き込んでおくかということが重要となります。「契約不適合」が定義として「種類」「品質」（民法では「数量」も含む）を前提としていることから、「種類」については使用材料、工法ということで明確になりますが、「品質」についても明確にしておく必要があります。

当協会では、国土交通省や民間連合協定の工事請負契約約款の契約不適合責任期間の2年とすることも検討しましたが、国土交通大臣認可の大規模修繕工事瑕疵保険の保証期間に合わせて外壁塗装工事5年、屋上防水10年（特約）などといった品質保証を明確にするための品質保証標準基準（表5）を、今回の民法改正に合わせて公表しました。

昨今、外壁工事10年、屋上防水15～18年といった保証期間を設定しているケースも見られますが、経年劣化というものを考慮した場合、実際の契約不適合責任における「品質」をどこまで担保するのかという課題があるのではないかと思います。

適正な保証期間というものの議論を、これを機に進めなければなりませんが、今回の民法改正に合わせて当協会の考え方について、会員はもとより管理組合、管理会社、設計コンサルの皆さまにもご理解いただければ幸いです。

表5　MKSにおける品質保証標準基準

	標準工事項目	品質保証の内容	最低保証期間
建築工事	下地補修工事	施工部位の再発	5年
	タイル工事	施工部位の剥離	5年
	壁面関係塗装工事	塗膜の剥がれ	5年
	鉄部関係塗装工事	錆の発生、塗膜の剥がれ	2年
	屋根防水工事	施工部位からの漏水	10年
	ベランダ防水工事	施工部位からの漏水	5年
	廊下防水工事	施工部位からの漏水	5年
	シーリング工事	施工部位からの漏水	5年
設備工事	配管工事	施工部位からの漏水	10年
	機器・設備工事	不良・故障	2年

管理組合のためのマンションの維持保全と大規模修繕工事（賢く育てる分譲マンション）

株式会社小野富雄建築設計室　取締役会長　小野　富雄

マンションの大規模修繕工事の実態

なぜ、あえて「管理組合のための……」という当然であるべきタイトルにしたのかと不思議に思う方もいると思います。残念ながら、本当に管理組合のためになっているのだろうかと疑問に思う大規模修繕工事も意外と多いのです。

提示された資料を検証してみると、「まだ大規模修繕工事が必要ではないと思われる建物」や、「仕様、数量、工事金額が不明瞭な見積内訳」などを見かけることがあります。建物調査報告書を確認すると、「外壁タイルの浮きや割れが20枚程度、シールの劣化はそれほど進んでいない。鉄部の一部に錆が発生あり」といった内容にもかかわらず、「大規模修繕工事を検討する時期に達しています」と記載してありました。

タイル数十枚を張り替えるのに500万円の足場を架けるといった、「大規模修繕工事ありきでの建物調査」が本来の目的を見失ったわけです。つまり、発注者である管理組合が「なぜ大規模修繕工事を行わなければならないのか」「本当に必要な工事はどこなのか」「どの工事を優先すべきか」を把握しないまま、「修繕積立金の範囲で、個人負担がなければ仕方ないのではないか」といった他人任せになっていることが多いようです。

目的はマンションを健全な状態に維持することであり、「大規模修繕工事」はその一つの手法にすぎないのです。

マンションはどのような条件のもとに建てられるのか？

マンションを健全な状態に維持していくためには、建物がどのような条件のもとに建設され、その特徴がどのようなことかを理解しておく必要があります。建築物（マンション）が誕生するまでには、形状、面積、接道条件、法規制の他、地盤に関しては地質、地耐力、孔内水位、土壌汚染といった敷地条件等が挙げられます。建物本体についても、平面計画はもちろん、構造・構法、材料、仕様、設備や法規制などさまざまな条件をクリアしなければなりません。

また、計画途中でも経済状況やニーズなど社会的環境が変わることもありますし、新たなトップランナーといわれる設備等が開発されることもあり、設計変更が加えられることもあります。施工環境にしても、職人不足や技量不足、新たな材料に対する特長を生かす必要もあります。天候や気温、工期、工事現場の交通規制の有無など、同じ形状、同じ時期に建てられた建物でも、全く同じ建物は皆無といえます。

従って、建築後に不具合が生じてしまうことは現場で作り上げる建築物の宿命といえます。特に不特定多数が一時的に利用するような施設と異なり、マンションは毎日生活する場であり、居住者の家族構成も生活条件も異なることから、一般的に不具合ではないと思われるものでも、人によっては不具合と感じるものもあります。

そういった点では、建築物は竣工した時点が完成ではなく、その後の不具合を解消した時点で初めて完成といえるのではないでしょうか。

このような、施工時の問題と思われる不具合は建物調査の時点で発見されるわけですが、単なる劣化の状況調査では明らかになりません。後述するように、建物調査は劣化調査ではなく〝建物の健康診断調査〟で、不具合の「原因を明らかにする」ことが目的でなければなりません。そのためには、建物が建てられた条件を知ることが重要なのです。

建物の劣化原因にはどのようなことが関係するのか?

建築時に良好な状態で建設された建物でも、紫外線や風雨など自然にさらされることで経年劣化が始まります。劣化速度を遅らせることは、建物を健全な状態で長く維持できるということです。人間でいえば、老化現象が現れる年齢を遅らせることで、病気になるリスクを少なくするといったことと同じです。劣化速度が遅ければ修繕周期も長くなり、工事費の15～20%といわれる仮設工事の費用が軽減できるため、修繕積立金が大きく変わります。

劣化速度に関係すると思われる主な要因としては、以下の項目が挙げられます。

①立地条件

紫外線や日射のほか、塩害や凍害、水害、風害といった災害の恐れのある地域、排気ガスや振動等幹線道路の建物など、自然条件や環境が材料の劣化を早めることがあります。

②設計仕様や納まり

外部廊下の手すりの雨筋汚れの起こりやすい納まりや、シリコン系のシーリングなどの材料の選定間違いによる汚染や電食など、設計者の知識、経験不足によるもの。

③施工環境や施工技術

使用材料には、品質を保つための温度や湿度、養生期間などの施工条件について細かな仕様があります。職人の技量不足なども品質に関係してきます。

④使用の仕方

開口部（アルミサッシ）などでも、頻繁に開閉するバルコニー側の方が、あまり開閉しない廊下側の開口部に比較して戸車の破損や気密性保持のためのパッキンなどの劣化速度が速いといえます。

⑤管理状況

日常の管理はもちろん、適切な維持修繕も行われずに放置されると劣化が早まることもあります。例えば、鉄部の錆が見つかった時点でタッチアップ塗装をしておけば、その後の工事を伸ばすことも可能となります。放置してしまうと、錆水や錆粉が他の鉄部に付着し、その部分の錆だけではなく、他の鉄部に錆を拡大してしまうこともあります。

なぜ大規模修繕工事が必要なのか?

築40年のあるマンションでは、以前は7年ごとに大規模修繕工事を行っていたそうですが、第2回目の大規模修繕工事で、リシン吹付となっていた外壁を複層吹付材で改修工事を行いました。その後も7年ごとに大規模修繕工事を行っていたことから、総会の場で「なぜ7年での塗装塗り替えが必要なのか？」という質問があり、他の設計事務所で調査することになったそうです。結果、一部にクラックは見受けられたものの、ほとんど塗膜の劣化が進んでいなかったため、数年後に再調査を行った上で大規模修繕工事の時期を確認することになりました。

このように、単に経過年数だけで無駄な工事を行っているマンションもあります。長期修繕計画書の予定に合わせて修繕委員会が立ち上げられ、「大規模修繕工事ありき」で進められてしまうためです。

大規模修繕工事が必要かどうかは、築年数ではなく建物の劣化の箇所と劣化状況、劣化原因で判断することになります。南西面の外壁に比較して、北側に面する開放廊下や内階段の塗装は全く劣化が進んでいない場合もあります。このように、同じ材料でも劣化速度が異なりますので、前回の大規模修繕工事で外壁全面の工事を行ったから、今回も全ての外壁を行わなければならないということでもありません。まして、開放廊下の内壁や内階段は足場の必要もないため、いつでも工事を行うことができます。
目的は、「建物を健全に維持するためにどうするか」ということであり、大規模修繕工事は単にそのための一手法にすぎません。

建物は劣化診断ではなく、原因究明の健康診断が重要

建物の劣化は、自然からの創造物にとっては避けられない宿命です。ただ、劣化原因や劣化速度はみな一様とは限りません。工事を行うことを前提に調査をすると、本来の建物の良い部分が見落とされてしまいます。「建物調査診断」と言いながら、「工事を行うための劣化箇所を探す調査」になっていることも多いのです。

建物も人間と同じように「健康診断」であるべきで、数値の悪いところだけではなく良好な数値も報告書に記載すべきです。どのような治療をするかは、健康診断の結果を見てから判断することになります。診断する上で重要なのが原因で、建築時の条件なども考慮して判断することになります。従って、原因究明のときに新築時の施工会社に見解を出してもらうこともあります。

そろそろ大規模修繕工事の時期を迎えようとしているときに立ち上げられるのが「修繕委員会」ですが、委員会の活動は往々にして名称に左右されることがあります。そういった点で、私がコンサルをしている管理組合では、「修繕委員会」ではなく、「維持保全委員会」や「再生委員会」「価値向上委員会」「バリューアップ委員会」

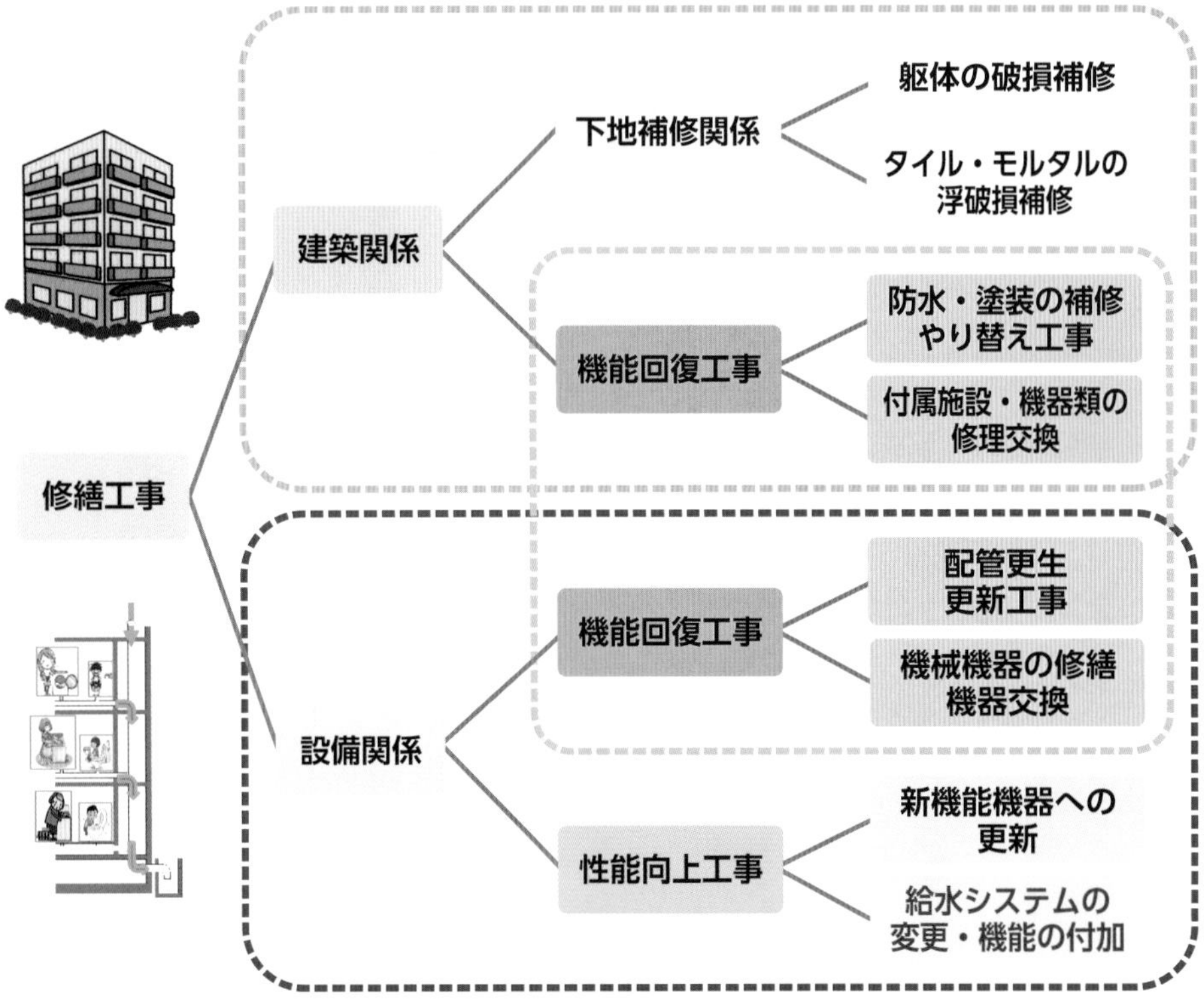

修繕工事
建築関係
下地補修関係
躯体の破損補修
タイル・モルタルの浮破損補修
機能回復工事
防水・塗装の補修やり替え工事
付属施設・機器類の修理交換
設備関係
機能回復工事
配管更生更新工事
機械機器の修繕機器交換
性能向上工事
新機能機器への更新
給水システムの変更・機能の付加

図1　大規模な修繕工事の目的と主な工事内容

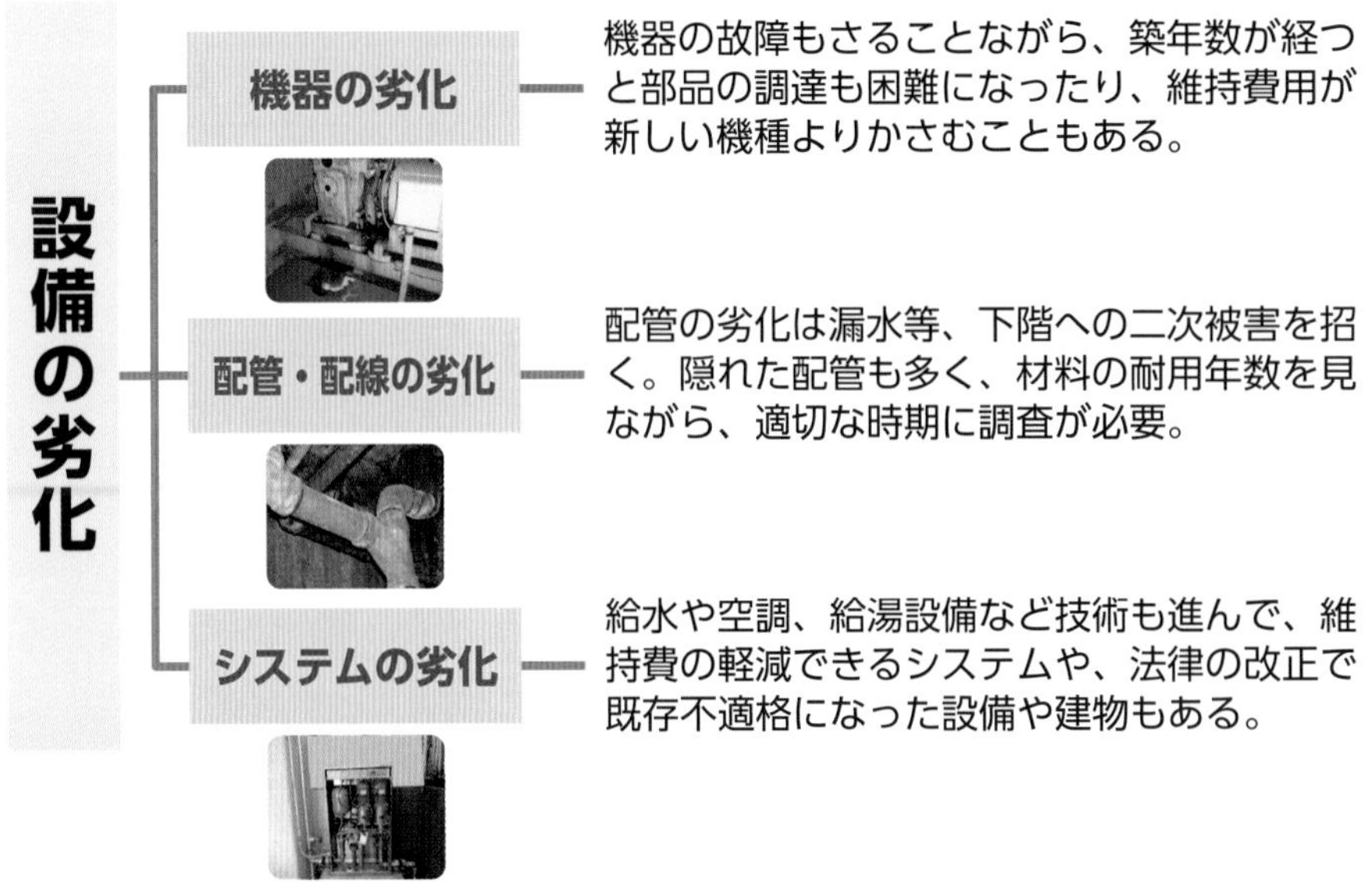

設備の劣化
機器の劣化
機器の故障もさることながら、築年数が経つと部品の調達も困難になったり、維持費用が新しい機種よりかさむこともある。
配管・配線の劣化
配管の劣化は漏水等、下階への二次被害を招く。隠れた配管も多く、材料の耐用年数を見ながら、適切な時期に調査が必要。
システムの劣化
給水や空調、給湯設備など技術も進んで、維持費の軽減できるシステムや、法律の改正で既存不適格になった設備や建物もある。

図2　設備の劣化と改修仕様

といった名称にしてもらっています。このような名称を使うことで、目的が「修繕工事を行うための委員会」にならないようにするためです。目的は、あくまでも生活する場としての住宅（マンション）を安心して快適に生活できるようにすることであり、修繕工事は単にそのための一手法にすぎないからです。委員会では、新しい提案や前向きの意見が自然と飛び交う楽しい会になっています。

■建物の劣化の進行を抑えるため
・自然物の劣化は、加速度的に進む。

■安全な建物として維持していくため
・建物は、危害を与えても、こうむってもいけない。

■建物は入れ物ではなく、生活する場所だから
・生活する場である建物は、不便であったり、不快感を感じてはいけない。

■長期的に、安心して快適に生活できるため
・コミュニティー形成の場を作る。

■魅力ある建物にするため
・新しい居住者にも魅力ある建物に育てていく。
・子育て環境の整備など、若い人にも魅力のある住宅。

図3　改修工事の基本方針

コミュニティー形成のための組合員向け勉強会の意義とは？

子育て経験のない妊婦や父親を対象に行っている子育てセミナーに参加した経験がある方もいると思います。そこでは赤ちゃんの扱い方や子育てについてのいろいろなノウハウを教えてくれます。マンションは生活する場であると同時に共同で維持していかなければならないといった、戸建て住宅とは異なった一面を持っています。そのため、マンションの大規模修繕工事に関しての講演会やセミナーは、毎日のように全国各地で開催されています。熱心な理事さんは多くのセミナーに参加して、さまざまな情報、知識を得て理事会などで説明するのですが、なかなか理解してもらえないといった悩みも抱えているようです。建物を健全な状態で維持していくためには、共同住宅に住むという組合員、居住者の共通認識が不可欠です。

マンションは、生まれ育った子どもたちにとっての「ふるさと」ですので、そこが楽しい場所になれば自然に子どもたちも住みつないでいくものと思います。集まって住むことの楽しさや共同生活のルールなど共通認識を持つことで、健全な生活ができると思います。

そういった意味では、大規模修繕工事を目的とした勉強会ではなく、「建物の維持保全のための知識」と「どうしたら楽しく生活できる場になるか」といった勉強会が大事ではないかと思っています。

改修設計業務になぜ改修設計図が必要なのか～「積算根拠は仕様書と改修設計図」～

公共の建物の改修工事の場合、既存部分の解体図面と改修工事の図面の両方の作成が設計委託仕様書の中に記載されています。従って、解体図面に基づき解体費用を積算し、改修設計図に基づいて改修費用を積算します。本来、マンションの大規模修繕工事においても適切な工事金額を積算するためには必要と思われます。

建物の劣化にはさまざまな原因があります。改修設計は人間の場合の処方箋ですので、原因を解消するための工事でなければなりません。

大規模修繕工事の改修設計を行う場合、「修繕工事」「改良工事」「改善工事」と分けて設計に反映する必要があります。

①**修繕工事**……建築時の状態に戻す工事
②**改良工事**……建築時または前回の修繕工事で不具合がある箇所を解消する工事
③**改善工事**……社会状況を反映して、将来的にも対応できるようなバリューアップ工事

改修設計図は、現時点の建物の状況を反映した改修履歴が記載されたものです。この図の中に、専有部分の改修図面も反映されることが理想です。竣工図は、育児手

帳のようなもので建物が建築された資料としては貴重ですが、その後どのように改修されていったかが反映されていません。建築においてもこのようなカルテが建物の健康管理には不可欠と考えます。そういった意味でも、劣化位置や不具合原因が特定できる改修設計図が、長く健全な状態で建物を維持していくためには重要な書類となるはずです。

マンションは作ること以上に賢く育てることがもっと大事

マンションのように家族構成、年齢、職業などさまざまな人たちが居住する建物では、全員の希望条件を満たす状態に建築することは不可能です。また、社会状況も変化しますし、築年数を経ると生活する場としての機能が不十分になるだけではなく、家族構成も変わります。

建物も、人間と同じように手をかけ愛情をかけて育てることで、賢くてお金のかからないマンションに育っていきます。社会状況に合わせて価値を向上させていくことが必要で、例えば日常明るい場所は常時照明が点灯しないようにするなどが挙げられます。建物の生活価値向上項目として図5に記載しましたが、日常の小修繕や大規模修繕工事のときに、このような項目に配慮することで、築年数に左右されない魅力のある建物になるはずです。マンションが生活する場である以上、時代に合った生活ができるような改善が必要になります。

安全、便利で快適に生活できるマンションにするためには、単に新築時の状態に戻すといった「修繕工事」ではなく、省エネや社会問題にも対応できるような生活の場所に育て上げていく「改善工事」が重要です。

積算の仕方と現実との差異

適切な工事費を算出するためには、図面が必要なことは前述した通りです。ただ、改修設計の場合、

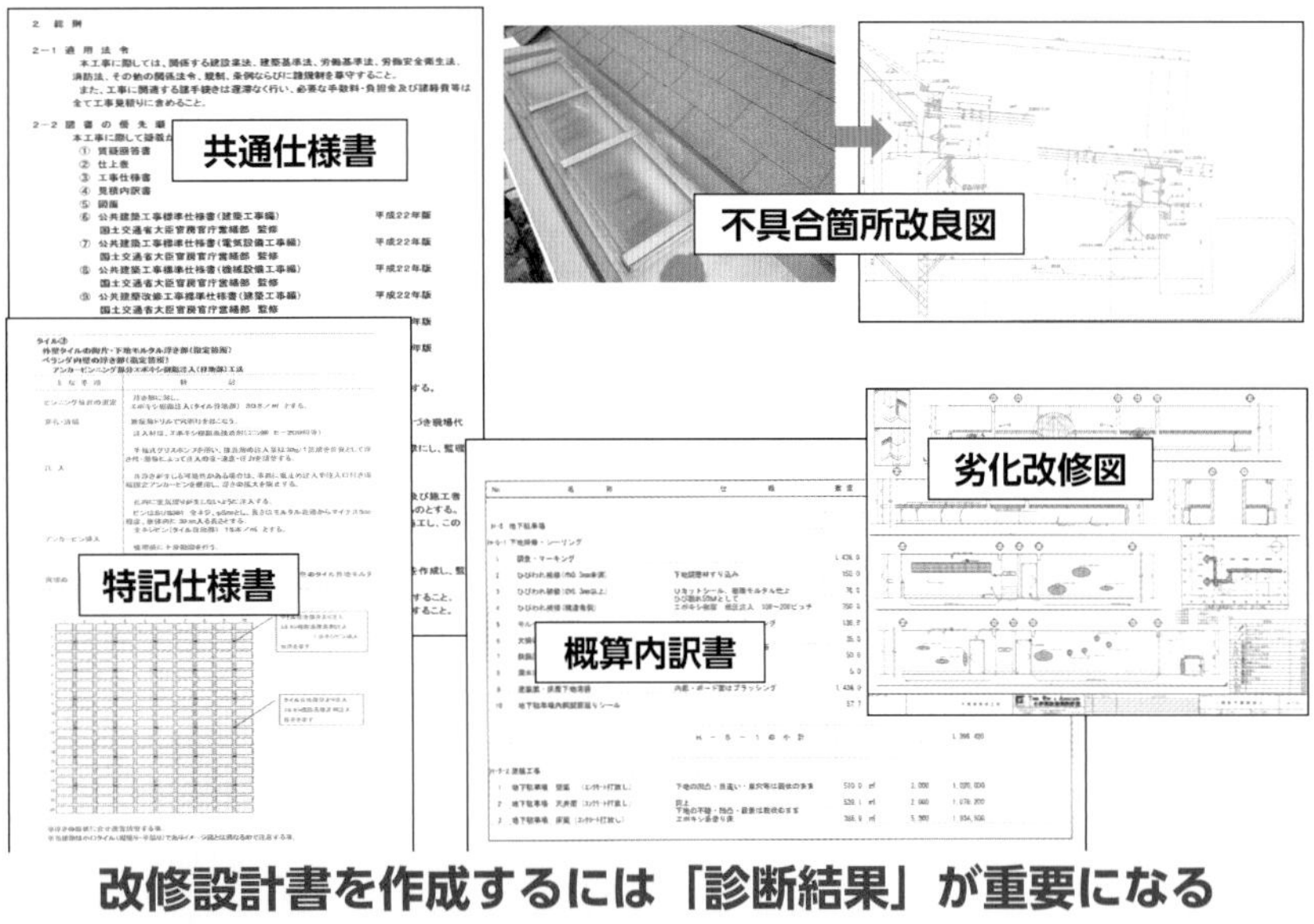

図4　改修設計で作成する主な成果物

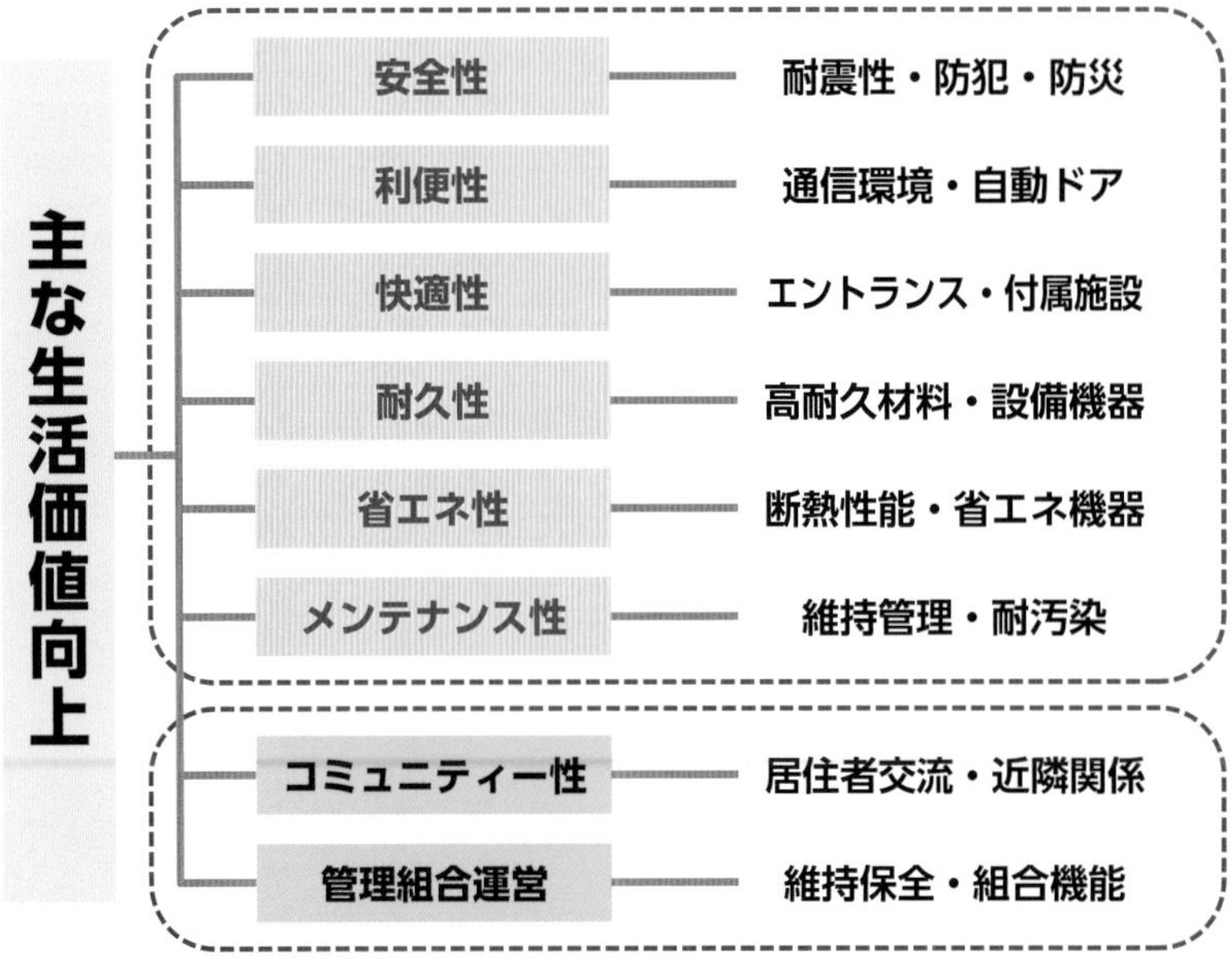

図5　生活価値向上のために考慮すべき項目

新築工事と異なり劣化数量が工事金額を左右します。足場を架けて調査して、初めて正確な金額が決定します。ひび割れなどの下地補修については、設計者や各施工会社の経験値や事前調査結果に基づく劣化状況からの割合を採用しています。下地補修に関しては、建築時や前回改修時の施工状況によって物件ごとに大きく差が出ます。

このように、見積書と実数清算書との差を少なくするためには十分な調査が大事です。単に劣化状況の調査ではなく、調査箇所での劣化数量も把握する調査になっている必要があります。当然、調査報告書には劣化原因等の記載も必要になります。原因によって改修方法や費用が異なるためです。それでも、外壁タイルの浮きなどで想定外のことが起きてしまうことがあります。

外壁タイル面積の5％の張替えを見込んでいた物件で、足場を組んで調査を行ったところ20％以上のタイル浮きが確認された例もあります。原因は、タイルを張る際に躯体面に「目粗し」を行っておらず、コンクリートのつるつるした面にタイルが張られていたことでした。管理組合の総会で承認された金額以上の増額は、再度承認が必要になることから工程にも影響しますので、総会承認時には積算金額に5～10％の程度の予備費を計上しておいたほうが工事を中断せずに進めることができます。

コンサルタント選びが大規模修繕工事とマンションの健全維持の鍵

大規模修繕工事の場合のコンサルティング業務の委託先として、管理会社、建築士、マンション管理士などが挙げられます。施工会社選定には慎重になるのですが、大規模修繕工事の金額を左右することになるコンサルタント選びが十分に検討されないまま、「金額が安いから」という理由でコンサルタントを選ぶことが多いようです。セミナーでも、「良いコンサルタントを選ぶにはどうしたらいいの？」という質問を受けることがあります。このような質問に対しては、「どこを選ぶのではなく、誰を選ぶかが重要です」と答えています。

コンサル会社によっては、規模が大きく立派なパンフレットを作っているところもあります。確かに理事会としては、何か問題が起きた場合は規模が大きいほど対応してくれるだろうという意識が働くことは否めません。大規模病院だから安心だということでしょうが、目的は病気の治療ですから、その病気の治療に精通した専門の医師がいなければ病気は完治しません。コンサルタント選びも同じで、コンサルタントとしての専門的な知識と技術、経験を持っていることが重要です。

修繕工事は、新築工事と異なり誰でもできそうに思われますが、救急救命医と同じで新築の設計と同時に改修工事の知識など幅広い知識と現場での豊富な経験も重要です。従って、建築士として新築工事や改修工事にどれだけ関わってきたかも重要になります。コンサル会社ではなく、専門的な知識経験のある建築士を選ぶことが大規模修繕工事の成功につながると思います。見分け方としては、コンサルから提示された「実績書に記載してある管理組合」に出向いて担当した委員会や理事に話を聞く方法が確実かもしれません。

組合員の財布を預けることになりますので、50万円を惜しんだために数百万円の工事費増にならないように、納得できるまで時間をかけてコンサル選びをすることが、大規模修繕工事費の軽減や長期的に建物を維持していくことにつながります。

施工会社選定はどうすればよいか？

施工会社選定については、管理組合の立場で対応してくれるコンサルタントがいればスムーズにいくはずです。ただ、施工会社選定のたびに思うのですが「なぜ大規模修繕工事のたびに、公募して施工会社を選ばなければならないのか」ということです。前回の工事がよほど悪かった場合は仕方ないとしても、大規模修繕工事も適切に行われ、その後の不具合対応も誠意を持って行ってくれている会社であれば、あえて変える必要はないのではないかと思います。例えば、歯が悪いときに適切な治療をしてもらった医者がいるのに、他の歯が悪くなるたびに別の歯医者にかかるようなものです。マンションにとってのホームドクターは建物の健康維持には不可欠です。

建物は、大規模な修繕工事まで放っておけない工事も多々あります。その都度、いろいろな業者に見積りを取って工事を委託していることが多いようですが、それでは全体の健全性を保つことは難しいといえます。建物管理では、排水管の清掃など決まった業者にお願いしているところもあり、排水管清掃以外で気付いた不具合などを指摘してくれるところもあります。このように、建物は日常の維持管理が重要です。

当事務所がコンサルをしているマンションの大規模修繕工事を行った工事会社の営業担当者は、台風や大雨のたびにマンションを訪れ、不具合箇所が生じていないかを確認しています。近くに来るたびに点検をしているとのことで、「大丈夫ですよ。良かったです」という報告もあり、営業のために訪問しているとも思えません。

このように気遣ってくれる会社であれば、次回の改修工事も安心して任せられるのではないでしょうか。かつて普請道楽といわれた旦那さんが行っていたような、「お抱え大工」が管理組合にもいることが望ましいと思います。

1．見積り参加希望施工会社の募集（募集要項の作成）

↓ ●一般公募と指名、紹介方法がある

2．見積り依頼施工会社の選定（応募各社の比較表の作成）

↓ ●会社概要を参考に依頼する数社を決める

3．見積りチェック（見積り各社比較表作成）

↓ ●内訳をチェックして、ヒアリング候補決定

4．ヒアリング（ヒアリング時の選定チェックリストの作成）

↓ ●現場監督員を含めて面接する

5．施工会社の内定（各社への連絡・選定経緯の作成）

図6 見積り合わせ方式の流れ

工事監理とは何を行うのか？

マンションの改修工事においては、必ずしも改修仕様書通りに工事が行えない場合もあります。また、足場を組んでから詳細に調査すると新たな改善が必要な部位が目に付くことがあります。そのようなときに、現地で速やかに判断する必要があるわけです。

マンションの改修工事の場合、生活しながらの工事ということもあり、居住者への影響を考慮しての工程計画となっています。一方、ふたを開けてみなければ分からないという問題もはらんでおり、工事中に問題が発生した場合の判断には時間的な余裕がありません。

工事着手後の調査で思いがけない工事が発生し、管理組合の総会で承認された金額を大幅に上回ることもあります。修繕積立金に余裕のある所は、再度追加予算の総会決議をすればいいのですが、それでも総会等の手続き等で3～4週間工事をストップしなければならないといったことも起こります。

通常、予算をオーバーするときは予定していた工事の取り止めや仕様の変更などで対応することになります。その場合も、どの工事を中止し、どのような仕様に変更するのかについて、工事をストップさせないで決定する必要があります。それぞれの職人は、数件の現場を掛け持ちで回っていることが多く、2日遅れたからといって2日後にその職人が工事に入ってくれるとは限りません。場合によっては、1週間後でなければ工事にかかれないということもあります。従って、監理業務とはその場で判断して、適切な対応方法をすぐ指示する必要があります。

監理とは、監視ではなく現場を観察（継続的に観ること）しながら、課題を見つけ出し、改良点が適切に施工されているかを確認する業務です。

改修工事のアフター点検からアフターケアへ

新築物件にない業務として改修

仕様書に盛り込まれている項目に、数年ごとのアフター点検業務があります。工事内容ごとに保証期間が定められ、項目ごとの保証期間が満了する前に状況点検を行い、施工に起因する不具合が生じていれば無償で改修することになっています。

ただ、改修工事を行ったときのさまざまな条件は、当時の現場代理人が居住者情報も含めて最もよく把握していますが、現場代理人からアフター点検の担当者に正確に情報が伝わっていないことで対応が円滑に進まない場合もあります。建物の状況を把握しているのは担当した現場代理人ですので、アフター点検の立ち合いは責任を持って確認してもらいたいところです。

保証満了時点で点検を行い、問題なかったので責任はなくなりましたといった責任回避や、次回の大規模修繕工事を期待してのアフター点検ではなく、日常のアフターケアができている施工会社が工事会社選定の条件ともいえます。

予防保全工事が大規模修繕工事の周期延長に

大規模修繕工事の時期を迎えるころに組織されるのが、「修繕委員会」です。名称が活動を拘束することは前述しましたが、目的は「修繕ではなくマンションを健全な状態に維持し育て上げていくこと」です。修繕委員会というと検討範囲が狭められてしまいます。

また、「数年後には大規模修繕工事を行うのだから、大したことのない不具合はそのときでいいのではないか？　お金の無駄になる」といった意見が出ることもあります。結果、3年放置してしまったため、ちょっとした手当で良かったものが大規模な工事になってしまい、高くついたという例もあります。「大規模修繕工事は何年に一度行うべきだ。行わなければならない」と勘違いしているために起こることです。

ある管理組合では、「再生委員会」で劣化が著しく進む前に工事を行えるような保全工事のための予算を確保しており、必要なら保全工事を行えるようにしています。「悪くなってから直すのではなく、悪くならないように処置をすること」を前提に、定期総会の前に委員会が建物の点検を行い、次年度計画的に行う必要があると思われる工事のリストを作成し、長期修繕計画書に反映し、理事会に上程します。従って、総会で提案される長期修繕計画書は、このような内容を反映したものになります。次回の大規模修繕の時期を延ばせば、必要なくなる工事も出てくることもあります。

愛情をかけて育て上げることで長寿命マンションへ

外観やエントランスがきれいになっても、必ずしも魅力のあるマンションとはいえません。また、居住者同士がトラブルになっていたり、共同住宅としてのルールを守らない居住者がいたりすると不愉快な気分で生活しなければならず、魅力のある建物とはいえません。

マンションは、多くの家族が集まって同じ屋根の下に生活するわけです。マンションで生まれ育った子どもたちにとっては、そこが故郷なのです。その子どもたちに多くの思い出を作ってあげる場でもあるはずです。そして、子どもたちがコミュニティー形成の鍵なのです。

子どもの友達を通じて、親同士が付き合うようになったという家族も多いと思います。災害時にお年寄りが荷物を持って上がれないときに、中学生が手伝ってくれたという話も聞きます。また、「結婚したらこのマンションに住みたいので、売りが出たら教えてね」と言われている理事さんの話も聞きました。このように、快適に生活できるマンション作りが長寿命マンションになるものと思います。

マンションは、安心して快適に生活できる場でありたいと思います。生活価値が向上すれば、愛着も増し、結果として資産価値も向上し、空き家の主な原因である相続放棄といったことは避けられると思います。

マンションとは、多くの家族が家庭生活を共に営む場であるため、みんなが快適に生活できるようになることが理想です。戸建て住宅と異なり、年齢も家族構成も異なり、職業も異なる人たちが一つ屋根の下で快適に生活するためには、共通の価値を創造していくことが必要です。

築50年時代のマンション再生

有限会社八生設計事務所　鈴木 和弘

マンション築50年時代

　国土交通省の調査では、2018年末時点で分譲マンションのストック総数は約654・7万戸となっています。分譲マンションの新規供給戸数は、ここ数年は年間約10万戸の供給があり、これからもマンションのストック数は増え続けることが予想されます（図1）。

　また、マンションのストック総数のうち、築40年超のマンションは81・4万戸となっており、ストック総数に占める割合は約1割です。この築40年超のマンションは、国土交通省によると、10年後には約2・4倍の197・8万戸、20年後には約4・5倍の366・8万戸になると推計されています。築50年超のマンションは現在6・3万戸ですが、10年後には約13倍の81・4万戸、20年後には約31倍の197・8万戸と急激に増加する推計となっています。

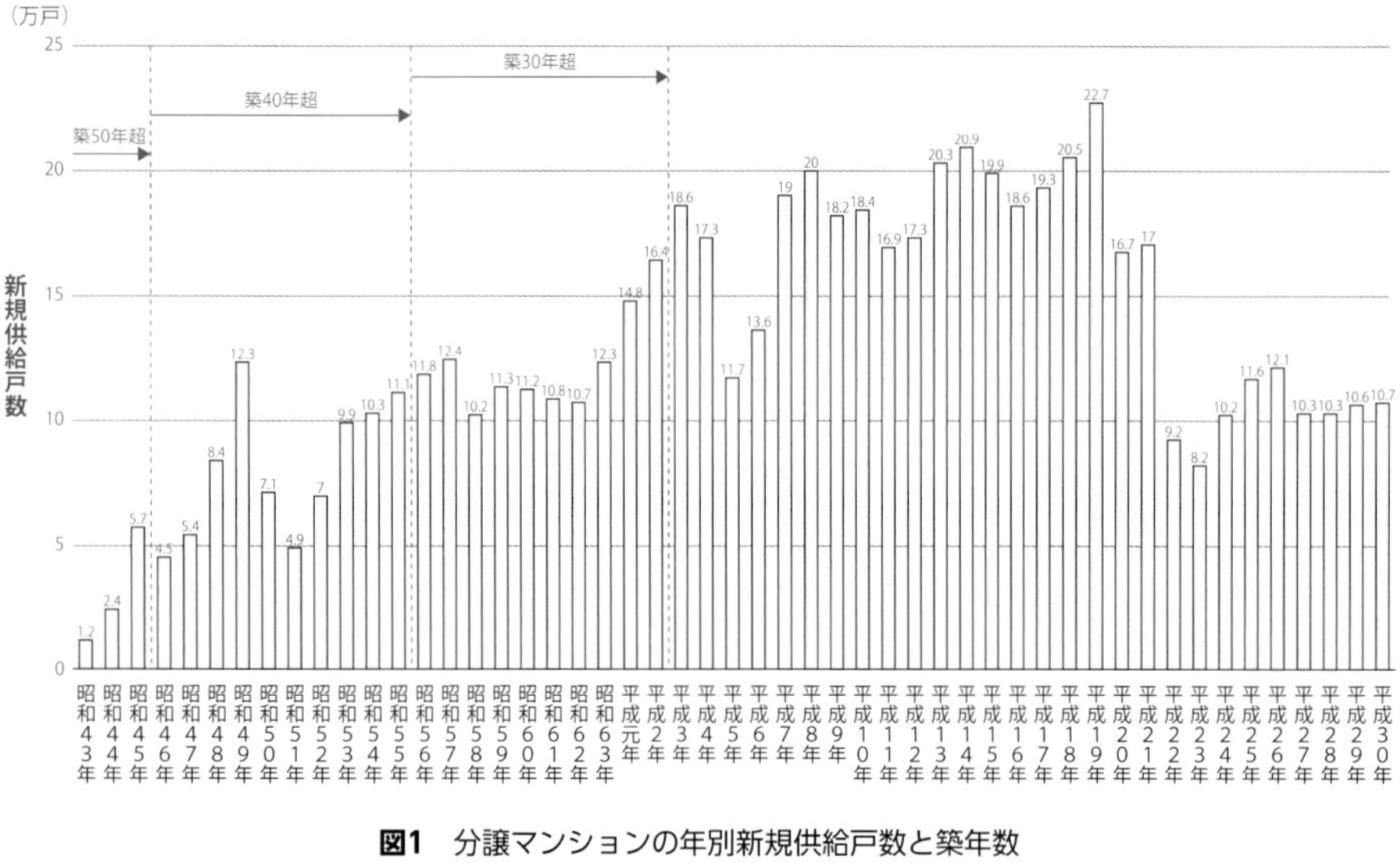

図1　分譲マンションの年別新規供給戸数と築年数

　これからのマンションの課題として、今後増加していくことが明らかである築50年超のマンションの老朽化対策があります。国土交通省の2018年度マンション総合調査（以下「マンション総合調査」）では、管理組合に向けた調査で老朽化対策について聞いています。その調査では、マンションの老朽化対策問題についての議論を行い、建替え等または修繕・改修の方向性が出た管理組合は21・9%となっています。一方、議論は行ったが方向性が出ていない管理組合は16・6%、議論を行っていない管理組合は56・3%となっており、マンションの老朽化対策の方向性の合意形成も難しいことが分かります。

　マンションの老朽化対策では、建替えを検討する場合も多くあります。ただし、国土交通省の調査によると、2019年4月1日現在で建替え工事が完了しているマンションは244件しかなく、建替えがなかなか進んでいない現状であることが分かります。

　マンションの老朽化対策は、建替えだけでなく改修による再生という方法もあります。今後増え続ける築50年超のマンションでは、この改修による再生でマンションの良好な居住環境を維持・向上し、住み続けていくという考えが必要となります。

長期ビジョンの作成

マンションを修繕・改修して住み続けていくための資金的な裏付け資料として、長期修繕計画というものがあります。長期修繕計画は、マンションという建物・設備に住み続けるために必要な修繕を今後25～30年間で想定し、その修繕に必要な費用を算出して、修繕積立金等の収入が適切かを比較検討した計画です。

長期修繕計画は、新築当時の建物・設備を修繕していく計画が基本となっているため、築50年超のマンションの老朽化対策の内容は、ほとんど盛り込まれていません。そのため、築50年超のマンションは、長期修繕計画とは別に、マンションの良好な居住環境を長期に維持または向上していくためにはどのような課題があり、どのような対策が必要かを考える長期ビジョンの検討が必要です。

良好な居住環境を長期に維持していくために検討すべき問題の一つとして、空き室問題があります。マンション総合調査では、空き室があるマンションの割合は37・3%、空き室戸数割合20%超のマンションの割合は1・2%となっています。完成年時が古いマンションほど空き室がある割合が高く、1979年以前に完成したマンションは、空き室戸数割合20%超が4・4%となっています（図2）。空き室が増えると、管理費・修繕積立金の滞納、役員のなり手不足などの問題へとつながるため、今後空き室が増えていかないような対策の検討が必要です。

また、築50年超のマンションでは居住者の高齢化という問題もあります。マンション総合調査では、1979年以前に完成したマンションにおける70歳以上の割合は47・2%と、居住者の半分近くが70歳以上という現状にあります（図3）。

長期ビジョンを検討する際は、現在の居住者の年齢や空き室割合を把握した上で、各区分所有者が、このマンションにいつまで住み続

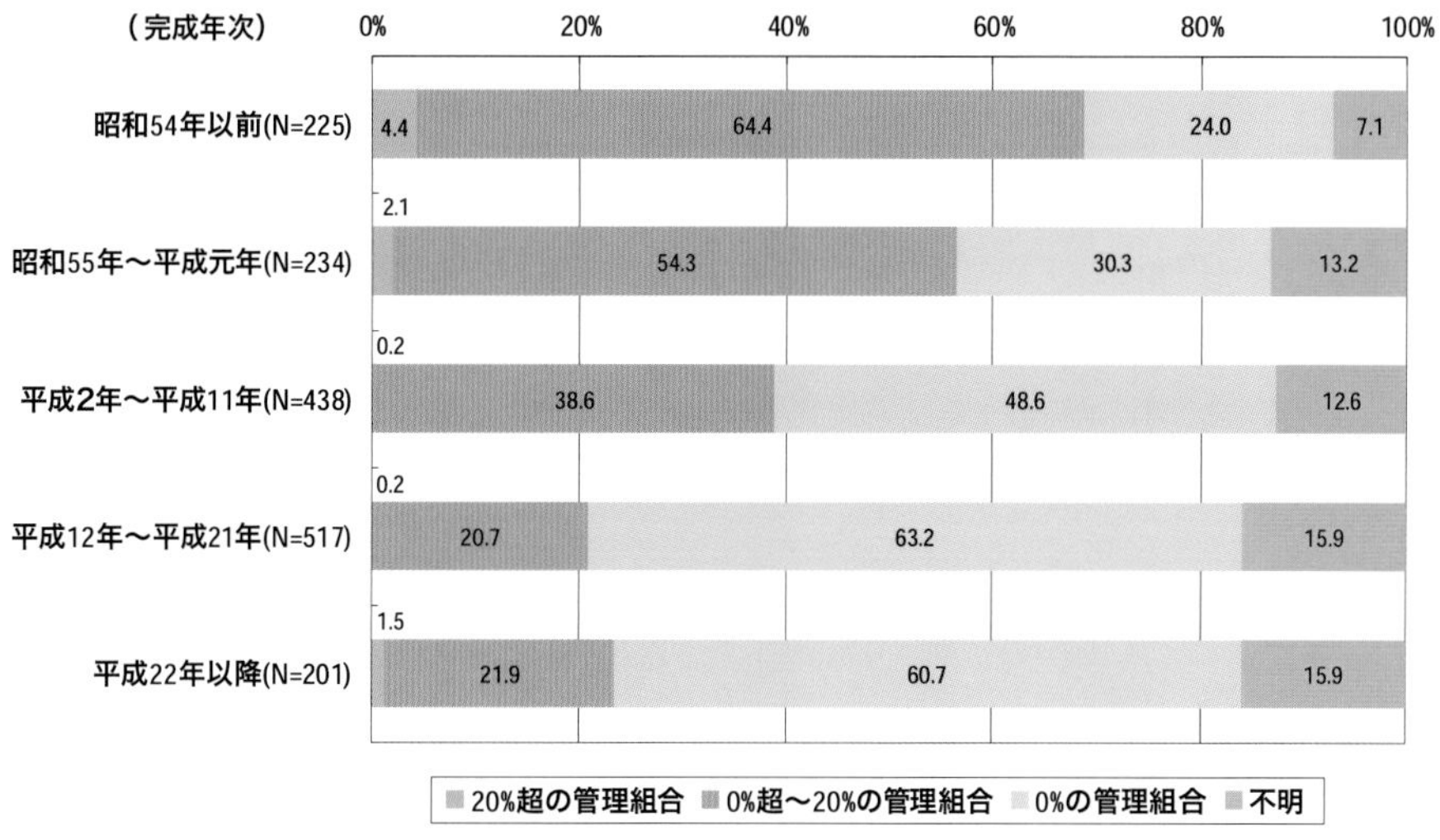

図2　空室戸数割合（完成年次別・平成30年度）

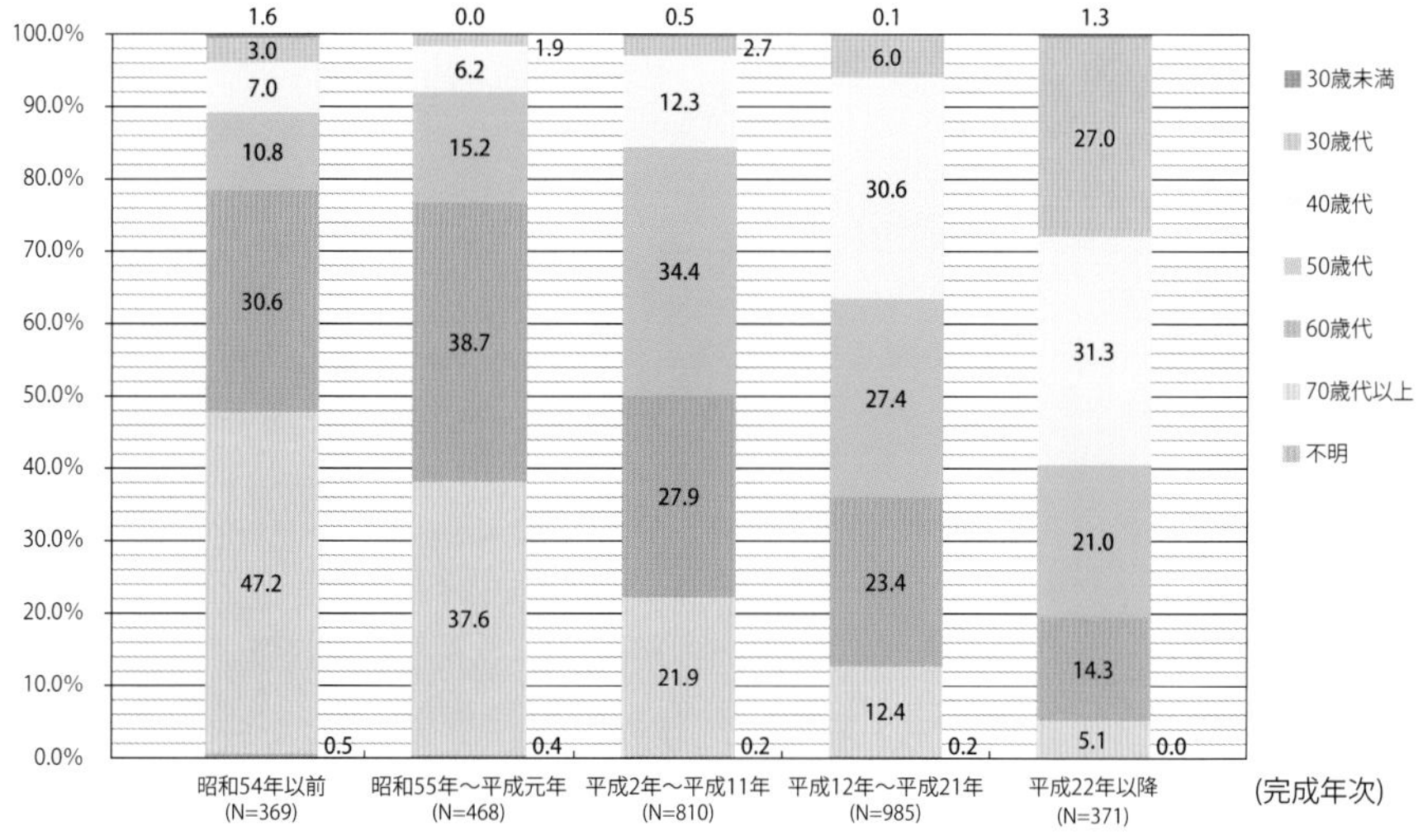

図3　世帯主の年齢（完成年次別・平成30年度）

けていきたいと考えているか、また住み続けていくためにはどのような改良・改善が必要か、空き室を増やさないためにはどのような対策が必要か、高齢者に対するどのような生活支援が必要か等の意見を交換し合うことが重要です。そして、自分たちのマンションに合った長期ビジョンを作成することが望まれます。

国土交通省では、補助事業として「マンション管理適正化・再生推進事業」や、2020年度から始まる「マンションストック長寿命化等モデル事業」等、マンションの再生や長寿命化への取り組みが進んできており、このような補助事業を活用することも一つの案です。

長期的な視野に立った修繕

長期にわたり良好な状態で使用するための措置が講じられた優良な住宅として認定制度が設けられている「長期優良住宅」では、その性能の項目として劣化対策、耐震性、維持管理・更新の容易性、可変性、バリアフリー性、省エネルギー性などがあります。

劣化対策は大規模修繕工事などの計画修繕、耐震性は耐震診断・耐震改修、維持管理・更新の容易性は給排水管の取換えなど、バリアフリー性はスロープ・手すりの設置やエレベーターの設置など、省エネルギー性は開口部の省エネ改修や屋根・外壁の外断熱改修、照明器具のLED化などがあり、これらの内容の多くは本誌の基礎知識の中に盛り込まれています。

本稿では、基礎知識の中に盛り込まれていない修繕で、長期的な視野に立ったものをいくつか紹介します。

住戸内専有部分の給排水管改修

各戸水道メーター以降の給水配管や、排水器具から排水立て管につながるまでの排水横引き管は、専有部分となっています。この部分は各区分所有者の責任で維持・保全をすることが原則ですが、共用部分の配管と構造上一体となっていること、マンション標準管理規約においても「共用部分と構造上一体となった専有部分の管理を共用部分と一体として行う必要があるときは、管理組合が行うことができる」という条文になっていること、また、専有部分の給排水管からの漏水は下階の他住戸への漏水へとつながることから、管理組合として全戸一斉に改修を行い、全戸の漏水リスクの対策を行うことが望まれる部位でもあります。

しかし、この専有部分の給排水管を取り換えるためには、各住戸の床や壁などの内装を解体・復旧する必要があることや、数日間の在宅工事となること、長期修繕計画の中に盛り込まれておらず工事費用の調達が難しいことなどから、管理組合が一斉に工事を行った実績は、なかなか増えていかない現状があります。

現在築30年を超えているマンションの住戸内の新築時の給水管は、水道用硬質塩化ビニルライニング鋼管が使用されていることが多く、経年による腐食のリスクがあります。築30年を超えたマンションでは、共用部分である排水立て管改修の検討も始まります。排水立て管改修では、住戸内に入り床や壁などの内装を解体・復旧する工事となるので、それに合わせて専有部分の給排水管改修を行うことが、長期的な視野に立った修繕計画、また合理的な修繕計画としてもメリットが大きく、実施の検討が必要です（写真1）。

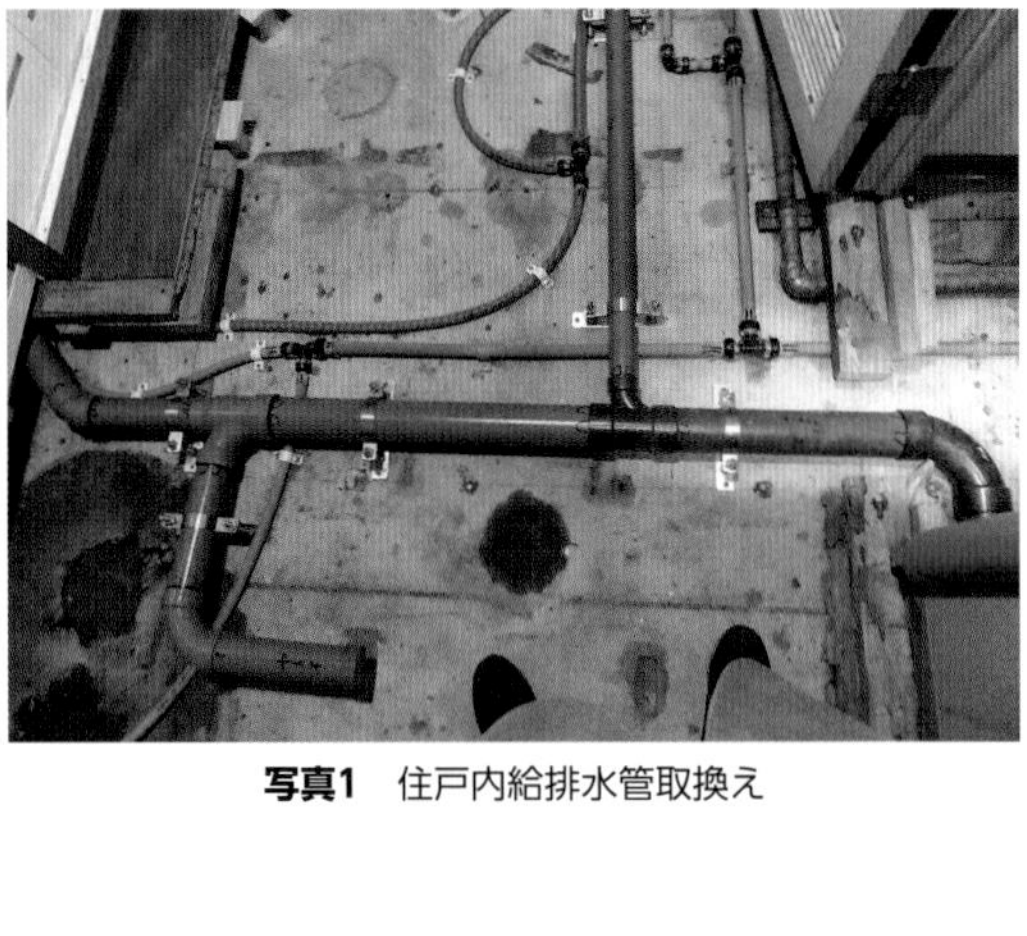

写真1　住戸内給排水管取換え

機械式駐車場の廃止および機械式から自走式駐車場への建替え

限られた敷地内で駐車場の台数が確保できるため、機械式駐車場の設置が増えています。しかし機械式駐車場はメンテナンスや修繕の費用が多くかかり、また20～25年程度の周期で取換えが必要になってくるため、機械式駐車場の駐車台数の収入では、機械式駐車場のメンテナンスや修繕・取換え費用がまかなえないことが多く、金食い虫となっているのが現状です。

このような状況が問題となっているマンションも多く、機械式駐車場の取換え時期に、駐車場の必要台数の調査を行った上で、機械式駐車場を廃止する事例も増えてきています（写真2・3）。

　車の利用者があまり減っていない場合は、駐車台数はできるだけ確保しておくための検討も必要です。敷地の状況にもよりますが、機械式駐車場から1層2段や2層3段の自走式駐車場に取り換えるという事例もあります（写真4・5）。駐車場や駐輪場などの利用者の数によって必要数が変動するものは、継続的に状況の把握を行いながら、長期的な視野に立った修繕計画が重要になります。

写真2　機械式駐車場撤去後

写真3　機械式駐車場ピット内埋め戻し中

エアコン設置環境の整備

　築40年超のマンションでは、一部の居室でエアコン用のスリーブが設けられていない場合があります。

　引き違いのアルミサッシの換気小窓から冷媒管を通し、バルコニーに室外機を置いてエアコンを使用している住戸も見かけますが、アルミサッシの片側の障子が使えなくなってしまいます。また、アルミサッシの外側にバルコニーがない場合は、エアコン室外機が置けないため、このような方式をとることもできません。

　現在の新築マンションでは、エアコンが設置できない居室はありません。長期的な視野に立ち居住環境の向上を考えると、エアコン設置環境を整備することは重要な修繕・改修内容の一つです。

　工事は、足場を架ける大規模修繕に合わせて、外壁の穿孔（コア抜き）、バルコニーがない場合はエアコン室外機置場の設置を行います（写真6・7）。ただし、外壁の穿孔の際は、穿孔を行うことによる構造上の問題がないかを確認した上で、鉄筋を避け、かぶり厚さが確保できる位置に穿孔する必要があります。

写真4　旧機械式駐車場

写真5　新自走式駐車場

写真6　エアコン配管スリーブ穿孔

写真7　エアコン室外機置場増設

クリーンコンサルタント連合会（ＣＣＵ）の活動とマンション改修の課題

一般社団法人クリーンコンサルタント連合会 代表理事　柴田　幸夫

はじめに

クリーンコンサルタント連合会（通称、ＣＣＵ）が設立されたのは２０１８年12月、それから1年半が経過しました。

これまでの活動について振り返るとともに、マンションを取り巻く環境がどのように変わったのか・変わらなかったのか、そして今後どのように変わるのか、これらを概観し、今後どのような方向に進むべきなのか「マンション修繕の課題」をあらためて考えていきたいと思います。

本題に入る前に、まずＣＣＵ設立の経緯をおさらいし、問題の原点を再確認しておきます。

ＣＣＵ設立の経緯

ＣＣＵ設立の母体となったのは、日本建築家協会（通称、ＪＩＡ）関東甲信越支部メンテナンス部会、マンションリフォーム技術協会（通称、ｍａｒｔａ：マルタ）、マンション・ユニオン保全設計協同組合（通称、ＭＵ）、建築再生総合設計協同組合（通称、ＵＲＤ）で、ほとんどがこれらの会員によって構成され、複数の会に所属しています。いずれも設計事務所として管理組合を支援する設計コンサルタントの団体です（マルタの場合は会員に工事会社・メーカーも含まれます）。

その一つであるマンションリフォーム技術協会では年２回の会報「ｍａｒｔａ」を発行していますが、その第25号（２０１６年11月発行）において、私たちが発表した「不適切コンサルタント問題への提言」が反響を呼びました。

翌年の1月には国土交通省がこれに関する通知を発したことで、多くのメディアに載ることとなりました。ＮＨＫを含めたＴＶや一般紙・業界紙などの新聞・週刊誌などでもこれに関することが報道されました。

私たちが提言したのは、マンション大規模修繕工事を行う際に、設計監理者として管理組合と契約している一部のコンサルタントが工事施工者に便宜を図り、見返りとして多額の金品を受け取っていることでした。これは工事費や工事の品質において管理組合に多大な実害を与えるもので、管理組合に対する裏切り行為ともいえます。

一部の「不適切コンサルタント」のこととはいえ、業界の社会的信用を失墜し、マンション修繕工事における設計監理方式の衰退につながります。管理組合にとっての不利益も計り知れません。このような危機感から、いわば内部告発をしたことになります（図1）。

提言を発表後、多くのご意見を頂きましたが、厳しい批判も頂いています。「提言と言っているが、具体的にどうすればよいのか？　どこにコンサルを依頼すればよいのか？　そのことに答えなければ無意味であろう。管理組合を不安にしているだけである」が代表的なものです。このような批判に対しては、設計コンサルタントとし

クリーンコンサルタント誓約書

一般社団法人　クリーンコンサルタント連合会

会 長　　　　　　　様

マンション管理組合の正当な権利を守り、改修業界の適正な発展のために、私はクリーンなコンサルタント（設計事務所）であることを宣言いたします。

当会の定款・規約および倫理規定等に従い、管理組合に不利益となる行為（不合理な業者指定や談合幇助など）や関係者からの不適切な見返り（バックマージンなど）を受けるような行為は、一切行わないことを誓約致します。

年　　月　　日

所在地

名 称

代表者　　　　　　　　　　印

図2　クリーンコンサルタント誓約書

不適切コンサルタント問題への提言
―マンション改修業界の健全な発展のために―
一般社団法人マンションリフォーム技術協会　個人会員一同

現在のマンション改修業界は、不適切な行為を行うコンサルタントの横行で混乱状態にあります。コンサルタントの一部が、計画的・組織的に工事会社からバックマージンを受け取る不適切な事例が増えています。

この不適切コンサルタントの最大の問題は、マンション管理組合（区分所有者）に割高な工事という実害を与えていることでしょう。さらには業界全体が信用を失い、ひいてはマンション改修業界全体の劣化・衰退につながることです。これらの問題を子細に見ていくと数多くの弊害が生じていることが分かります。

弊害１．割高な工事費
弊害２．過剰な工事内容
弊害３．不明朗な工事発注
弊害４．甘い工事監理
弊害５．不適切コンサルタントの拡大再生産
弊害６．真面目なコンサルタントの減少
弊害７．業界全体の信用が失われる

マンションリフォーム技術協会の個人会員であるコンサルタント（設計会社）においては、このようなマンション改修業界の昨今の実態を憂い、危機感を強くするものです。ユーザーである管理組合の正当な利益のために、マンション改修業界の健全な発展のため、広く問題提起・啓発するとともにご理解・ご賛同を得、改善に尽力したいと考えております。

図1　「不適切コンサルタント問題への提言」（抜粋）（「marta」第25号より）

て有効な対策でお応えすることが、最初に問題提起をした私たちの責任と考えました。

このような経緯から、設計コンサルタントとして「管理組合の正当な権利を守ること」を目的として、新しく組織を立ち上げたのがクリーンコンサルタント連合会（ＣＣＵ）です。姿勢を明確にする意味で、全ての会員に「クリーンコンサルタント誓約書」（図２）の提出を義務付けています。

図3　CCU設立シンポジウムの様子

CCUの主な活動

私たちは管理組合への支援事業を軸として活動しています。具体的には講演・執筆などの啓発事業、個別相談などの支援事業、設計コンサルタントの紹介等々です。これらは居住者団体など他の友好関係にある団体と協力のもとで実施する場合が多くなっています。この中で、件数的に多いのが「個別相談」です。メールや初回の来訪相談は無料で対応していることにもよりますが、多くの相談が寄せられ、マンパワー的には対応が間に合っていません。何とか改善しようとしていますが、やむを得ず相談者にはお待ちいただいているのが現在の実情です。

相談内容については多岐にわたりますが、対応が難しい問題が多く、管理組合の抱える問題の深刻さがうかがえ、管理組合という組織が持つ特有の弱点も見えてきます。

今回「マンション修繕の課題」を考えるにあたり、修繕以前にマンション自身が抱える基本的問題点を「個別相談」の中から特徴的な内容を抽出し、そのときのアド

管理組合への支援活動

- ・維持保全に関する相談・相談員の派遣
- ・長期修繕計画へのアドバイス
- ・大規模修繕工事に関する支援
- ・瑕疵に関する支援
- ・適正なコンサルタントの紹介

社会公共に対する発信活動

- ・大規模修繕工事に関する書籍出版
- ・若手コンサルタントに対する研修会
- ・管理組合修繕委員・理事会向けセミナー
- ・工法・材料等新技術の紹介
- ・他団体との情報交換・協力

図4　CCUの事業内容

バイスを含めて検討していくこととします。

相談内容からうかがえる現状

　CCU設立以来多くの相談が寄せられていますが、設立の経緯からどうしてもコンサルタントに関する相談が多くなっています。「不適切コンサルタントを教えてほしい」、「……は不適切か？」など単刀直入に問い合わせる管理組合も多いのですが、「どうも不適切コンサルタントを選んでしまったようだ、契約してしまったがどうしたものか」など切実で切羽詰まった状況での相談もありました。修繕設計も終わり、工事業者の選定に入った段階でどうもおかしい、コンサルタントの動きが不自然等々、不信感を持つに至って、相談されているようです。

　マンパワーが不足する中、できるだけ丁寧な対応を心掛けていますが、やむを得ず相談内容の深刻度・緊急性や資料の有無、相談意図により、処理順序に配慮しながら対応しています。

　相談内容や種々各方面からの情報を総合すると、私どもが問題提起した「不適切コンサルタント問題」は改善されているとは言い難いようです。むしろ組織的に規模が拡大し、巧妙に隠蔽化が進んでいるようです。具体的にはなかなか詳らかにできないことがこの問題の難しさです。ある程度知識がある管理組合の方々は、さらに困惑しているようです。

無料という誘惑

　管理組合での物事は、最終的に総会の多数決により決します。総会に参加する区分所有者の賛同を得る最も強力な要素の一つが「安価」であり、究極には「無料」です。このことが管理組合の判断を狂わせることもあるのです。

　多くの管理組合では、理事会・委員会での活動経費の予算はほとんどないかわずかです。このことにより、情報収集は原則として無料か低廉な範囲に限られます。

　最近のインターネット事情から多くの情報は得られますが、各マンション個別の事案に対する解決は「個別相談」するしかありません。個別相談相手として最も多く期待されているのは、日頃から管理組合運営を支援している管理会社であろうと思われます。

　管理会社は専門的立場から管理組合の内部事情をよく知る立場にあり、最も相談しやすい位置にいます。よほどのことがない限り、相談レベルで追加費用は取られません。内部事情をよく知るそのことが、かえって管理組合の管理会社に対する警戒感となっていることもあります。

　一方で昨今の管理会社は経営的には厳しいものがあり、なるべく経費をかけず、収入につながる方向に動きがちであります。その一つが関係業者を通じたマージンであったり、紹介料などの収入です。これらの全てに問題があるわけではないのですが、問題なのは行き過ぎであったり裏取引などバックマージンのような不適切なものに進展することなのです。

　管理会社以外では、行政や民間団体などの無料相談に頼ることとなります。これらの多くは健全でボランタリーなものと思われますが、管理組合にとっては必ずしも適切ではない場合もあり、まさしく「タダほど高いものはない」と言われるような例もあります。

　工事会社などの宣伝文句には「見積無料」と表示しているものもあります。管理組合は「無料」に引かれて、安易に見積依頼して相手の営業に乗ってしまっている場合も多いのです。「せっかくここまでやってくれたのだから」などの情に流される場合もあります。法的にはぎりぎりなグレーゾーンの営業で、詐欺か巧妙に仕掛けられた罠のように感じられる場合もあるのは、どこの業界も同じかもしれません。余談ですが、通常見積は無料ですが、発注する気もなく気軽に見積依頼されるのを避けるために、多くの設計事務所は「見積無料」などとは書かないのです。

これらを避けるためには、理事会・委員会等の執行部に活動資金を予算付けする必要があります。内容・金額にもよりますが、ある程度以上のマンションであれば可能でしょう。予算規模の少ない小規模マンションでは、どうしても役員への負担が大きくなりますが、知恵を働かせて管理会社と上手に付き合うことも必要で、小回りが利いたり、臨機応変に対応する等の小規模マンションならではの利点を生かしていきたいものです。

安価という罠

管理組合での最終的決定は多数決による総会承認です。特に大規模修繕工事など高額な費用の支出については関心も高く、議案を上程する執行部側においても可決されるよう慎重な準備が必要となり、プレッシャーも強いものです。

管理組合では、官公庁と同様に複数社による競争見積で、適正内容・価格による取引が原則です。しかし、工事費見積による適正である内容の説明は難しく、一般の人々にはなかなか理解しづらいものです。これに比べて、工事費の金額は分かりやすく、「1円でも見積額の安い会社に決めました」であれば、文句のつけようもありません。

安いということが素人の執行部にとっては最も魅力的なのです。確かに「安かろう悪かろう」という言葉もありますが、結果は後でしか分からず、事前には確認できないことなので、専門家ではない限り説得力ある説明は難しいことになります。

CCU設立のきっかけとなった「不適切コンサルタント」は、管理組合のこの弱点を突いて、コンサルタント費用を極端に安く（通常の2分の1から3分の1）見積もり、受注します。工事施工者選定においては、特定の工事業者グループを参加させ、特定の会社に決まるよう工作します。管理組合としては一番安い工事会社を選んだつもりでも、実際には不適切コンサルタントへのマージン分が上乗せされた高額な工事費で契約させられます。このマージンも工事費の10％以上といわれ、コンサルタント費用はタダでもお釣りが来るほどといわれています。

先鋭化による孤立化

理事会によっては、面倒なことを管理会社に丸投げしたり、次の理事会へ先延ばしするなど、消極的な場合もありますが、逆に非常に熱心なメンバーにより、積極的に運営されている場合もあります。自分自身で多くの情報を収集し、セミナーなどにも参加して豊富な知識を得、会議を主導している方々です。

熱心で積極的活動をしているのは基本的には好ましいことですが、そこに落とし穴があるのです。それは、熱心な1人あるいは一部の人の主導で理事会・委員会が運営されている場合です。管理組合の運営や修繕工事などについての対応のほとんどを主導するその人にとっては、他の理事や委員の意見や知識は貧弱で歯がゆく思われます。時として他者の意見を聞かず、自分の考えだけで進めてゆくこととなります。それが当人にも気付かずに独りよがりな独断専行へとつながり、先鋭化することとなります。

この状態は他の理事・委員からすると、自分たちの意見は聞いてくれない、勝手に進めている、協力する気持ちが失せることとなり、その不満がどこかで爆発することになります。一部の熱心な活動が行き過ぎ、先鋭化することで他の仲間からは孤立し、結果的には破綻します。

長い時間をかけて準備した議案が、総会では議論が紛糾し、結局否決となり、振り出しに戻ってしまうこともあります。このような例は少ないのですが、実際に目の当たりにしているだけに、極端に熱心な相談者には孤立化することを懸念するものです。

CCUにおいて個別相談は、初回の来訪相談に限っては無料となっています。CCUの事務局まで相談に来訪する方々は、非常に熱心で積極的です。話を聞いているうちに、それが過ぎることが心配になり「振り向いたら誰もついて来ていなかった、ということがないようにして下さい。そしてできるだけ多くの仲間を作ること。場合によっては、自分のやりたいことの半分もできれば良しとして下さい」とアドバイスしています。

繰り返される失敗

理事会・委員会が真剣に検討し、誠実に行ったことでも、結果的には間違っていたり、失敗することもあり得ます。それなりに十分注意して行ったことであれば責任を問われることはないと考えられます。

修繕工事等では、専門家でもない限り、その内容の適否はなかなか分からないもので、間違いや不正には気付きません。また、契約後であったり、工事が終わっていたりして、気付いても後の祭りになっている場合もあるでしょう。一般的によそからは分からない場合が多く、当人がそのまま口をつぐんでしまえば表沙汰にはなりません。

一方、終わってしまったことを表沙汰にしても責任を問われる危険性もあり、ボランタリーな立場からするとそのようなリスクは負いたくないのが人情です。このように、失敗の経験の多くは隠蔽され、次に生かされる機会を失います。つまり同じ失敗を繰り返すこととなり、実際に管理組合はその傾向が強いようです。

これをなくすのは、公明正大な活動と日頃からの広報活動などによるコミュニティーの醸成であると思います。良くない結果であっても、素直に論じることを厭わず、組合のために誠実に活動した結果に対しては不毛な批判を控えるなど、前向きなマンションコミュニティーとする必要があります。

実際に多くの時間をかけ準備した大規模修繕工事の進行途中で、自ら選んだコンサルタントが後から「不適切」と判明したとし、そこから先を全てキャンセルして、新たに仕切り直しを臨時総会に提案し実行した理事会もありました。このような勇気を持った判断は、他の区分所有者との良好なコミュニティーによる信頼関係があって初めてできることでしょう。

管理組合は平準社会

会社など通常の組織ではヒエラルキーがあり、段階的に強くなる権限はトップでは強大となり、指揮命令系統も明確です。一方、管理組合という組織は構成員の区分所有者全員が同等の権利を有する平準社会です。理事長であっても特に強い権限はなく、組合運営は総会における多数決でのみ決定することができます。理事・理事長も実質的には順番などで決まり、決してそれに見合う権力的バックボーンはありません。

このように平準な社会は他ではあまり見られない特殊な社会ですが、これを適切に運営していくことは手間と時間がかかります。マンションの理事会が管理組合運営をスムーズ・確実に進める要は公明正大であり、それには情報公開と説明責任を果たすことが最も重要な近道です。適切な広報により、日頃から信頼関係を醸成しておくことが成功につながるのです。

このような組織では一部の権力者による管理組合の私物化は難しいのですが、逆に権力がなくとも私物化は可能となる場合があります。それは、区分所有者の管理組合運営に対する「無関心」です。

総会出席者が極端に少なく、100戸程度のマンションでわずか数人の事例もありました。そこでは、理事長以下役員のなり手がいないため、ほとんどを管理会社が仕切ってきました。このこと自体も問題であったのですが、これに気付いた区分所有者の1人が自ら理事長に立候補し、管理会社を押さえて、管理組合運営を自らの意思のみで動かし、私物化したという例もあります。

ある意味、管理組合の運営にとって最大の敵は、組合員の無関心かもしれません。

建物としての課題

昨年（2019年）、豪雨による浸水被害を受けた超高層マンション（いわゆるタワー型マンション）が話題となりましたが、地下の電気室とは昔の常識では考えられないことです。私の知る限りでは、江東0メートル地帯で地下に電気室があり、防水扉にもなっていないマンションを見る機会もありましたので、最近では珍しいことではないのかもしれません。

商売だけで考えれば、高く売れない電気・機械室は地下に追いやって、上階は効率良く利益の上がるスペースとしているのだろうと思いますが、デベロッパーには考え直してほしいものです。

十分な対策のないままにリスクの高い計画は止め、居住者の安全とメンテナンス費用負担の少ない建物が求められます。

瑕疵の相談を受ける場合も多いのですが、大半は漏水とタイル剥落事故です。昔から鉄筋コンクリートの建物に漏水は付き物といいますが、実際に原因を突き止め、止水補修するのはなかなか難しいものがあります。2年以上調べても原因が分からなかった漏水が、実は外部からの雨漏れではなく、上階室内の結露が壁内部を伝って下階住戸室内に漏水していた例もあります。このような原因を調べるには、多くの知識と経験が必要です。

タイルの剥落は危険で、定期調査報告制度で厳しく管理するようにはなってきましたが、相変わらず剥落事故は発生しています。原因のほとんどが施工不良と考えられますが、外壁仕上げとしてのタイルは考え直す必要があると思います。一般的に「タイルは半永久的に長持ちする」といわれます。管理組合から聞かれたときは「外壁に付いている限りはその通りです」と答えてます。

高経年マンションでは、耐震強度不足やアスベスト処理の問題があります。さらに設備関係の抜本的改修も大きな課題です。タワー型マンションに代表される最近のマンションでは、時期的にこれから多くの問題が顕在化すると考えられます。いずれ、防災・防犯・快適などの重装備化した設備は、更新時期を迎えたときに多額の費用を要します。まだ少ないですが、免震構造マンションでは、免震装置の更新も必要となってくるでしょう。すでに多額な維持費用により、廃止する管理組合も出てきている機械式駐車装置の例を挙げるまでもなく、課題が山積みになります。

いずれにしろ、マンションの物理的維持の良否は修繕積立金の多寡が鍵を握っています。その修繕積立金の根拠は「長期修繕計画」ですから、適切な長期修繕計画の策定と、これに基づく適切な修繕費の積み立てが肝要となります。

負の遺産としないために

私たちの持つ大切な住宅を価値あるものとして次代に受け継ぎ、負の遺産としないためには、適切な管理組合の運営と建物の適切な維持保全が必要です。

管理組合は区分所有者の集まりで、平準な社会です。構成する個々人がそれぞれ主体的に働き、協力し合わなければ適切な運営が難しい組織です。今日の多様化した社会ではなおさら、不断の努力が必要となります。

管理組合は本来、建築物としての区分所有建物（マンション）の存在によって初めて存在しうる組織です。建築物としてのマンションと組織としての管理組合は、車の両輪のようなもので、両方が上手く連動することによって初めて前に進むことができます。前に進むことによって、マンションを素晴らしい資産として次代に受け継ぐことができれば幸いです。ぜひそのようにしたいものです。

住宅金融支援機構におけるマンションの維持・再生に関する制度について

住宅金融支援機構 まちづくり業務部

はじめに

住宅金融支援機構は、1950年に設立された住宅金融公庫の業務を引き継ぐ独立行政法人として2007年4月に設立されました。

個人の住宅取得時に提供する長期固定金利住宅ローンについては、民間金融機関との提携による「フラット35」を中心に提供していますが、住宅金融公庫時代から行っていた政策上重要で民間金融機関では対応が困難な分野については引き続き直接融資を行っています。

ここでは、マンションの維持・再生に関する住宅金融支援機構の制度について紹介します。

分譲マンションの維持・再生に関する制度について

分譲マンションストック戸数は、日本全国で約655万戸（2018年末時点）に達したと言われており、マンションの適切な維持管理の重要性はますます高まってきているところです。当機構では新築から建替え等に至るまでのそれぞれのステージに対応した制度により、マンションの適切な維持管理・再生を資金面から支援しています（図1）。

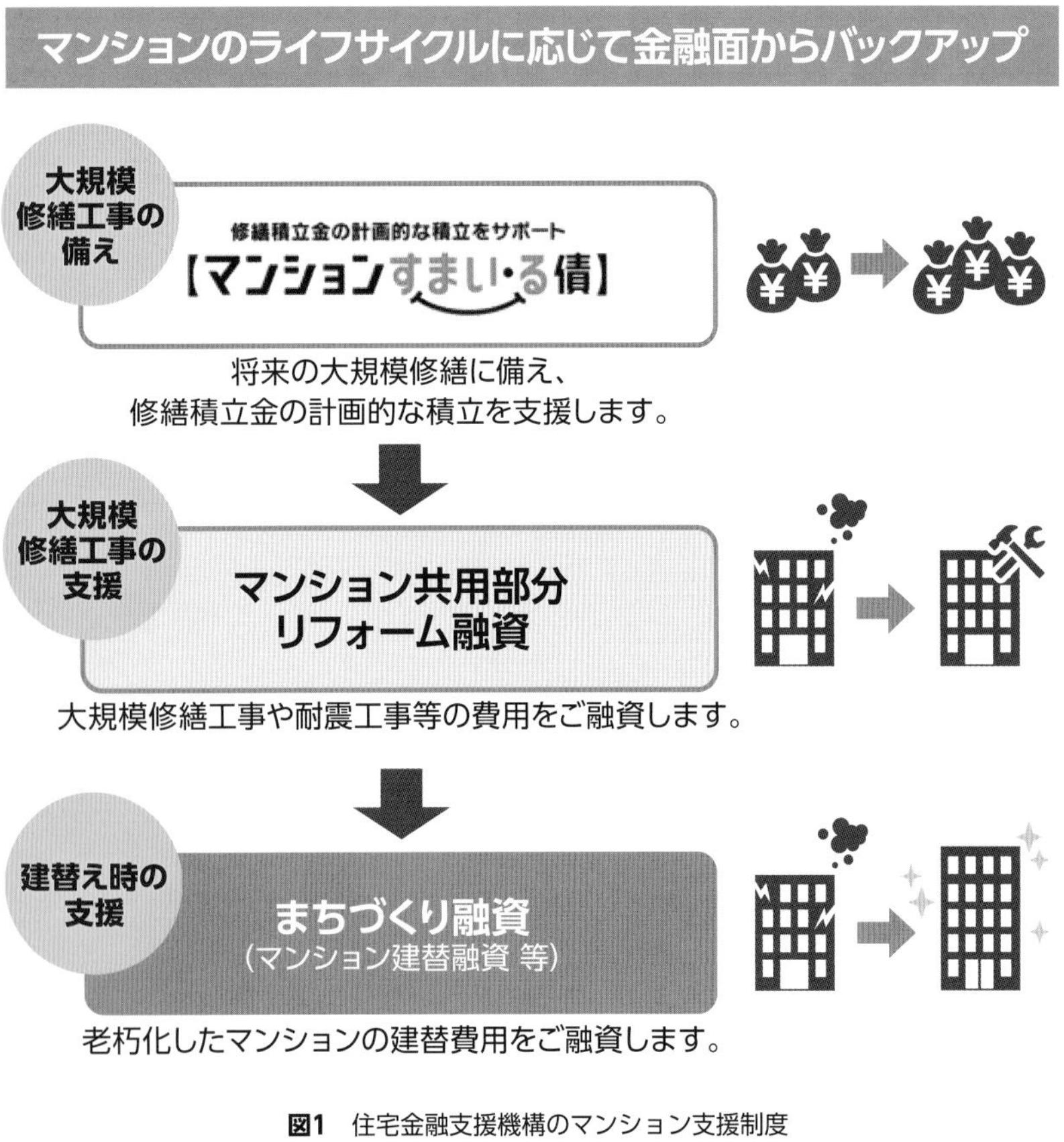
マンションのライフサイクルに応じて金融面からバックアップ
大規模修繕工事の備え
修繕積立金の計画的な積立をサポート
【マンションすまい・る債】
将来の大規模修繕に備え、
修繕積立金の計画的な積立を支援します。
大規模修繕工事の支援
マンション共用部分リフォーム融資
大規模修繕工事や耐震工事等の費用をご融資します。
建替え時の支援
まちづくり融資
（マンション建替融資 等）
老朽化したマンションの建替費用をご融資します。

図1 住宅金融支援機構のマンション支援制度

修繕積立金の計画的な積立をサポート ～マンションすまい・る債～

(1) マンションすまい・る債のご利用状況

マンションの計画的な修繕のために積み立てられる「修繕積立金」をどのように運用していくかはマンション管理組合にとって重要な問題です。

国土交通省による2018年度マンション総合調査によれば、修繕積立金の運用先として、銀行の預金に続いて4番目に「マンションすまい・る債」が利用されていることが分かります（図2）。特に、戸数の多いマンションでの利用割合が高くなっています（図3）。

また、56頁図4に2019年度までのマンションすまい・る債の募集結果の推移を示しています。特に2015年度以降は制度改正（マンション共用部分リフォーム融資の金利引下げ、申込要件の緩和等）を行ったことにより、応募口数・組合数が制度改正を行う前と比較して高い水準で推移しており、2019年度募集では過去最多の応募口数となりました。近年の傾向を見ると、築年数31年以上の高経年マンションからの応募が増えており、築年数の平均も増加傾向にあります（56頁表1）。また、積立理由のアンケート結果（56頁表2）では、「機構発行の債券で安全・安心だから」と回答した割合が最も多く（53・9％）、昨年度と比較すると「マンション共用部分リフォーム融資の金利引下げがあるから」と回答した割合が増加しています（2018年度：14・4％→2019年度：20・0％）。

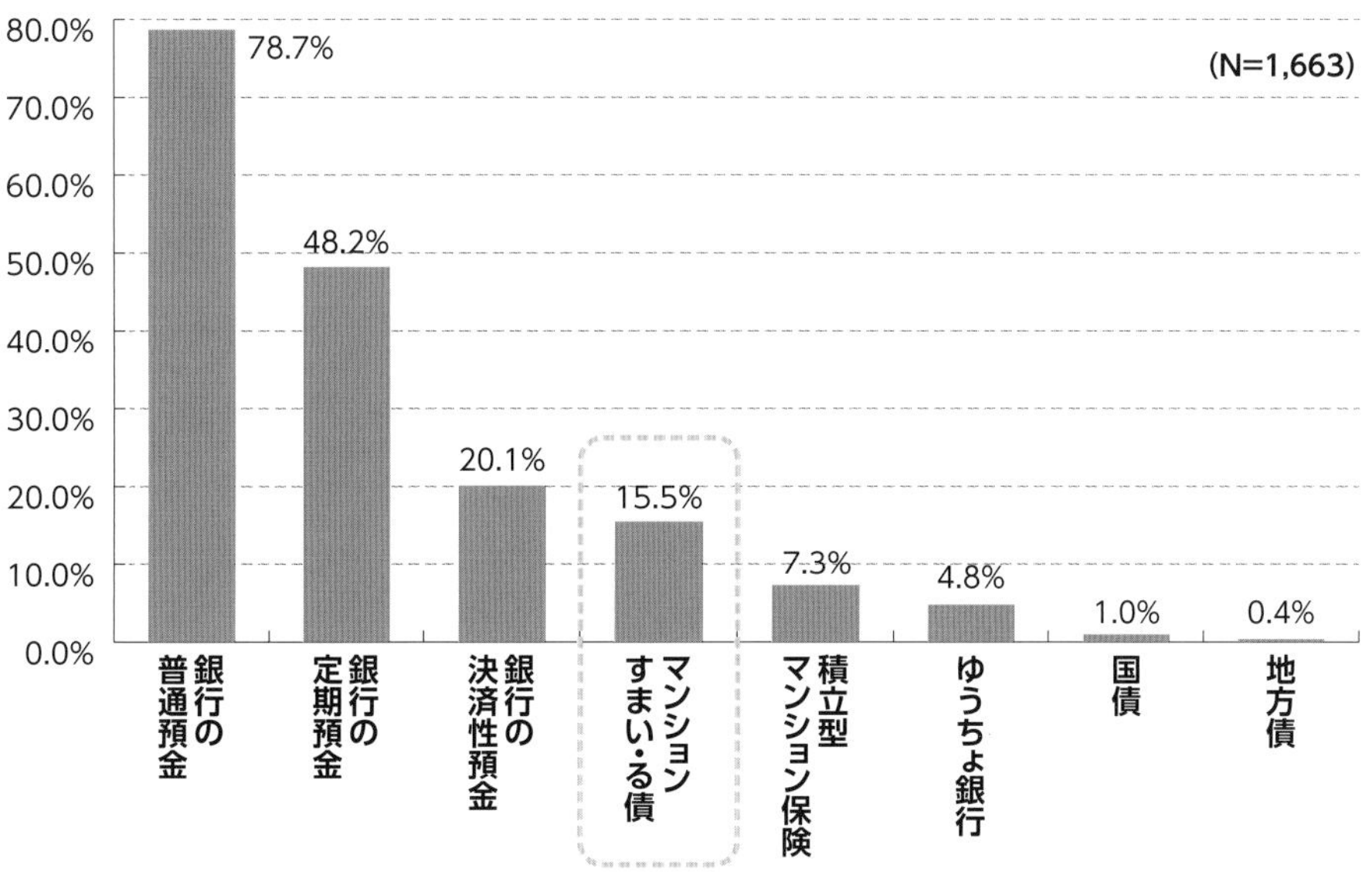

※ 国土交通省「2018年度マンション総合調査」より、住宅金融支援機構にてグラフを作成

図2　修繕積立金の運用先（重複回答）

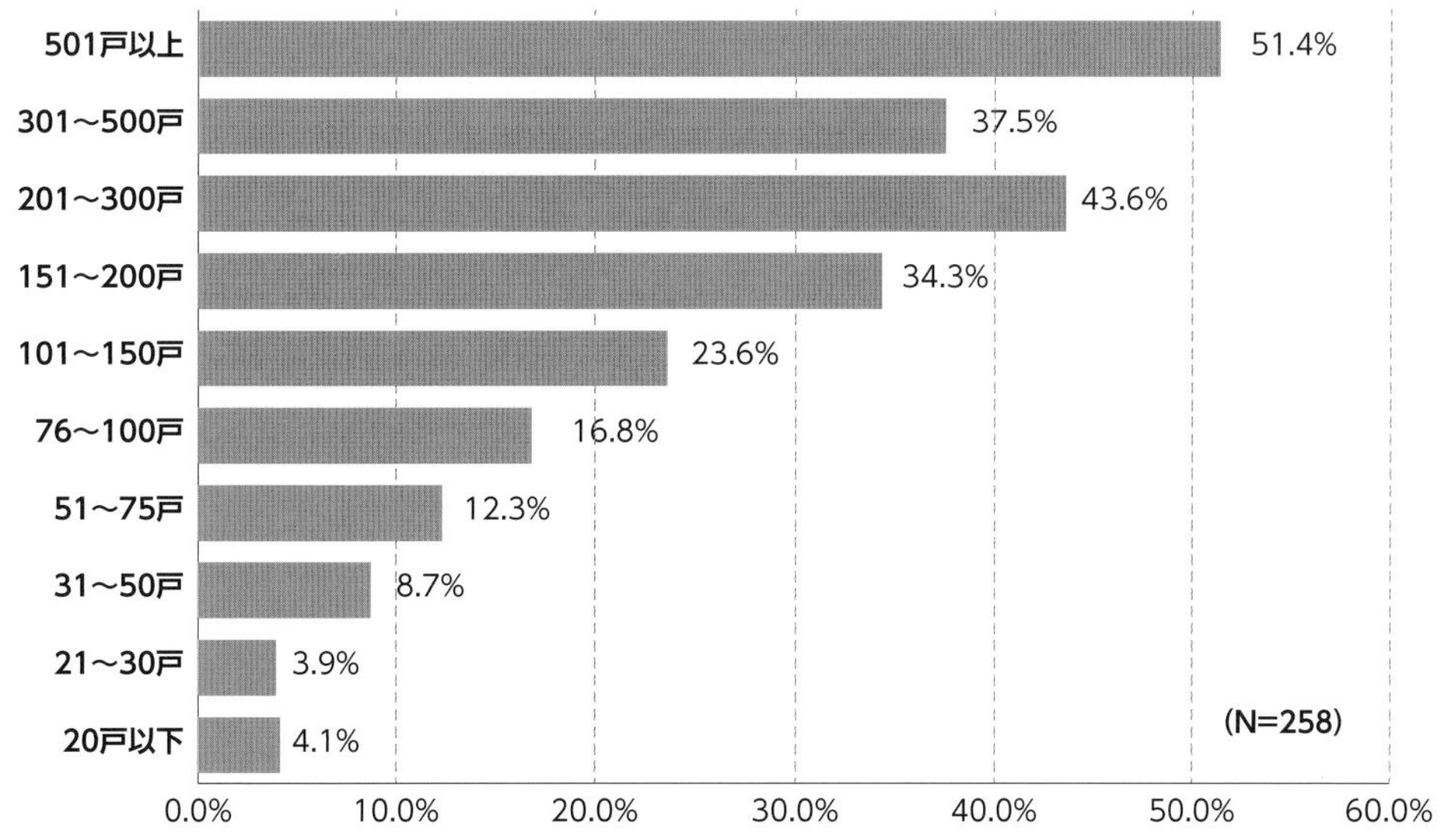

※ 国土交通省「2018年度マンション総合調査」より、住宅金融支援機構にてグラフを作成

図3　修繕積立金の運用先（総戸数規模別のマンションすまい・る債利用割合）

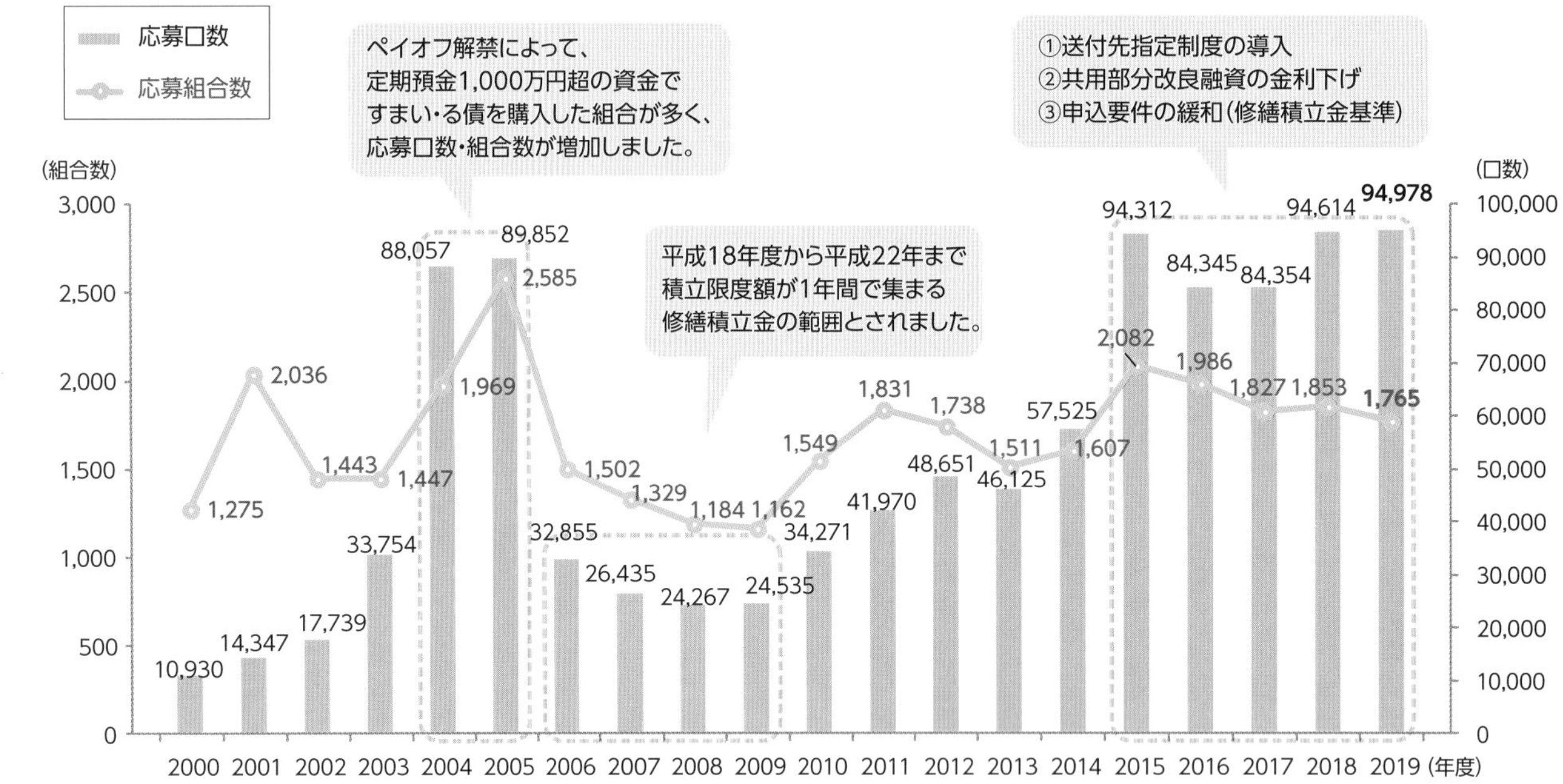

図4　マンションすまい・る債募集結果の推移（2000年～2019年度）

（単位：組合）

表1　マンションすまい・る債募集結果の推移（築年数別）

組合数 ＼ 応募年度	2015年度	シェア	2016年度	シェア	2017年度	シェア	2018年度	シェア	2019年度	シェア
組合数計	2,082	100.0%	1,986	100.0%	1,827	100.0%	1,853	100.0%	1,765	100.0%
築年数12年以内	782	37.6%	685	34.5%	629	34.4%	609	32.9%	595	33.7%
築年数13～24年	862	41.4%	907	45.7%	783	42.9%	769	41.5%	695	39.4%
築年数25年以上	438	21.0%	394	19.8%	415	22.7%	475	25.6%	475	26.9%
築年数31年以上	235	11.3%	232	11.7%	272	14.9%	264	14.2%	310	17.6%

築年数の平均	16.0年	16.4年	17.2年	17.8年	18.3年

表2　マンションすまい・る債の積立ての理由（築年数別）

築年数 ＼ 積立ての理由	2018年度 機構発行の債券で安全・安心だから	利回りが良いから	マンション管理に役立つ特典があるから	共用部分リフォーム融資の金利引下げがあるから	組合数	2019年度 機構発行の債券で安全・安心だから	利回りが良いから	マンション管理に役立つ特典があるから	共用部分リフォーム融資の金利引下げがあるから	組合数
～12年	65.8%	31.6%	1.0%	1.5%	608	72.8%	24.7%	1.0%	1.3%	595
13～24年	65.6%	31.1%	0.8%	2.3%	771	64.5%	31.2%	0.9%	3.2%	695
25年～	57.0%	31.4%	0.8%	10.8%	474	55.6%	27.2%	1.3%	16.0%	475
31年～	52.7%	30.7%	1.5%	14.4%	264	53.9%	24.8%	1.3%	20.0%	310
全体	63.5%	31.4%	0.9%	4.2%	1,853	64.9%	27.9%	1.0%	6.0%	1,765

(2) マンションすまい・る債の制度

概要

「マンションすまい・る債」は当機構が国の認可を受けて発行する管理組合向けの債券です。

マンションすまい・る債の特長は表3の通りです。

利息は、債券発行時に決定された利率で毎年支払われます。2019年度募集の場合、10年満期まで預けた場合の年平均利率（税引前）は0・102%となっています。

マンションすまい・る債を積み立てた管理組合は表4の特典をご利用いただけます。特典は、初回積立て開始から積立金の残高がなくなるまでご利用いただけます。マンション共用部分リフォーム融資を受ける際の金利引下げなど、将来、大規模修繕等を行う場合にメリットがある特典となっております。

マンションすまい・る債の積立てができるマンション管理組合については、長期修繕計画の計画期間が20年以上であることなどの要件がありますので、詳しくは表5をご確認ください。マンションすまい・る債の募集は、例年春から秋にかけて行われます（2019年度のスケジュールは図5のとおり。2019年度の募集は終了しています）。

表3　マンションすまい・る債の特長

特長1	利付10年債で、毎年1回（2月予定）定期的に利息を支払い
特長2	1口50万円から購入可能で、最大10回継続して積立可能
特長3	初回債券発行日から1年以上経過すれば修繕工事目的などでの換金可能（手数料無料）
特長4	当機構が国の認可を受けて発行している債券

表4　マンションすまい・る債積立ての特典

特典1	マンション共用部分リフォーム融資の金利を年0.2%引き下げます。
特典2	マンション共用部分リフォーム融資の保証料が2割程度割り引かれます。※

※ 2020年2月現在、（公財）マンション管理センターへ保証委託する場合に同センターが実施している特典であり、今後、取扱いの変更等が生じることがあります。

表5　積立てができるマンション管理組合の要件

要件1	機構融資を利用し、共用部分の修繕工事を行うことを予定しているマンション管理組合であること。 ※結果的に機構融資を受けずに共用部分の修繕工事を行うことになっても、違約金等は発生しません。
要件2	管理規約が定められていること。
要件3	長期修繕計画の計画期間が20年以上であること。 ※「20年以上」という期間は、長期修繕計画を作成した時点からの期間で、応募を行う時点からの期間ではありません。
要件4	反社会的勢力と関係がないこと（反社会的勢力と関係がある管理組合はこの制度を利用できません）。

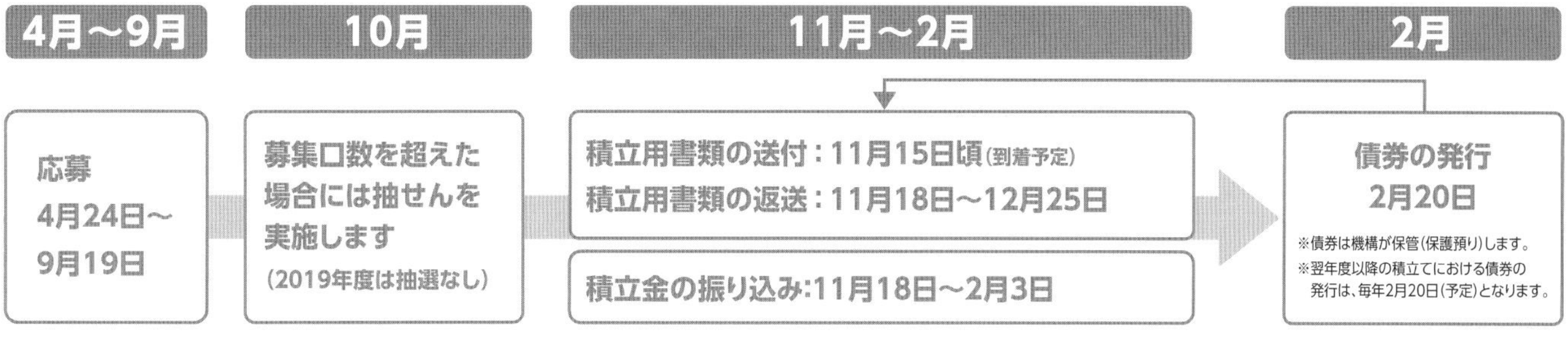

図5　マンションすまい・る債応募の流れ（2019年度の場合）

マンションの共用部分の工事への融資 ～マンション共用部分リフォーム融資～

マンションの大規模修繕は、計画的に積み立てた修繕積立金で行っていくことが理想ですが、長期修繕計画作成時から大幅に工事費が上昇した場合、大規模修繕をきっかけとしたバリューアップ工事を行う場合、耐震改修工事を行う場合などの際に「マンション共用部分リフォーム融資」をご活用いただいております。

マンションストックの増加や工事費の高騰などに伴い、融資の受理件数は近年増加傾向となっています（図６）。

次に、マンション共用部分リフォーム融資（管理組合申込み）についてご紹介します（表６）。

金利は全期間固定金利で、借入申込時点に返済終了までの借入金利と返済額が確定しますので、返済計画が立てやすく、管理組合の合意形成がしやすくなります。

管理組合の法人格の有無を問わず申込みが可能で、抵当権等の担保は不要です。

また、機構の定める耐震改修工事を行う場合やマンションすまい・る債の積立てを行っている場合には金利を引き下げます。

２０２０年３月に借入申込みをされたマンション管理組合に適用される融資金利は、表7のとおりとなっております。

ご利用いただけるマンション管理組合については、「管理費または組合費により充当すべき経費に修繕積立金を充当できることが管理規約または総会の決議で決められていないこと」、「修繕積立金が1年以上定期的に積み立てられており、滞納割合が原則として10％以内であること」、「管理費や組合費と区分して経理されていること」など修繕積立金の適切な管理運営が行われていることなどを要件としています（表８）。

なお、これまで返済期間を一律最長10年としていましたが、２０１９年10月に制度改正を行い、耐震改修工事、機械式駐車場の解体工事等の一定の工事（表８欄外※９①～⑦の工事）を行う場合は、最長返済期間を20年とすることができるようになりました。耐震改修工事や機械式駐車場の解体工事等は、一定の周期で行われる大規模修繕工事とは異なり、社会環境

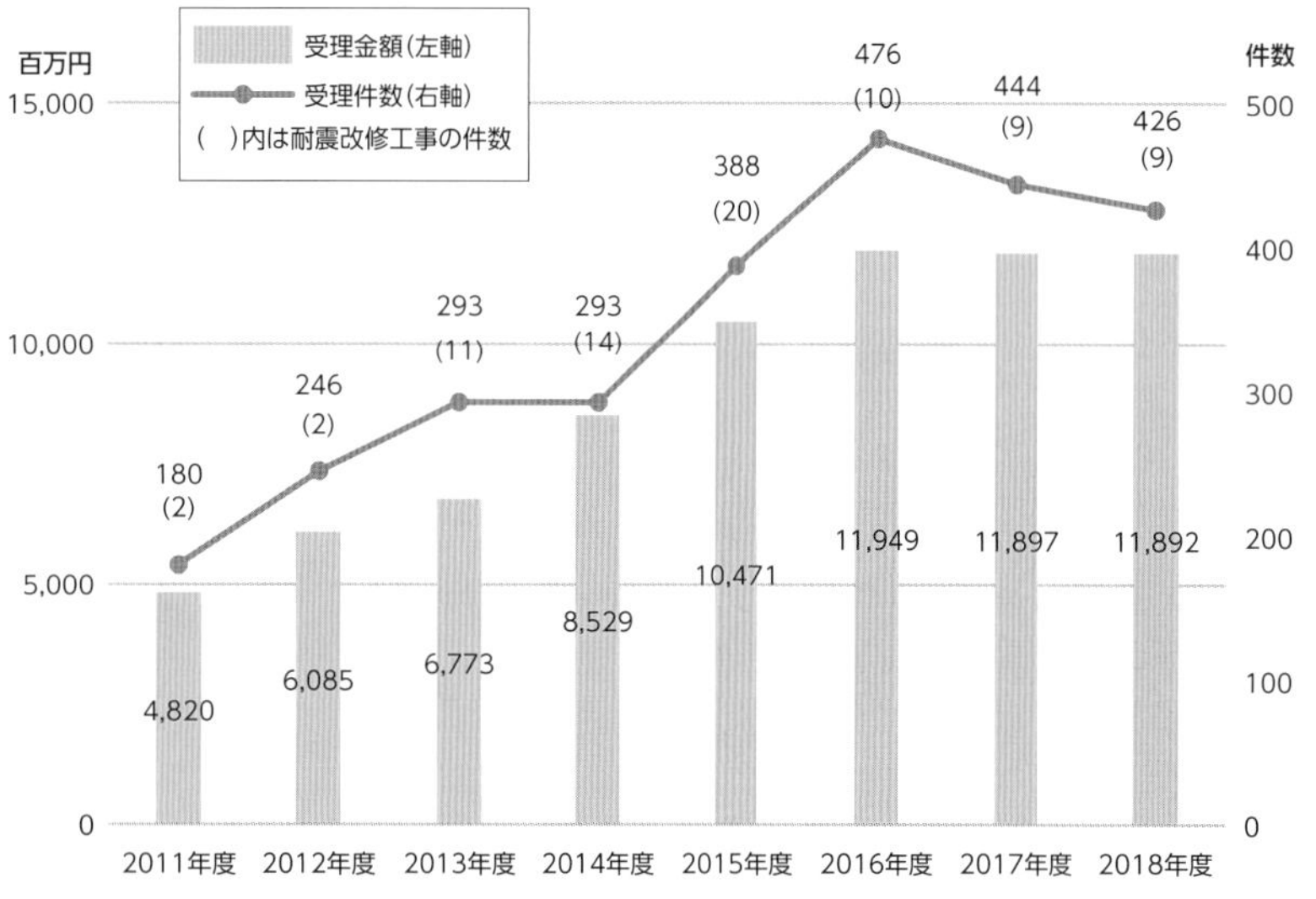

図6　マンション共用部分リフォーム融資の受理件数・金額の推移

表6　マンション共用部分リフォーム融資 5つの特長

特長1	全期間固定金利
特長2	法人格の有無を問いません。
特長3	担保は不要です。
特長4	耐震改修工事を行うことにより、金利を一定程度引き下げます。
特長5	マンションすまい・る債の積立てにより、年0.2％の金利を引き下げます。

表7　融資金利（返済期間が1～10年の場合）

リフォーム融資の種類	融資金利	
		マンションすまい・る債積立管理組合向け融資金利
マンション共用部分リフォーム	年0.55％	年0.35％
耐震改修工事を伴う場合	年0.30％	年0.10％

※上記の融資金利は、全期間固定金利で2020年3月現在のものです。
※融資金利は申込み時の金利が適用されます（融資金利は毎月見直します）。

表8 商品概要（(公財)マンション管理センター保証の場合）

2020年2月現在

資金使途	マンション管理組合がマンションの共用部分をリフォームするための資金 (ローンのお借換えには利用できません)
ご利用いただける管理組合	**1** 次の事項等が管理規約又は総会の決議[※1]で決められていること。 ① マンションの共用部分のリフォームをすること。 ② 機構から資金を借り入れること(借入金額・借入期間・借入予定利率等)。 ③ 本返済には修繕積立金を充当すること。 ④ (公財)マンション管理センターに保証委託すること。 ⑤ 組合員、業務、役員、総会、理事会および会計に関する事項 **2** 管理費又は組合費により充当すべき経費に修繕積立金を充当できることが、管理規約又は総会の決議で決められていないこと。 **3** 毎月の返済額[※2]が毎月徴収する修繕積立金額[※3]の80%以内[※4]となること。 **4** 修繕積立金が1年以上定期的に積み立てられており、滞納割合が原則として10%以内であること。また管理費や組合費と区分して経理されていること。 **5** マンションの管理者又は管理組合法人の代表理事が当該マンションの区分所有者(自然人)の中から選任されていること。 **6** 反社会的勢力と関係がないこと[※5]。
融資限度額	融資対象工事費[※6] 又は150万円[※7] × 住宅戸数のいずれか低い額[※8] (融資額は10万円単位で、最低額は100万円です(10万円未満切捨て)。)
返済期間	1年以上10年以内(1年単位)[※9]
担　保	不要
保証人・保証料	(公財)マンション管理センターの保証をご利用いただきます。 なお、保証料はお客さまの負担となります。
火災保険	必要ありません。
返済方法	元利均等返済又は元金均等返済
手 数 料	・融資手数料:必要ありません ・繰上返済手数料:必要ありません

※1 決議を行う総会において、「商品概要説明書」等、機構所定の書式を配布した上で理事長等が内容を説明し、その旨を当該総会の議事録に記載していただく必要があります。
※2 既に他の借入れがある場合は、今回の融資額に係る借入金の毎月の返済額に当該借入れに係る毎月の返済額を加えた額とします。
※3 返済額に充当するために返済期間中一定額を徴収する場合には、その額を含みます。
※4 修繕積立金の滞納割合が10%超20%以内である管理組合がお借入れいただくためには、一定の条件を満たした上で、60%以内とする必要があります。詳しくは、住宅金融支援機構までお問い合わせください。
※5 管理組合の組合員が反社会的勢力に該当する場合、住戸が反社会的勢力の事務所等として使用されている場合等もご融資できません。
※6 補助金等の交付がある場合は、融資対象工事費から補助金等を差し引いた額となります。
※7 耐震改修工事の場合は、500万円となります。
※8 毎月の返済額が毎月徴収する修繕積立金額の80%を超える場合は、80%以内(*)となるよう融資額を減額させていただきます。また、既に他のお借入れがある場合は、今回の融資額に係る借入金の毎月の返済額に当該借入れに係る毎月の返済額を加えた合計額が、毎月徴収する修繕積立金の額の80%以内(*)であることが必要です。
(*) 修繕積立金の滞納割合が10%超20%以内である管理組合がお借入れいただく場合はそれぞれ60%以内とする必要があります。
※9 次の①から⑦までのいずれかの工事を行う場合、返済期間を最長20年間とすることができます。なお、返済期間が11年以上20年以内の場合は融資金利等が異なります。詳しくは、住宅金融支援機構までお問い合わせください。
①耐震改修工事、②機械式駐車場解体工事、③エレベーター取替又は新設工事、④給排水管取替工事、⑤アスベスト対策工事、⑥玄関又はサッシ取替工事、⑦断熱化工事
(注)審査の結果、お客さまのご要望にそえない場合がありますので、あらかじめご了承ください。
(注)上記は(公財)マンション管理センターへ保証を委託する場合の融資条件です。保証を委託しない場合は、融資条件が異なります。
(注)非住宅(店舗等)部分の専有面積が全体面積の4分の1を超える場合は、当該部分に係る工事費は融資の対象外となります。

の変化に適合させるための改良工事であり、長期修繕計画上で周期的な工事として計画されていない例が多く見られます。その上、工事費も多額となることが多いため、特に修繕積立金が不足することが懸念される工事であることから、これらの工事について、最長返済期間を見直すこととしました。また、融資限度額についても制度改正を行い、これまで融資対象工事費の8割以内としていたものを、融資対象工事費の10割までとすることができるようになりました。

　マンション共用部分リフォーム融資は、マンションの所在地を担当する機構の支店等を窓口としてお申し込みいただいています。

　詳細は機構ホームページ（http://www.jhf.go.jp）でご確認ください。

おわりに

　以上、マンションの「修繕積立金」の運用先としてご利用いただける「マンションすまい・る債」、大規模修繕や耐震改修の際にご利用いただける「マンション共用部分リフォーム融資」についてご紹介しました。

　なお、今回ご紹介した制度以外に、マンション管理組合が大規模修繕工事等を行う場合に区分所有者個人の方が負担する一時金をご融資する制度「マンション共用部分リフォーム融資（区分所有者申込み）」や、地震等の自然災害等により被災したマンションの共用部分を補修する際にご利用いただける制度「災害復興住宅融資（マンション共用部分補修）」がございます。詳しくは住宅金融支援機構までお問い合わせください。

　住宅金融支援機構の制度をより多くの皆さまに知っていただき、今後のマンションの維持管理・再生にお役立ていただければと思います。

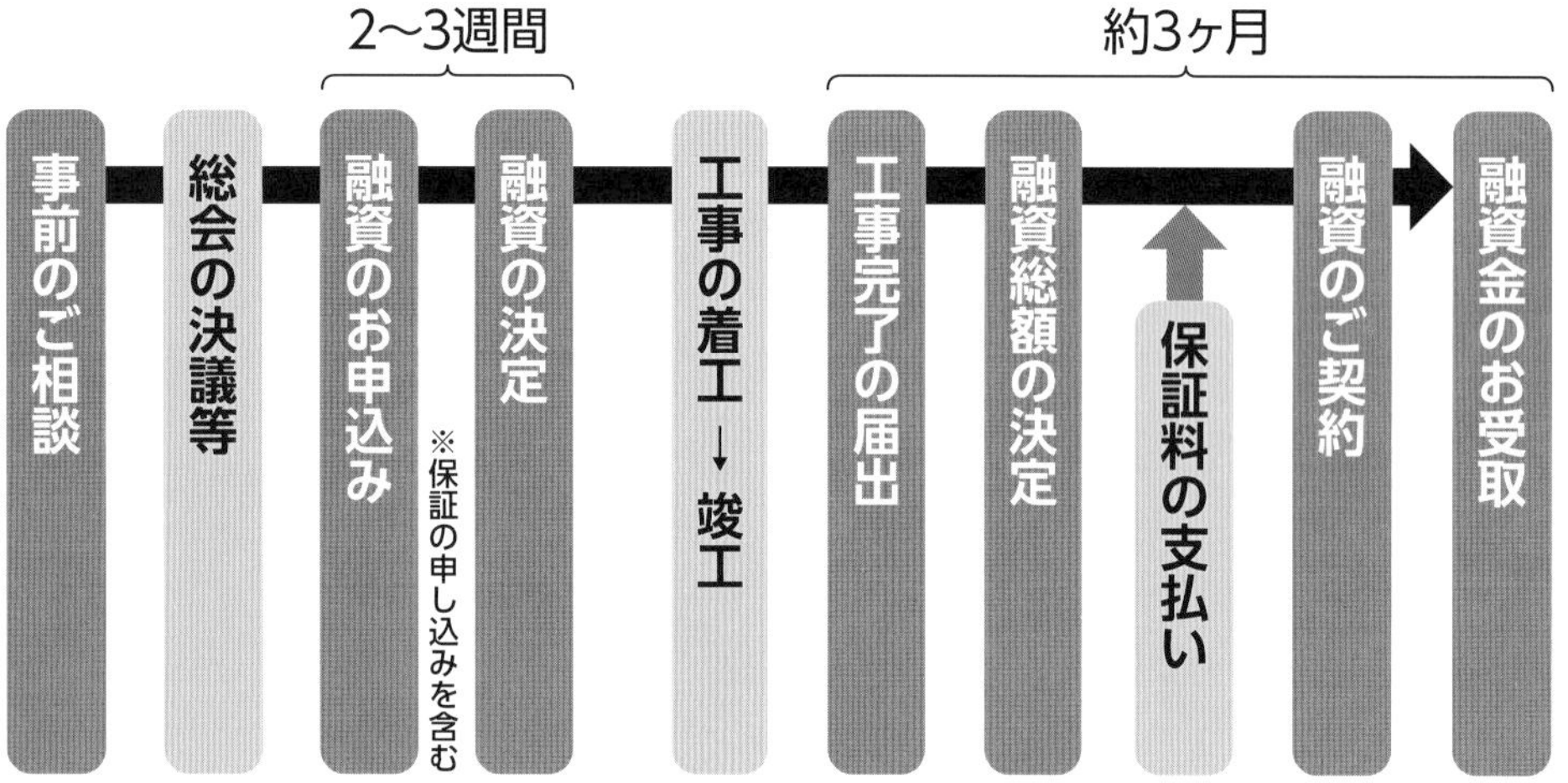

※1 総会の決議を行う前に機構支店へのご相談をお願いします。
※2 融資のご契約以降は、機構業務取扱金融機関での手続きとなります。

参考　事務手続の流れ

お問い合わせ先

マンションすまい・る債		お客さまコールセンター 住宅債券専用ダイヤル ☎0120-0860-23
マンション共用部分リフォーム融資 災害復興住宅融資（マンション共用部分補修）	北海道	北海道支店 まちづくり業務グループ ☎011-261-8305
	青森県・岩手県・宮城県 秋田県・山形県・福島県	東北支店 まちづくり業務グループ ☎022-227-5036
	栃木県・群馬県・新潟県・長野県 東京都・神奈川県・茨城県・埼玉県 千葉県・山梨県・静岡県	本店まちづくり業務部 マンション再生・再開発支援グループ ☎03-5800-9366
	岐阜県・愛知県・三重県	東海支店 まちづくり業務グループ ☎052-971-6903
	滋賀県・京都府・大阪府・兵庫県・奈良県 和歌山県・富山県・石川県・福井県 徳島県・香川県・愛媛県・高知県	近畿支店 まちづくり業務グループ ☎06-6281-9266
	鳥取県・島根県・岡山県・広島県・山口県	中国支店 まちづくり業務グループ ☎082-221-8653
	福岡県・佐賀県・長崎県 熊本県・大分県・宮崎県・鹿児島県	九州支店 まちづくり業務グループ ☎092-233-1509
まちづくり融資		本店まちづくり業務部 マンション再生・再開発支援グループ ☎03-5800-8104

基礎知識

大規模修繕 62
給排水設備改修 66
耐震改修 70
省エネ改修 74
超高層改修 78

〈編集協力〉※五十音順
公益社団法人 日本建築家協会 関東甲信越支部 メンテナンス部会
今井 章晴（株式会社ハル建築設計）
奥澤 健一（株式会社スペースユニオン）
岸崎 孝弘（有限会社日欧設計事務所）
宮城 秋治（宮城設計一級建築士事務所）
柳下 雅孝（有限会社マンションライフパートナーズ）

大規模修繕

マンションとは

初めての東京オリンピックの2年前にあたる1962年に「建物の区分所有等に関する法律」（区分所有法）が制定されます。それまでの民法では一つのものに一つの所有権があるのが原則だったので、当時すでに分譲が始まっていたマンションを法律が後追いで定義した格好になりました（写真1）。

区分所有者が所有する「専有部分」と全員で共有する「共用部分」が明確に示されたのです。マンションという言葉が法律に初めて現れたのは2000年の「マンションの管理の適正化の推進に関する法律」（マンション管理適正化法）です。マンションの定義は「二以上の区分所有者が存する建物で人の居住の用に供する専有部分のあるもの」などになりますが、一般的には、3階建て以上の分譲共同住宅で鉄筋コンクリート造、鉄骨鉄筋コンクリート造、鉄骨造のものです。全国におよそ655万戸あり、約1，525万人が暮らしているといわれています。

都心の千代田区と中央区では世帯数に対するマンション戸数が80%を超えているほどに、マンション住まいがごく当たり前のようになりました（図1）。

写真1　昭和30年代後半の第一次マンションブームの頃に建てられたヴィンテージ分譲マンション

管理組合の役目

マンションが誕生するのと同時に構成されるのが管理組合です。区分所有者の全員で建物などの管理を行わなくてはなりません。管理組合の意思決定は「総会」にお

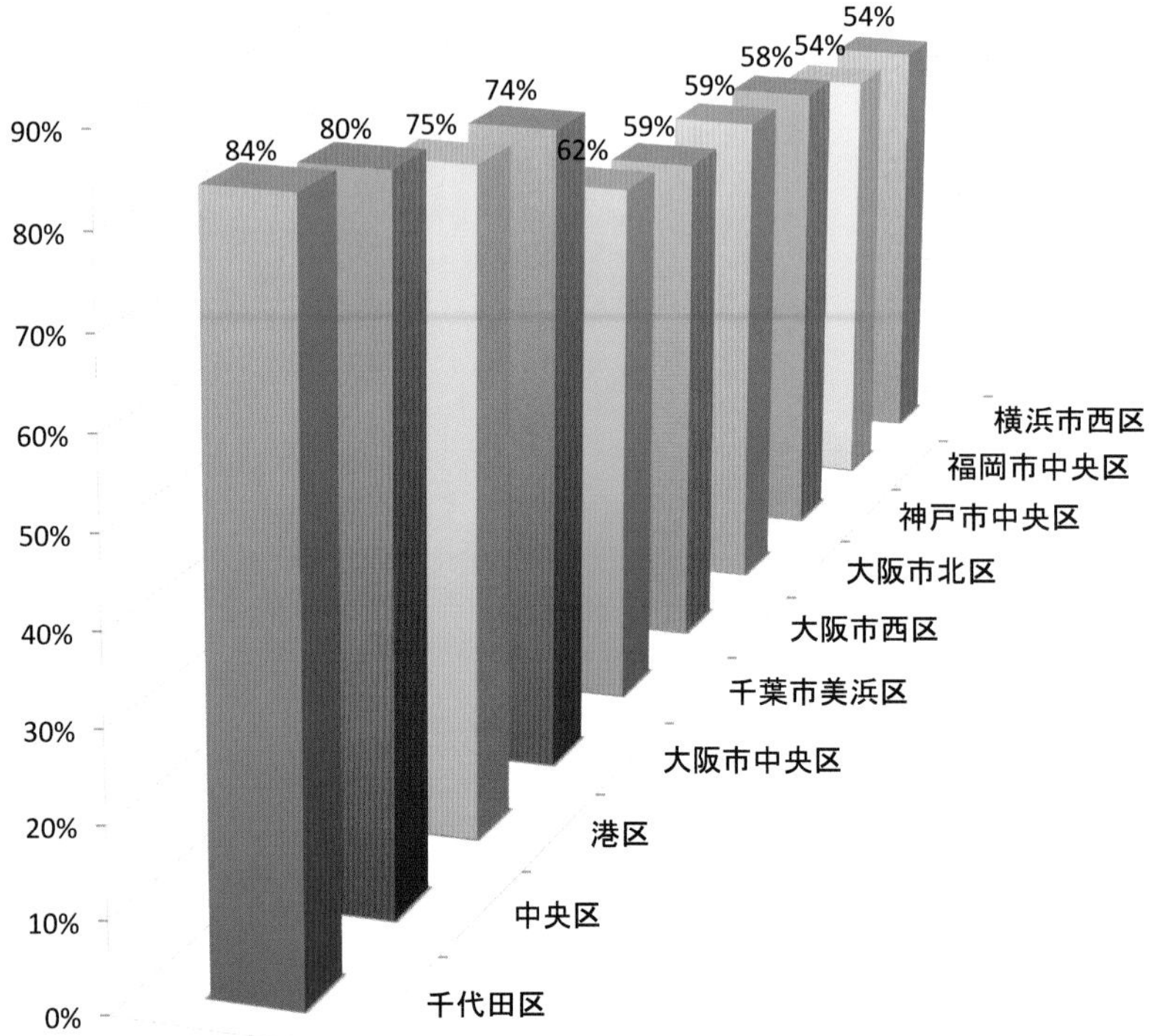

図1　行政区別マンション化率

「東京カンテイ　プレスリリース／全国主要行政区2019年マンション化率」より

いて多数決で決まります。決算や予算などの一般的な議事については2分の1以上の「普通決議」で決まりますが、規約の変更や共用部分の変更などの重要な議事は4分の3以上の「特別多数決議」が必要です。マンションの大規模修繕で形状または効用が著しく変更されなければ2分の1以上、増築や用途変更など伴う場合は4分の3以上の賛成が必要となります。総会で選ばれた理事によって理事会が構成され、管理運営を担っていきます。互選によって理事長や副理事長、会計担当、広報担当、施設担当、防災担当などの役職が割り振られます。大規模修繕となると発意から工事まで3年くらいはかかる事業なので、ぜひとも理事会の諮問機関として修繕委員会などの実行組織をつくるようにしてください。任期は最低でも工事が終わるまで、できれば工事が終わっても継続していけると理想的です。工事後の1年目、2年目、5年目といった定期点検で立ち会えれば管理組合の権利を強く主張できます（図2）。

3つの劣化

マンションにおける維持管理の目的は、安全、安心で快適な居住環境を確保することです。このため経年劣化を適切に判断し修繕して保全することで安全性を確保するとともに資産価値を守り、社会的な要請や居住者のニーズにも応えていかなくてはなりません。経年劣化は3つの視点で捉えることができます。

①物理的劣化

コンクリートのひび割れや中性化、給水管や排水管の腐食などの物理的な経年劣化をいいます。一般的には経年劣化とは物理的劣化のことを意味しています。放置しておくと水漏れやコンクリートの落下など、重大な事故につながってしまいます。早期に見つければ修繕や改修によって物理的に修復が可能な劣化ともいえます。

②社会的劣化

外観のデザインや設備の性能が時代遅れとなり陳腐化してしまったり、法令が改正されることにより既存不適格になるなど、社会の変化や居住者のニーズなどマンションを取り巻く状況が変わることで相対的に劣化することをいいます。既存不適格の建物は今のままの使用を原則的には認められていますが、耐震基準や消防法など居住者の生命に関わる事項は新しい

- 管理組合の執行部として「**理事会**」を設置し、必要に応じて**専門委員会**を設置する
- 管理会社は「**管理業務**」を委託された会社
- 管理組合の主要な資金は「**管理費**」「**修繕積立金**」

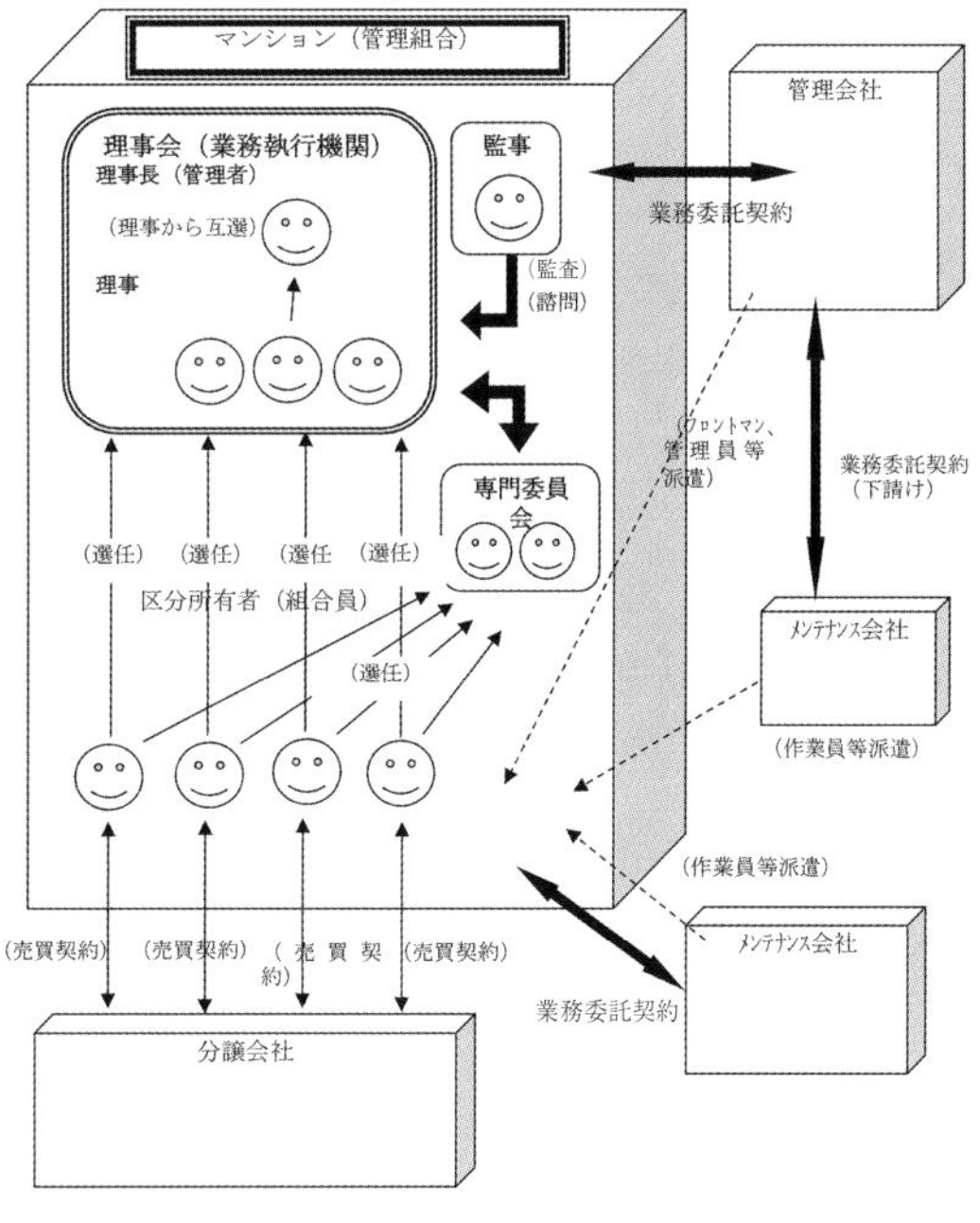

図2 管理組合の組織体制

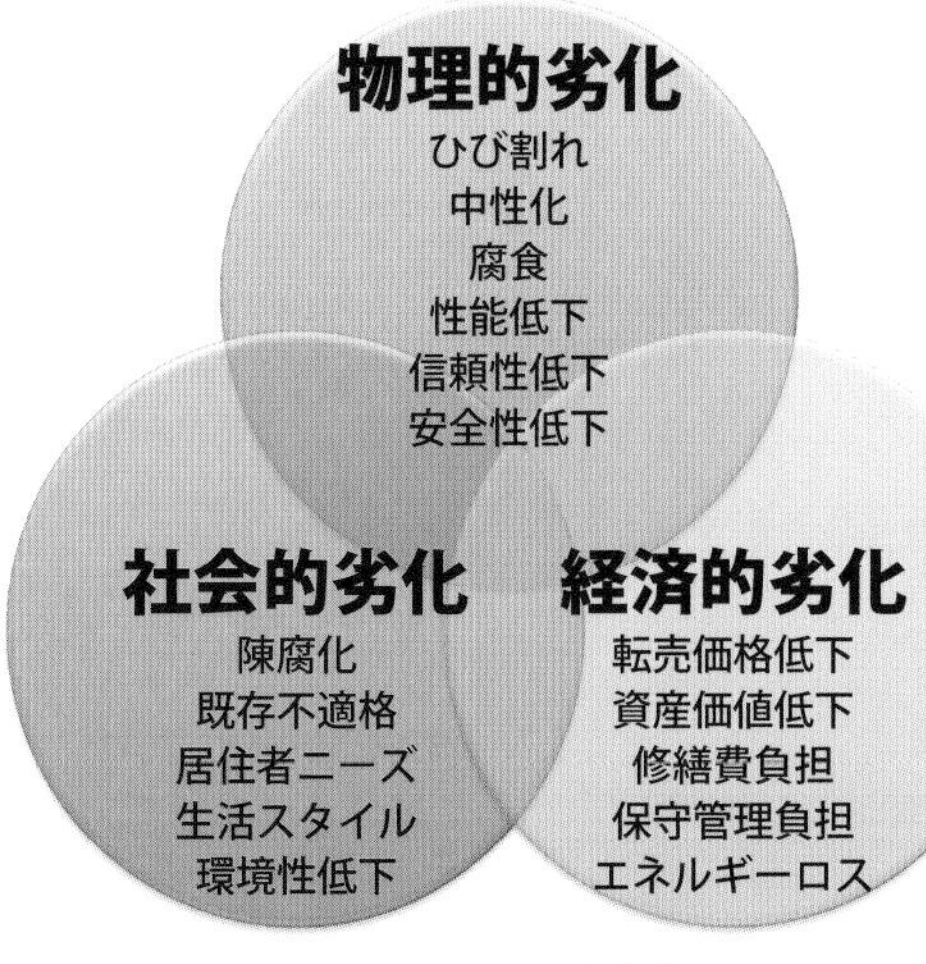

図3 3つの経年劣化

基準や法律に適合させる義務を負っています。

③経済的劣化

資産としてマンションを捉えたときに、転売価格が将来の修繕費を下回った時点で経済的な劣化が進んだものと見なされます。バブル経済期には転売価格が当初の分譲価格の2倍や3倍に跳ね上がり経済的劣化は逆行する動きを示しましたが、地価の高騰が招いた現象にすぎません。維持管理が行き届かなければ不動産の評価も下がって、さらなる管理不全に陥る恐れもあります。

現実にはこれらの3つの要因がお互いに関係し合い、さらに居住者の心理的な要因も作用してマンション全体の経年劣化として現れてきます（図3）。

計画修繕の考え方

区分所有されたマンションでは共用部分と専有部分で修繕する主体と費用の出処が異なります。管理組合が大規模修繕を行う範囲は共用部分で、費用は修繕積立金から支出されます。区分所有者がリフォームを行える範囲は専有部分で、費用は個人負担となります。修繕積立金は長期修繕計画を根拠にして設定されていて計画修繕以外には使うことのできない大切なお金です。管理や点検や清掃など日常的に使う管理費とは会計をはっきりと区分しているのです。駐車場会計で余剰が出れば修繕積立金会計に繰り入れることができますが、管理費用が不足するからといって修繕積立金を管理費会計に繰り入れることは絶対にできません（図4・5）。

計画修繕の考え方は経年とともに必然的に低下していく建物の性能を計画的な修繕や改修を施すことにより初期の水準や社会が向上していく水準に引き上げていこうとするものです。一般的なマンションではおよそ12年の周期で大規模修繕を繰り返していくことが基本となっています。1回目の大規模修繕は築12年くらいですからまだ新しいままです。目標は新築時の姿に戻す程度なので、コンクリートの劣化を直して、タイルの浮きも手当てして、塗装工事や防水工事などにとどまります。2回目の大規模修繕は築24年くらいです。各所の傷みがそれぞれに進行しています。玄関ドアやアルミサッシなどもいろいろな不具合を呈してきます。修繕する程度が大きくなり項目も広がり、性能を向上させる意識も求められてきます。3回目の大規模修繕は築36年くらいですからこの頃になると給水管や排水管など設備の多くが対象に加わってきます。外壁塗装や屋上

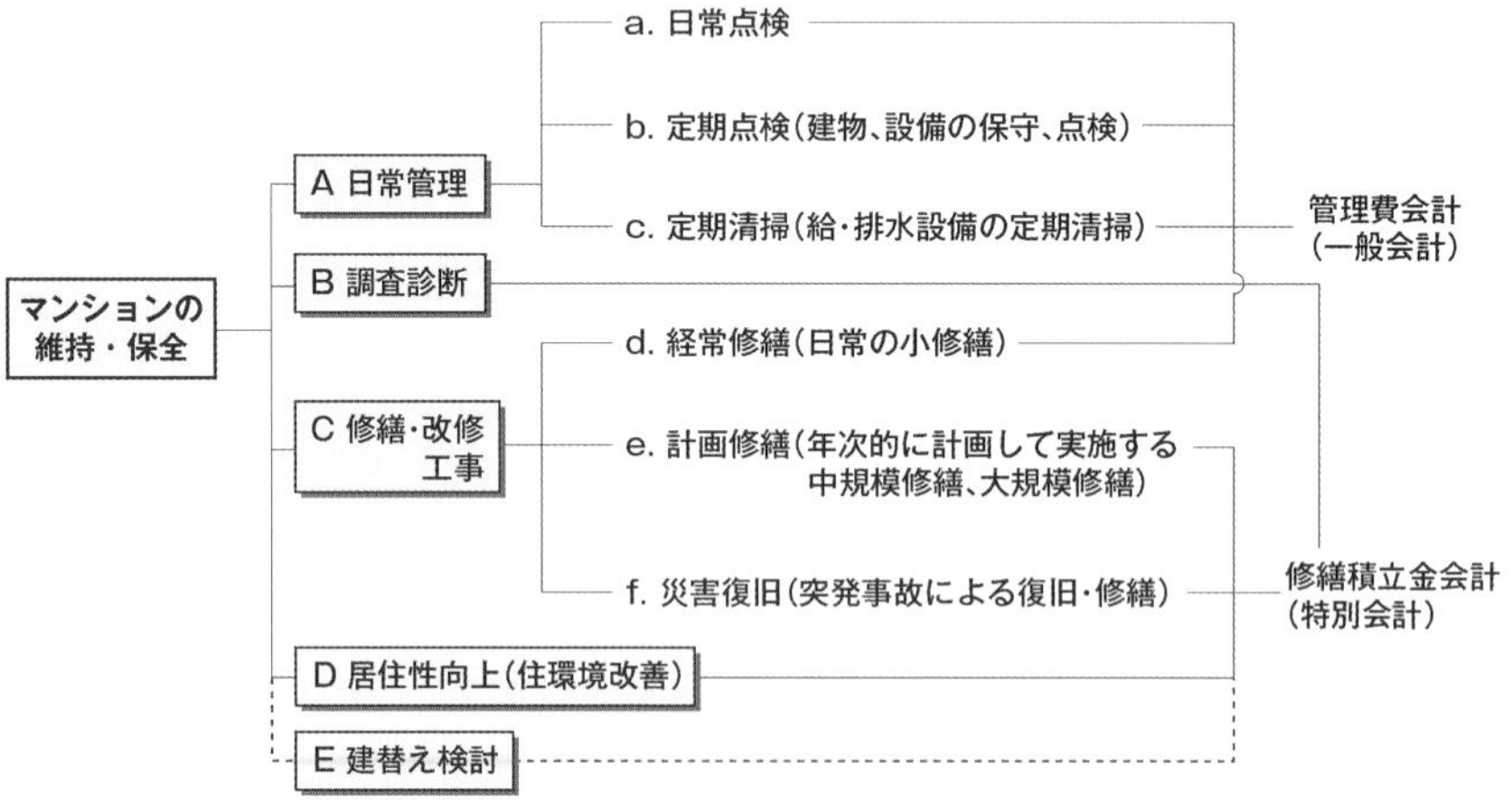

図4 維持保全体系と会計区分

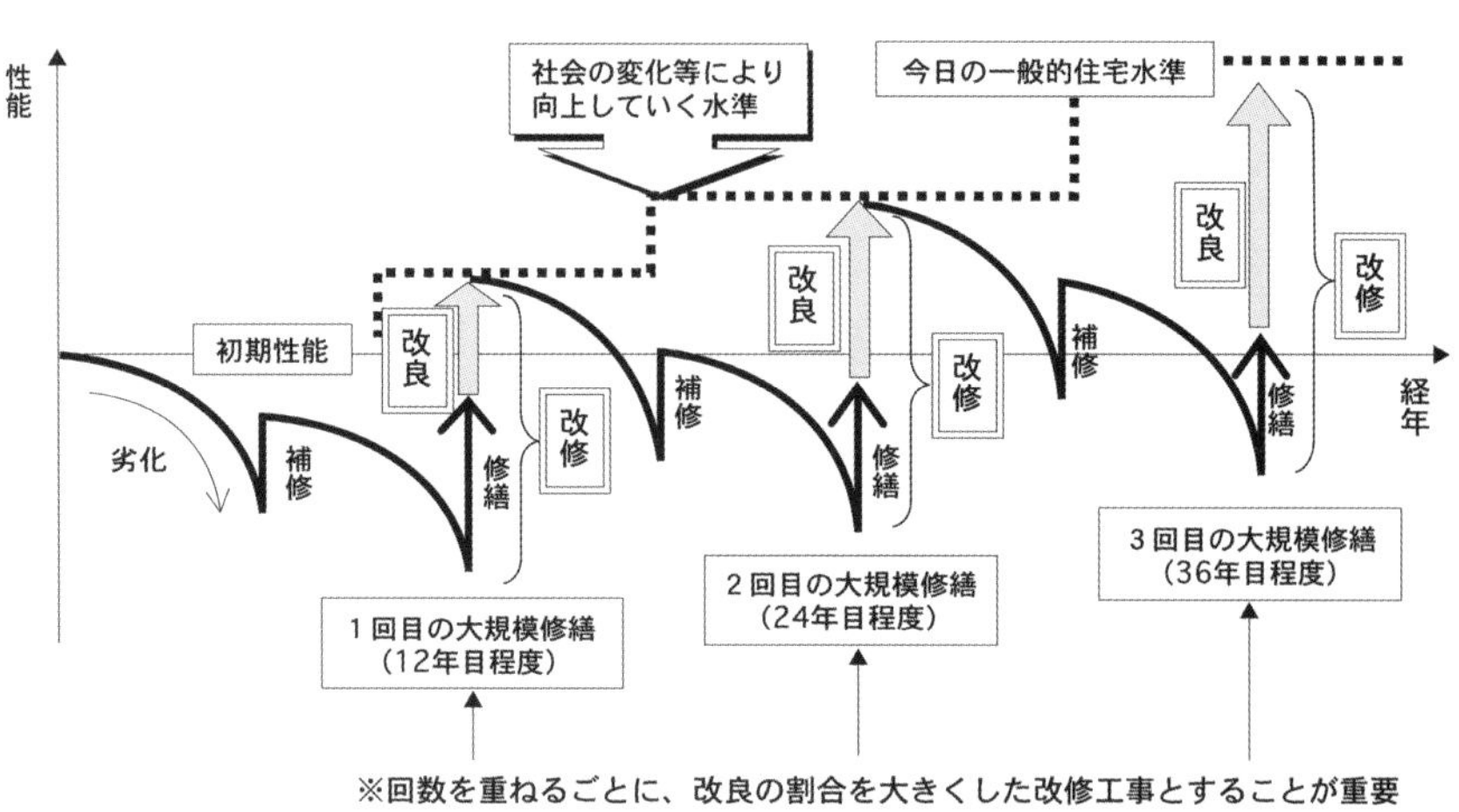

図5 計画修繕の概念

防水も既存を一度全部撤去してから新しく仕上げをするなど、抜本的な仕様に変わるのです。新たな機能を付加するなど改良工事も併せて行います。マンションごとに劣化状況を的確に判断して個性を生かした大規模修繕を行っていきましょう。

大規模修繕の進め方

区分所有されたマンションでは合意形成に大変時間がかかります。丁寧に説明を繰り返していくことが重要です。大規模修繕はおよそ3年をかけて実行していくものと考えてください。

①1年目の進め方

管理組合の中で大規模修繕の発意がされたら体制づくりから取りかかります。専門委員会を立ち上げて理事会と協調体制を整えます。役割分担や権限も明確にしておきます。設計監理方式にするのか責任施工方式にするのかでパートナー選びも異なってきます。調査診断においてはマンションが保管しておくべき図書として、確認済証、検査済証、竣工図、修繕履歴などの有無から見ていきます。劣化診断とアンケート調査から住戸内の立ち入り調査も行います。診断結果を踏まえて先に長期修繕計画を見直せば、将来の計画修繕の中に今度の大規模修繕を分かりやすく位置付けることができます。

②2年目の進め方

進むべき方向性が計画として認められたなら、基本設計として工事の対象とする項目や範囲を絞り込んでいきます。実行に移すためには実施設計を行って施工会社が見積書を作成できるまでの条件や仕様を示していきます。この段階で初めて精度の高い収支計画が提案できるのですが、同時に施工会社を選定していく作業も並行していきます。マンションの大規模修繕では公募による見積り合わせを行い、面談で施工会社の姿勢や現場代理人の資質も見定めて決めていきます。十分に競争原理の働いた実行予算を添えて大規模修繕の執行を総会に諮ることになります。大規模修繕においては不確定な要素も多く、躯体改修など実数精算工事として設計数量で契約を行い、足場を仮設してから詳細な調査で数量が確定するものもあります。また、全体が仕上がってくると修繕したい項目が管理組合から追加提案されることもあります。従って、総会においては工事請負金額の5～10％程度の予備費を承認してもらいましょう。

③3年目の進め方

着工する前に全ての居住者に集まってもらい工事説明会を開きます。工程表や作業の流れを示して内容を理解してもらうとともに、バルコニーの片付けから使用制限、洗濯物干しができない期間や在宅してもらわないとできない作業など、居住者の協力なくしては成り立たない工事であることを強調します。万端に準備はしてもトラブルやクレームは出てくるものです。いかに迅速に対応できる体制をつくるか、管理組合と工事監理者と施工会社は定例会議を継続していきます。工事が設計通りに契約書通りに行われ進行しているかどうかを専門的かつ客観的な立場で見るのが工事監理です。マンションの大規模修繕だからこそ重要な役割となります。工事が竣工しても、施工会社のアフターケアは次の大規模修繕まで続いていくことになります。

このように大規模修繕はおよそ12年ごとに行われるマンションの一大イベントで、大変大きなお金も動きます。全ての情報がリアルタイムで公開されて、専門委員会の動向もガラス張りにして区分所有者の全員の賛同を得ていかないとうまくいきません。でもあまり負担に感じないで、むしろ愉しみながら大規模修繕という事業を進める中で、大事なコミュニティーが管理組合の中に醸成されていくように思います（図6）。

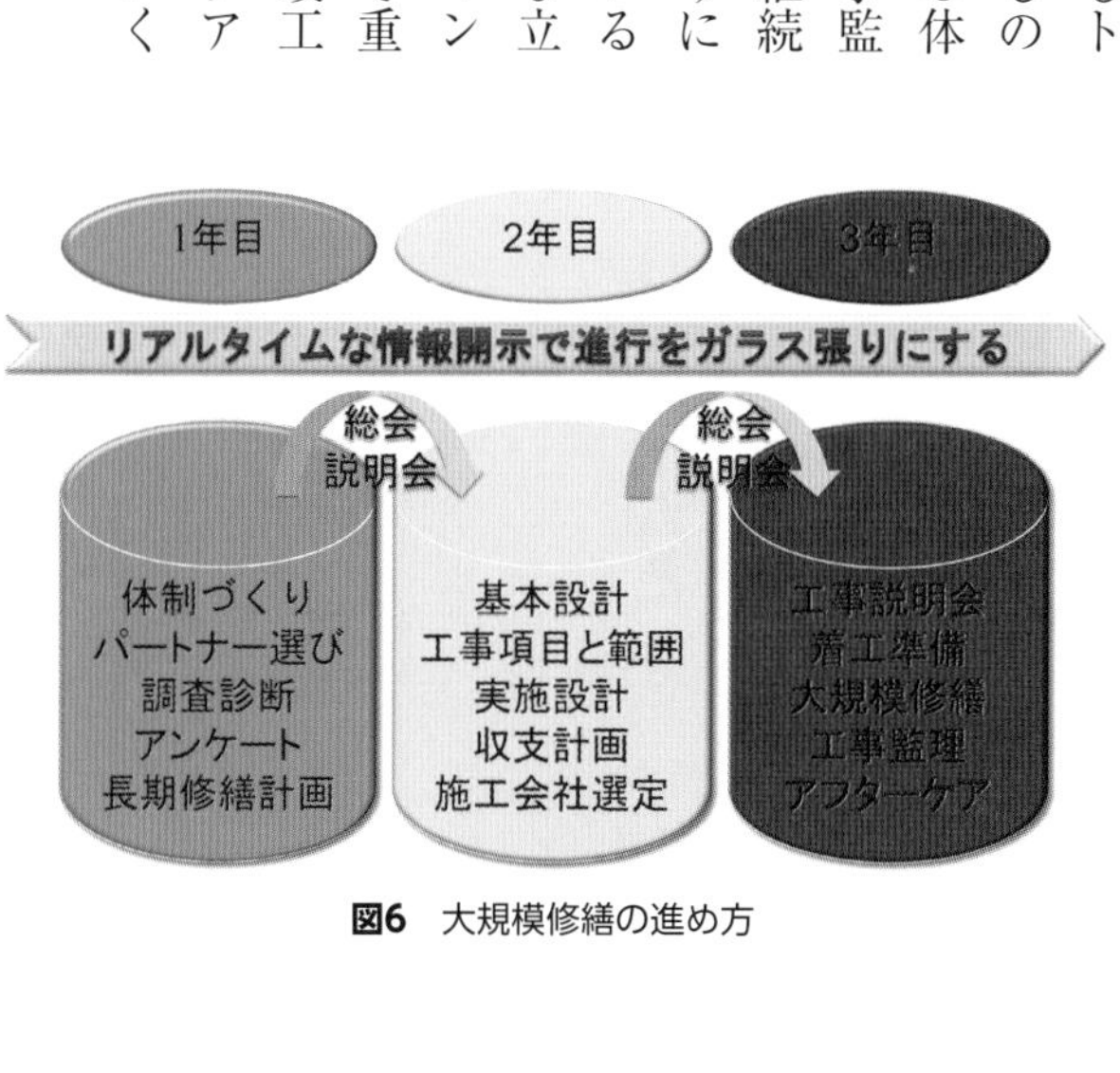

図6　大規模修繕の進め方

給排水設備改修

自覚症状が現れない排水管の老朽化

設備配管の寿命は建物に比べ短いです。にもかかわらず、給排水管は壁や床の中に隠れてしまっていて視認することができません。寿命が短いものが目に見えないところにあるということは、不具合が発生しても気が付きにくいということです。

例えば水道であれば、蛇口から出る水の量が乏しくなり始めたり、濁った水が出てくるようになれば、さすがに異常を感じるかもしれませんが、そのような兆候が現れた時は、残念ながらすでに末期状態であることを意味します。

排水管の場合はもっとたちが悪いです。漏れていることの兆候に気が付かないので、床下など目に見えない空間で、極微量の漏水が発生しても被害として現れずに時が過ぎ、長きにわたり下水を床下に貯めていたということが、信じられないかもしれませんが実はよく聞く話です。設備の改修は漏水が発生する前に、兆候が現れる前に、「予防保全」として改修しなければならないのです。

配管の寿命は、使われている種類により異なります。そして、その種類は、マンションによってさまざまですが、通常2～3種類のものが混在し、多い場合では4種類も混在している場合もあります。当然、台所や浴室、トイレなど流れる系統によっても腐食度合いは違ってきます。自分のマンションの排水管は「どの系統に」、「どの種類」が使われているのかを正確に把握することが、まず第一です。

リフォームと「改修」は違う

共用部分は修繕積立金を使って管理組合がその管理（改修）を行い、専有部分は区分所有者が各々の負担と責任で管理するというの

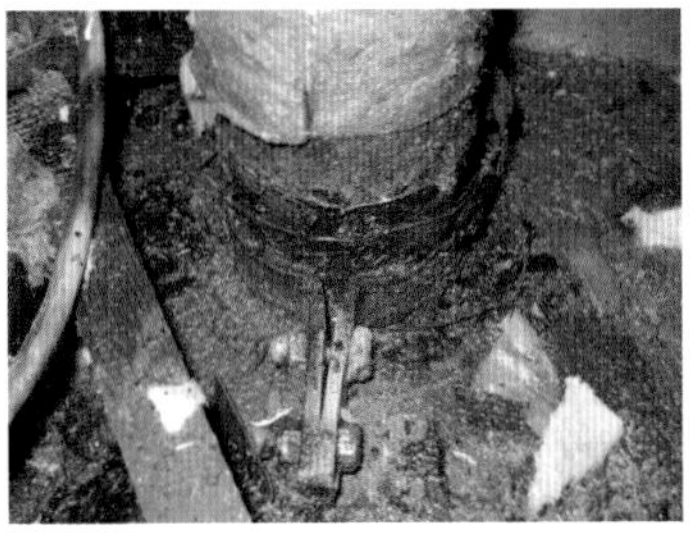
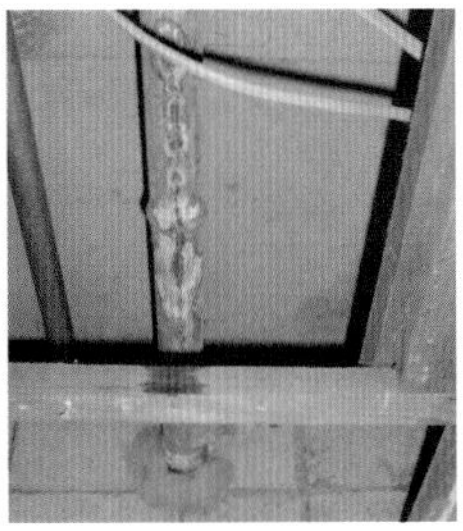

排水管の老朽化による漏水事例
写真1（左）：台所系排水立て管から漏水し１階のスラブに下水が貯まった。気が付いたころは相当の月日が流れていた。
写真2（右）：浴室の天井内に隠れている横引き排水管。溝状の亀裂が入り階下の天井に漏水した。

図1 マンションで使われている排水管の変遷　出典：「マンションを長持ちさせる設備改修ノウハウ」（エクスナレッジ社）

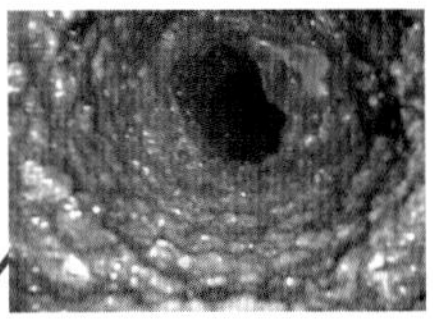

写真3 築30年のマンションでの出来事
スケルトンリフォームにより大き目のユニットバスを設置したが、その直下には台所からの排水管が更新されないまま横断していた。所有者はその排水管の老朽化状況を知らされないまま引き渡され、数年後にユニットバス直下の排水管から漏水事故が発生し、「加害者」になってしまうのである。このような状況も相まって、老朽化に気が付かないまま時が流れていくのである。

が原則論ではあります。しかし、現実問題として更新されないまま築40年以上を経過している専有部分の設備配管が少なくありません。

居住者がユニットバスやキッチンを交換するリフォームは実施しても、給水管や排水管をきっちり更新できるリフォームは実は少ないのです。居住者が配管を交換したつもりでいたとしても、実際は交換されずに古いままということは実によくある話です。模様替えリフォームの延長程度の意識では配管改修は実施できません。リフォームと同時に給排水管を改修しきるという明確な意思表示がなければ行われないのです。

そして、何より漏水事故で困るのは漏水した住戸よりも、その下階のお宅なのです。「専有部分だから各戸それぞれの問題だ」というだけで片付く問題ではありません。

設備改修のあり方

老朽化した配管を現状の形のまま交換したり、延命させたりしただけではマンションの長寿命化に寄与しません。マンションを末永く使えるようにするためには、次のような視点を盛り込んだ改修が必要であり、簡単にまとめるならば表1のような視点が重要です。

100年の視点その1：維持管理への配慮

普段は目に見えませんが日常生活に欠かせないライフラインを良好に維持していくためにはメンテナンスが欠かせません。排水管内に付着物が堆積して詰まらないようにするためには、確実な定期清掃が実施できる掃除口と点検口が作業しやすい位置になくてはなりません。台所の排水口で生ゴミを粉砕してくれる便利なディスポーザーを装備していればなおさらのことです。

表1 マンションを長持ちさせるための設備改修の勘所

①耐久性、耐震性の向上は当たり前
②水回りリフォームの可変性・拡張性を向上させることが勘所
③利便性をも向上させる配慮が必要
④その結果として、ライフサイクルコストが低減することが重要
⑤工事中の騒音、振動、粉塵をいかにして低減するか
⑥きめ細やかな気配り養生、過剰なくらいの試験・確認
⑦共用・専有一体工事においては、組合工事とオプション（自費）工事の区分けを明確にする
⑧後送りしない、ケチらない、近い将来工事は取り込む

タイル張りの在来浴室から既製のユニットバスへリフォームする費用を含め、全て修繕積立金で賄い排水管をスラブ上化更新したという優れたマンション改修事例もありますが、そこまで資金にゆとりのあるマンションは実にまれなので、現実としてその選択は難しいです。ユニットバスリフォーム費を全戸から一時金を一斉徴収するのも、なかなか全戸からの合意は得られません。

その一方で、排水管は老朽化し漏水が年々増え、在来浴室からの漏水も発生し始める状況なので、改修しなければ安心した生活が確保できません。

そこで、排水管のスラブ上化更新は修繕積立金を使って一斉に行いますが、浴室の改修（ユニットバスの設置）については、希望者のみの同時オプション工事（自費）にて行ってもらう住戸と「今回は浴室のリフォームは何もしない」という住戸が併存できる方法が必要となり、それに対応するものが「段階的スラブ上化改修手法」です。

管理組合としては、できれば1件でも多く今回の排水管工事と同時にユニットバス化リフォームを行ってもらい、「浴室排水管のスラブ上化」を完結させたいところではありますが、浴室は専有部分であり、管理組合が各戸へ強制的にリフォーム工事を促すことは難しいのです。

すでにユニットバスにリフォームされている住戸や、今回は見合わせるという住戸については、将来、戸別に浴室をリフォームする際に適切に排水管を接続することができる「スラブ上将来接続口」を今回工事で設けることで、将来にわたり柔軟に対応していこうというものです。

浴室リフォームの実施時期の判断を各戸に委ねつつ、時間をかけた段階的な排水管のスラブ上化と、適切な浴室リフォーム対応（排水管の適切な接続）が可能となる手法であり、現在注目を浴びています。

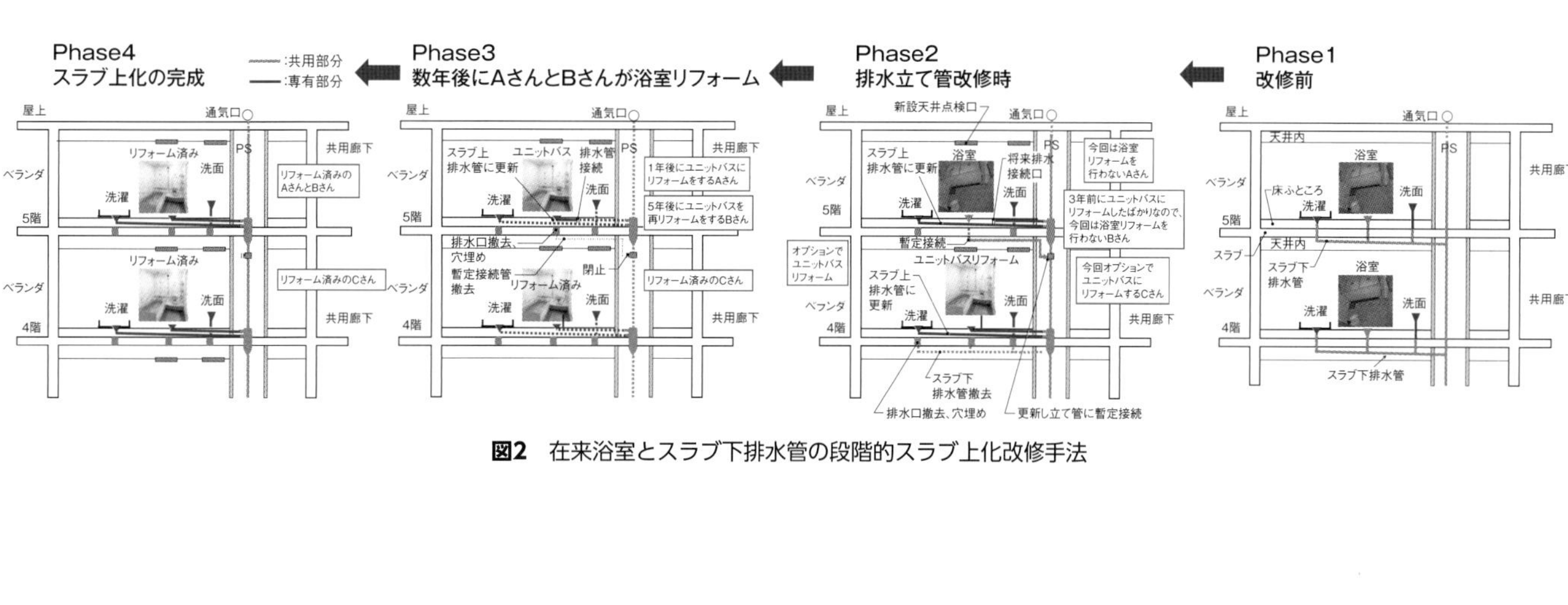

図2 在来浴室とスラブ下排水管の段階的スラブ上化改修手法

100年の視点その2：専有部分リフォームを容易にさせる共用部分改修

かつての給排水管は、まるで永遠に室内の間取りが変わらないかのごとく作られてきてしまいました。時間の流れの中でリフォームは繰り返されていくものですし、便器など住宅設備機器は進化し続ける製品であることは容易に想像がつくことではありますが、残念ながら配管の構造上、新しい製品が選べないというマンションが少なくありません。柱の中に給水管が埋め込まれてしまっていては、リフォームの時はもはやそれをあきらめて封印するしかありません。

住まい手は変わるもの、間取りは変わるもの、設備機器は進化していくものという「変化」が大前提で設備配管を考えていかなくてはなりません。

これからの時代、水回りリフォームの対応性が悪いということは中古住宅市場での価値としては、かなりのマイナス面となるでしょう。中古住宅の性能として「水回りのリフォームのしやすさ」は重要なファクターとなり、すなわち資産価値を決める大切な要素となります。

この視点の具体的な一例として、図2（67頁）に「在来浴室とスラブ下排水管の段階的スラブ上化改修手法」を紹介します。

100年の視点その3：キャパシティーの拡張

老朽化対策としての改修に併せ、電気供給能力や共用排水立て管の口径などは拡張していく必要があります。

建物が建設された当初の設定において、電力会社と契約できる最大の電気容量が1戸当たり30アンペアや40アンペアまでとなっている場合は、少なくとも60アンペアまで上げられるような共用部分のしつらえが必要です。例えばエアコンの設置は1戸に1台という時代から、今では寝室ごとに1台というような時代に変わり、IHクッキングヒーターなど大きな電力量を使用する機器も普及したからです。誤解のないよう、電気をたくさん使えと言っているのではなく、若い世帯が瞬時的に多数同時に家電を使用することもできるようにしておくということです。

また、昔の考え方で作られてしまった排水管はサイズが細かったり、通気性能が悪かったりして慢性的な排水不良（トラップの破封）が発生しています。生活にさほど大きなダメージがある訳でもないので、こういう物なんだと長年の生活から不具合に慣れてしまっているようなことが現実としてあり、途中から入居された方が初めてこれに気が付き顕在化することもあります。

せっかく改修するのですから、時代に見合った設備容量に見直す必要があります。

どれを選ぶか ～給水方式の変更～

マンションの給水方式にはいろいろな方式がありますが、大別すると受水槽や高置水槽といった貯水槽を設ける「貯水槽方式」と、貯水槽を設けない「直結方式」の2種類になります。

過去、ほとんどのマンションに「貯水槽方式」が採用されていましたが、近年では水道事業者の供給能力が向上し、より衛生的な水を供給しようという動向から、貯水槽が不要な「直結方式」が選定されることが多くなりました。マンションでも「直結方式」が選べるようになったのは、「増圧直結方式」が誕生したからで、国内で最初に始めたのは1992年の横須賀市水道局です。採用にあたっては、その地域の水理状況と建物の規模などにより条件がありますので、所轄の水道事業者に確認する必要がありますが、近年では多くの都市部で採用が可能になっています。

増圧直結方式のメリットは、衛生的であるとともに改修費や維持費を含めた「トータルコストが安い」という点です。

昭和の高層住宅の象徴のような高置水槽は、現在の新築マンションにおいてはほとんど採用されなくなりました。耐震性の低い屋上水槽をいまだ使われている場合は、更新するよりも、増圧直結方式に変更し「撤去」してしまうことの方が手っ取り早いです。

一方で、東日本大震災以降、タンクレスよりも災害時に使える自前の受水槽が、やはりあった方がよいのではないかという考え方も再浮上しています。

改修においてどの方式を選ぶかについて、給水方式の特徴を表2にまとめてみましたので、管理組合内部で十分に長所・短所を検討してもらいたいですが、ここで注意をしてもらいたいのが「高置水槽直結方式」で、できればこの方式の採用はお勧めしません。
　実はこの方式で改修されたマンションで多く見られるのが、写真4のような「適切な耐震固定を行わず高置水槽を更新した事例」なのです。「直結すると圧力が上がり給水管が破裂するかもしれないので高置水槽を使いましょう」といった「風評」のような説明不十分の「逃げ」を提案する業者が、往々にして「危ない高置水槽」を生んでいる実態があります。そのため、「給水方式の変更」と「給水管の劣化」という両方の課題を広く鳥瞰し、じっくり検討してもらいたいのです。

写真4　受水槽を撤去し直結増圧ポンプが設置され、高置水槽本体は耐震基準を満たす1.5G仕様に交換されていた。しかし、高置水槽の架台の足元は基礎に固定されておらず置いてあるだけの状態で、さらに基礎自身も構造躯体と一体化していなかった。これでは大地震時に高置水槽が移動したり転倒してしまう。

表2　出典：「マンションを長持ちさせる設備改修ノウハウ」（エクスナレッジ社）

	貯水槽方式			直結方式		
	高置水槽方式	高架水槽（給水塔）方式	ポンプ圧送方式	増圧直結方式	高置水槽直結方式	直圧直結方式
図	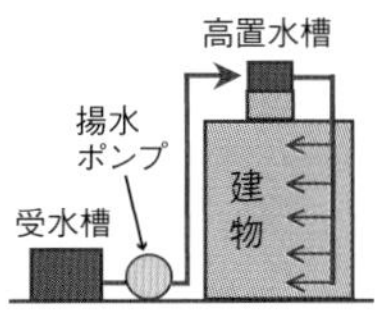	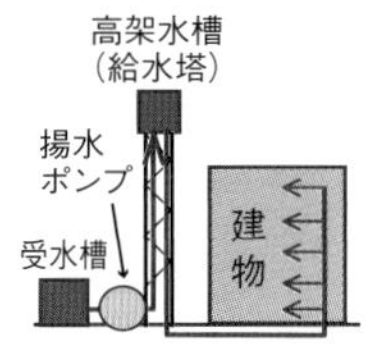	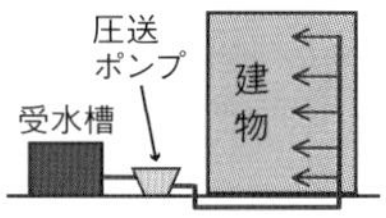	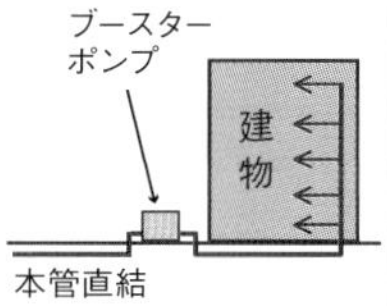	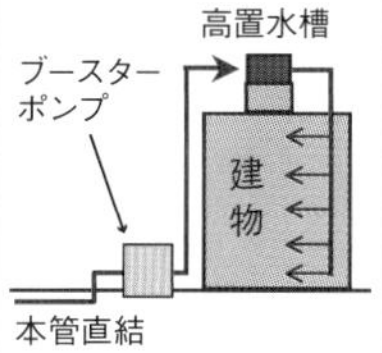	
概要	受水槽に貯めた水を高置水槽に揚水し、高置水槽から重力で供給する方式 中高層住宅で多く採用されてきたが、最近の新築マンションではほとんど採用されていない	受水槽に貯めた水を高架水槽に揚水し、高架水槽から重力で供給する方式 郊外にある大規模な団地で採用されている	受水槽に貯めた水を圧送ポンプで供給する方式	水槽を介さず、水道本管からの給水を直送する方式 水圧の不足分をブースターポンプで補う。衛生面から水道局が採用を推進	受水槽を介さず、水道本管からブースターポンプでダイレクトに高置水槽に揚水し、高置水槽から重力で供給する方式	水道本管の圧力のみで供給する方式。戸建て住宅や小規模な低層アパートで採用される。一部で5階建て程度のマンションでも採用される場合もあるが採用条件は限定的
受水槽の有無	必　要			不　要		
屋上水槽の有無	必　要		不　要		必　要	不　要
ポンプの種類	揚水ポンプ	揚水ポンプ	圧送ポンプ	ブースターポンプ	ブースターポンプ	不　要
水槽やポンプの維持管理	①受水槽の定期清掃（年1回） ②高置水槽の定期清掃（年1回） ③受水槽と高置水槽の水質管理 ④揚水ポンプの点検整備	①受水槽の定期清掃（年1回） ②高架水槽の定期清掃（年1回） ③受水槽と高架水槽の水質管理 ④揚水ポンプの点検整備 ⑤給水塔本体の維持管理	①受水槽の定期清掃（年1回） ②受水槽の水質管理 ③圧送ポンプの点検整備（年1回以上）	①ブースターポンプの点検整備（年1回以上）	①高置水槽の定期清掃（年1回） ②高置水槽の水質管理 ③ブースターポンプの点検整備（年1回以上）	不　要
各戸への給水圧	高置水槽との高低差による （上階＝弱め、下階＝強め）		ポンプ吐出圧力により設定 （減圧弁設置により全戸同一圧力設定が可能）		高置水槽との高低差による （上階＝弱め、下階＝強め）	水道本管の供給圧力に依存
停電時の給水	高置水槽に貯められた水を利用できる		停電＝即断水 （自家発を検討）	停電＝上層階のみ断水または水圧不足が生じる	高置水槽に貯められた水を利用できる	給水可能
水道本管断水時	水槽ならびに高置水槽に貯められた水を利用できる	受水槽ならびに高架水槽に貯められた水を利用できる	受水槽に貯められた水を利用できる	水道本管が断水すれば、建物の給水も断水となる	高置水槽に貯められた水を利用できる	水道本管が断水すれば、建物の給水も断水となる
災害時用の水源	受水槽を災害対策用向けに改造することで災害時用水を確保できる 高置水槽は耐震型水槽に更新しないと大地震に耐えられない	受水槽を災害対策用向けに改造することで災害時用水を確保できる 高架水槽は耐震型水槽に更新しないと大地震に耐えられない	受水槽を災害対策用向けに改造することで災害時用水を確保できる	基本的には水源はない 地下防火水槽などを災害時用の水源として改良するなど、別途配慮が必要	基本的には水源はない 高置水槽は耐震型水槽に更新しないと大地震に耐えられない	基本的には水源はない 地下防火水槽などを災害時用の水源として改良するなど、別途配慮が必要
建物の積載荷重	重い 高置水槽重量+配管重量	軽い 配管重量のみ	軽い 配管重量のみ		重い 高置水槽重量+配管重量	軽い 配管重量のみ
必要スペース	地上または建物内に受水槽設置スペースが必要 屋上に高置水槽設置スペースが必要	地上または建物内に受水槽設置スペースが必要 敷地内には給水塔のスペースも必要	地上に受水槽設置スペースが必要	水槽スペースは不要	屋上に高置水槽設置スペースが必要	水槽スペースは不要
居住者合意形成	方式を変更する場合：説明会などにより説明が必要 方式を変更しない場合：現在と同じという説明					

基礎知識

耐震改修

わが国は、大地震のたびに大きな被害に見舞われ、特に東日本大震災以降地震が頻発し、近年も２０１６年の熊本地震、２０１８年の大阪府北部地震や北海道胆振東部地震など大地震が発生しています。そして南海トラフの巨大地震や首都直下地震の切迫性が指摘される中、マンションの耐震化が急がれています。

行政の施策

１９９５年に起きた阪神・淡路大震災で建物に多くの被害が発生したのを受け、その年、耐震改修促進法が施行されました。また、建築物の耐震化を強力に推進すべく、２０１３年に同法が改定され耐震化促進の規制強化や円滑化の措置が盛り込まれました。これにより、１９８１年以前の旧耐震診断基準で建設された全ての建物の所有者に、耐震診断と必要に応じた耐震改修の努力義務が課せられました。一方、住生活基本法に基づき２０１６年に策定された住生活基本計画では、２０１３年時点での住宅の耐震化率82％に対し、耐震性を満たした住宅の割合は徐々に増加しているものの、目標の達成に向け進捗が遅れている、建替えや耐震改修を通じて耐震性がある住宅を増加させていく必要があるとした上で、住宅の耐震化率を２０２０年までに少なくとも95％にすること、２０２５年までに耐震性が不十分な住宅をおおむね解消することを目標とし、耐震化の促進を図っています。

耐震診断が必要なマンション

耐震診断が必要なマンションは「旧耐震基準」のマンションで、１９８１年5月31日以前に建築確認を取得したマンションです（図1）。これらのマンションは、耐震診断を行い、耐震性が不足している場合は耐震改修することが求められます。

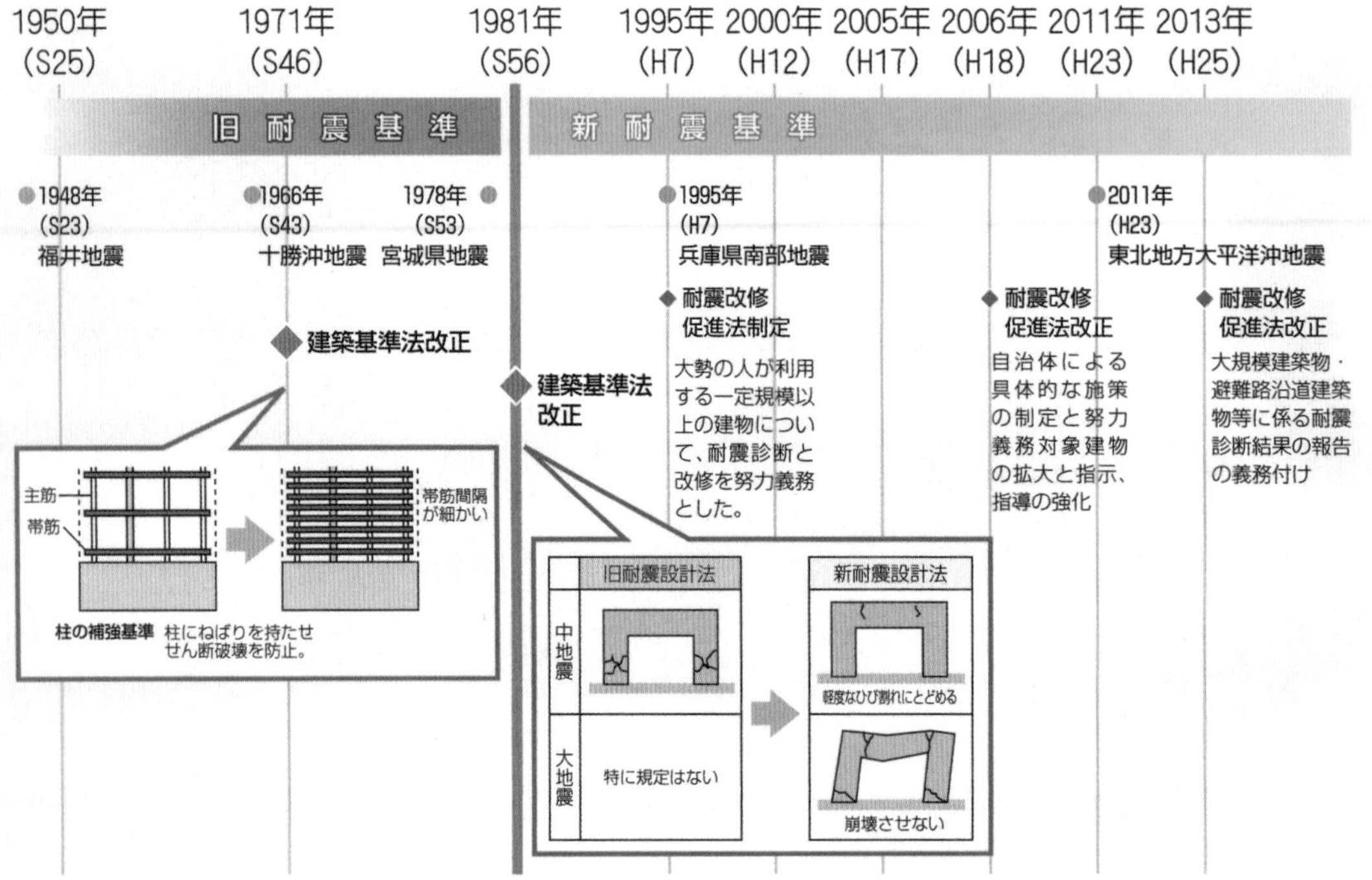

図1

出典：東京都「ビル・マンションの耐震化読本」

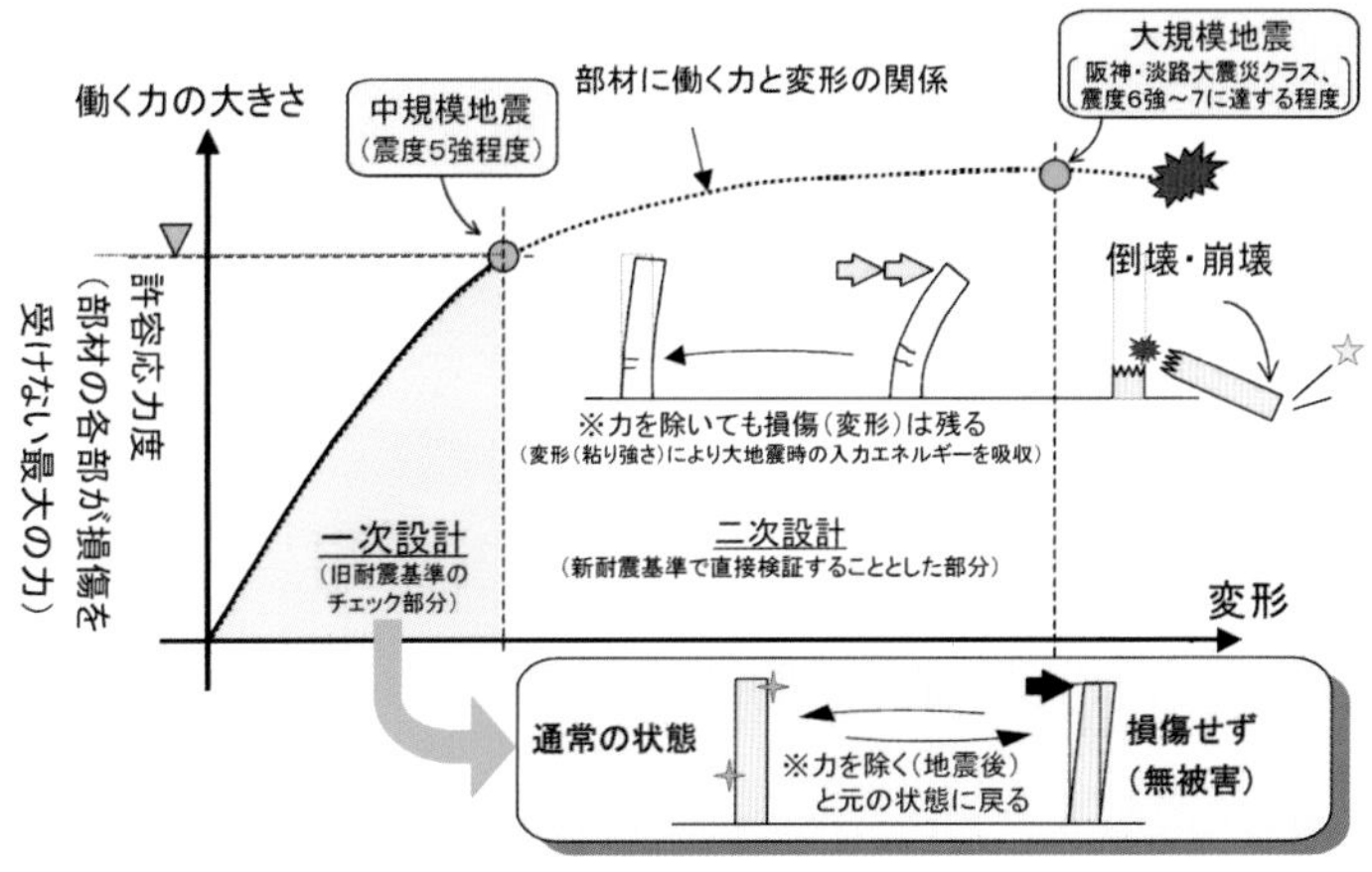

図3

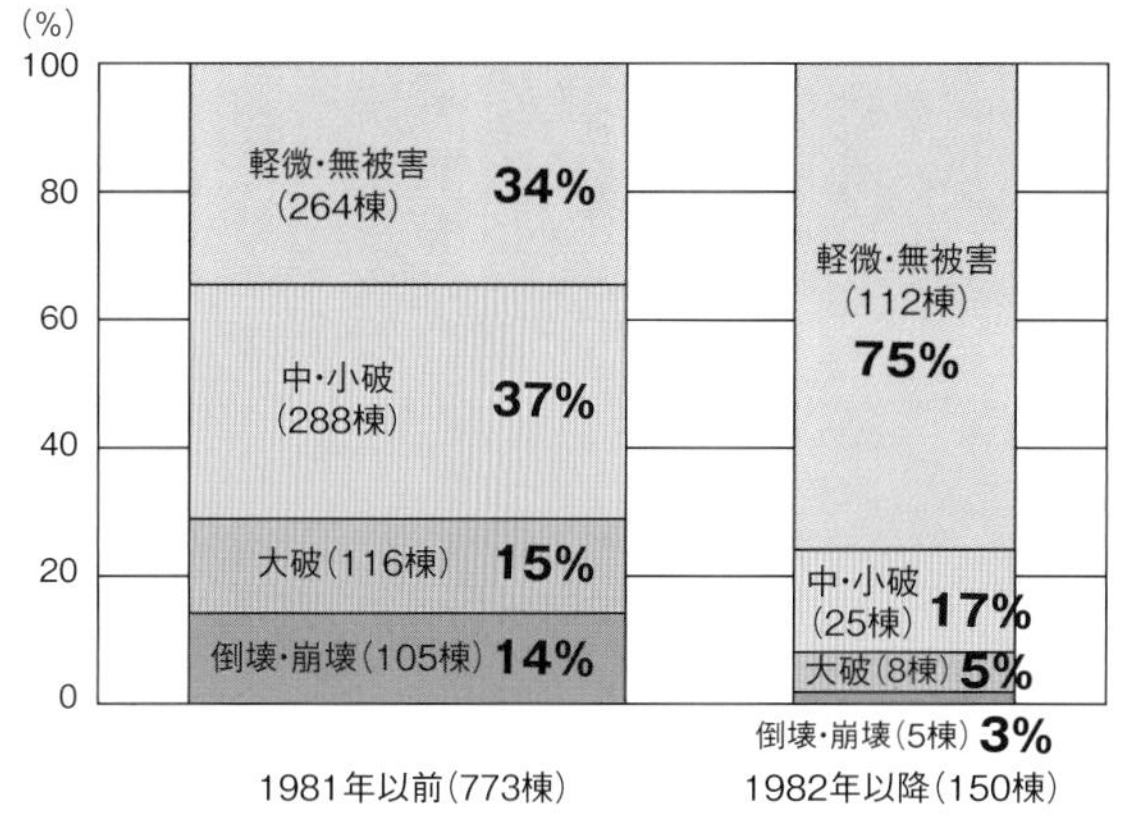

図2 建築年別の被害状況（建築物）

1981年6月1日に建築基準法が改正され、現在の耐震基準の原点といえる「新耐震基準」が導入されました。「新耐震基準」は、震度6強から7クラスの大地震に対して、人命に危害を及ぼすような倒壊や崩壊をしないことが目標とされています。最大震度7の阪神・淡路大震災においても、「新耐震基準」による建物は、大破・倒壊・崩壊したものは8％と「旧耐震基準」による建物の29％に比べ被害が大幅に少なかったとされています（図2・3）。

耐震診断の必要なマンションの現状と課題

耐震診断が必要なマンションは、築後39年を超え建物の老朽化が進み、外壁の大規模修繕や給排水設備改修など建物の維持管理に費用がかかる時期を迎える中で、居住者の高齢化や賃貸化が進み、修繕積立金の値上げが難しいなど共通の悩みを抱えています。さらにマンション耐震改修には、公平性、工事中の生活支障、工事後の居住性など合意形成にさまざまなハードルがあります。

耐震化に進むマンション

耐震改修を実施したマンションは、生命や財産を守りたい、安全で快適な生活をしたい、そのためには耐震化が必要というように、耐震化すること自体が目的になっています。管理組合がこのような考えを持つと、次々と出てくるハードルに対して、問題点を整理し自分たちで解決する力を付けていきます。費用についても長期修繕計画の精度を上げて見直す中で、耐震改修工事を位置付け、修繕積立金の値上げや借入れなど資金繰りも整理し、区分所有者に説明し合意の形成を図りながら進めています。また、マンションの耐震化は数年かかりますので、継続性を持たせるためにも管理組合の体制を作ることが重要で、専門委員会を立ち上げ、キーマンになり耐震化を推進する委員長とそれを支える委員が一体になり、さまざまな困難を克服しています。

マンション耐震化の流れ

建物の耐震化は建物にどれくらいの耐震性能があるか診断し、補強方法を検討し改修工事を行います。マンションの場合は、さまざまな意見を集約して進めることが求められ、合意の形成を図りながらステップを踏み進めます。

ステップ1　準備・検討段階

①耐震化の情報を収集する

自治体などに相談し、マンション耐震化に関わる支援制度について調べ、耐震化のアドバイスをしている専門家の団体などを紹介してもらいます。

②耐震診断の必要性を検討する

新築時の確認申請や検査済証、設計図書、販売時のパンフレットなどの資料を整理し、一級建築士などの専門家に耐震診断が必要な建物かどうか相談し、耐震診断が必要な場合は、設計図書の保管状況などを調べ、耐震診断が可能か確認します。

③管理組合の体制を整える

専門委員会を立ち上げ管理組合の体制を作ります。また、マンションの耐震化には専門的知識や進め方のアドバイスが求められるので、マンションの合意の形成に慣れた一級建築士などパートナーを見つけます。

ステップ2　耐震診断

①耐震診断に向けた合意形成

パートナーにアドバイスを受けながら、耐震化の必要性を管理組合員の皆さまに説明し、耐震化の必要性について共通認識を持ち、耐震診断を実施することを総会で承認を得ます。この段階で耐震化の必要性について共通認識を持つことが大切です。

②耐震診断の実施

耐震診断を行い補強の必要性を診断します。耐震診断の結果、補強が必要となった場合は、耐震改修に向けて進め方の検討をします。

ステップ3　耐震設計

①耐震改修の基本計画を行う

耐震診断の結果を基に、耐震改修基本計画を行います。補強案に対し確認申請の要否など法律上の手続きや、管理組合が受け入れられる案か、施工方法や工事費などを検討します。また長期修繕計画を見直し、大規模修繕など計画修繕と耐震改修の時期を検討し、資金計画を整理します。

②耐震改修の実施設計を行う

工事のために必要な設計図や仕様書などを作成し、実施設計を行います。同時に工期や工事内容、工事費等を詰め、相見積りを取り施工会社を選定します。

ステップ4　耐震改修工事

①設計図書に基づき、耐震改修工事を実施します。

②完成が近づけば、役所や建築士の検査を受け、最後に管理組合が検査をして、施工会社から引渡しを受けます。

マンションの耐震性能は

建物の耐震性能は、建物の強さと粘りに、建物形状と経年状況を考慮して評価します。鉄筋コンクリート造建物等の耐震性能は、Is値（構造耐震指標）という指標で表され、値が大きいほど耐震性が高くなります（図4）。

耐震診断は

耐震診断は、現地調査し構造計算を行い、耐震性能を評価します。

①現地調査　建物と図面との照合、ひび割れ・変形・経年劣化などの目視調査、コンクリートコアを採取し、強度試験や中性化など材料調査を行います。設計図がない場合は診断用の構造図を作成しますが、多くの手間と費用がかかります。

②診断　鉄筋コンクリート造や鉄骨鉄筋コンクリート造の建物は、一般に第2次診断法や第3次診断法という診断基準に基づいて診断します。

③評定取得　診断内容が妥当であるか、評定機関のチェックを受け評定書を取得します。評定の取得は任意ですが、補助金を受ける際は条件になっている場合もあり、原則として取得します。

耐震改修の工法

耐震改修の工法には、耐震補強のほかに制震工法や免震工法などがあります。耐震補強は、建物の強度を高め、粘り強くすることで耐震性能を高める方法で、一般的に行われている工法です。制震工法は、建物に制震装置を組み込み、地震エネルギーを吸収させることで地震の揺れを抑制します。免震工法は地盤と建物の間などに免震装置を挿入することで、地震の力をなるべく受けずに、揺れから逃れます。そのほか、建物の一部を撤去し建物重量を減らす減築と呼ばれる方法もあります。

建物の強さ	建物の粘り	建物形状	経年状況
地震に対する強度はどうか	地震による変形に強いか	地震力が集中する場所はないか	柱・壁などの劣化具合はどうか

↓

耐震診断

Is 値≧0.6※

地震動に対して必要な耐震性を確保している。

Is値（構造耐震指標）	構造体の耐震性能を表す指標
Is値が0.3未満の場合	地震の震動及び衝撃に対して倒壊し、又は崩壊する危険性が高い。
Is値が0.3以上0.6未満の場合	地震の震動及び衝撃に対して倒壊し、又は崩壊する危険性がある。
Is値が0.6以上の場合	地震の震動及び衝撃に対して倒壊し、又は崩壊する危険性が低い。

図4

耐震改修の工法

免震

免震工法

免震装置を建物の基礎下や中間階に設けることで地震力が建物に作用する力を大幅に低減する。

制震

制震ブレース工法

制震ダンパーを組み込んだ制震ブレースが、地震エネルギーを分散して吸収し、建物の揺れを抑制する。

耐震

外付けフレーム工法

補強フレームをベランダの先端に取り付け補強する。ブレースが入らず、視線を遮らない。住戸内に工事が発生せず、住みながら工事ができる。マンションでの採用例は多い。

耐震

外付けブレース工法

建物の外側にブレースを増設し補強する。居住性を変えず、住みながら工事ができる。ブレースを入れることで外付けフレーム工法より補強の箇所数が少なくできる。

耐震

柱巻き付け工法

柱外周に鋼板や炭素繊維を巻き付け主に粘り強さを向上する。ピロティの柱などの補強に採用される。

耐震

壁の増打ち

鉄筋コンクリート造の壁を増打ちし耐力を向上する。開口の少ない、建物の両端の壁（妻壁）を補強することで、住戸への影響が少なくできる。

耐震

鉄骨ブレース工法

ピロティや開口部など柱や梁に囲まれた中に、鉄骨ブレースを設置することで耐力を向上させる。通風や見通しを妨げない。

耐震

耐震のスリット新設

柱ぎわの壁に溝を入れ、隙間を設けて柱の粘り強さを向上させる。

基礎知識

省エネ改修

マンション建替え事業の取り組み

近年、省エネや節電などに対する意識の高まりから省エネ改修の重要性が増しています。

住まいであるマンションの省エネ改修には、建物の断熱性能や気密性能の向上、日射の影響低減、エネルギー効率の高い設備機器の採用、太陽エネルギーの活用などさまざまな方法があります。

建物の省エネ化は、環境負荷の低減、エネルギー使用量の削減による省コスト化ばかりでなく、快適性や耐久性の向上といった相乗的な効果も期待できます。

地球温暖化の防止や再生可能エネルギーの活用といった社会的要請が高まる中、既存のマンションでも省エネ対策に関して考えていく必要があります。

専有部分と共用部分

マンションは区分所有者が個々に管理する専有部分と、管理組合が管理する共用部分に区分されます。

専有部分は区分所有者それぞれが省エネ対策をしますが、共用部分は管理組合が主体となり取り組む必要があります。

共用部分の省エネ対策として電球の間引きや消灯といったことがよく行われます。しかしながら最近では、建築的あるいは設備的にもこれまで以上に積極的な技術や対策が採用され始めています（図1）。

身近な省エネ対策

共用部分に対する身近な省エネ対策の一つとして、照明器具を省エネ型に取り換えることなどが挙げられます。

共用廊下や階段、エントランスホール、駐車場、外灯などには多くの照明器具が設置されており、場所によっては24時間、常時点灯しているものもあります。

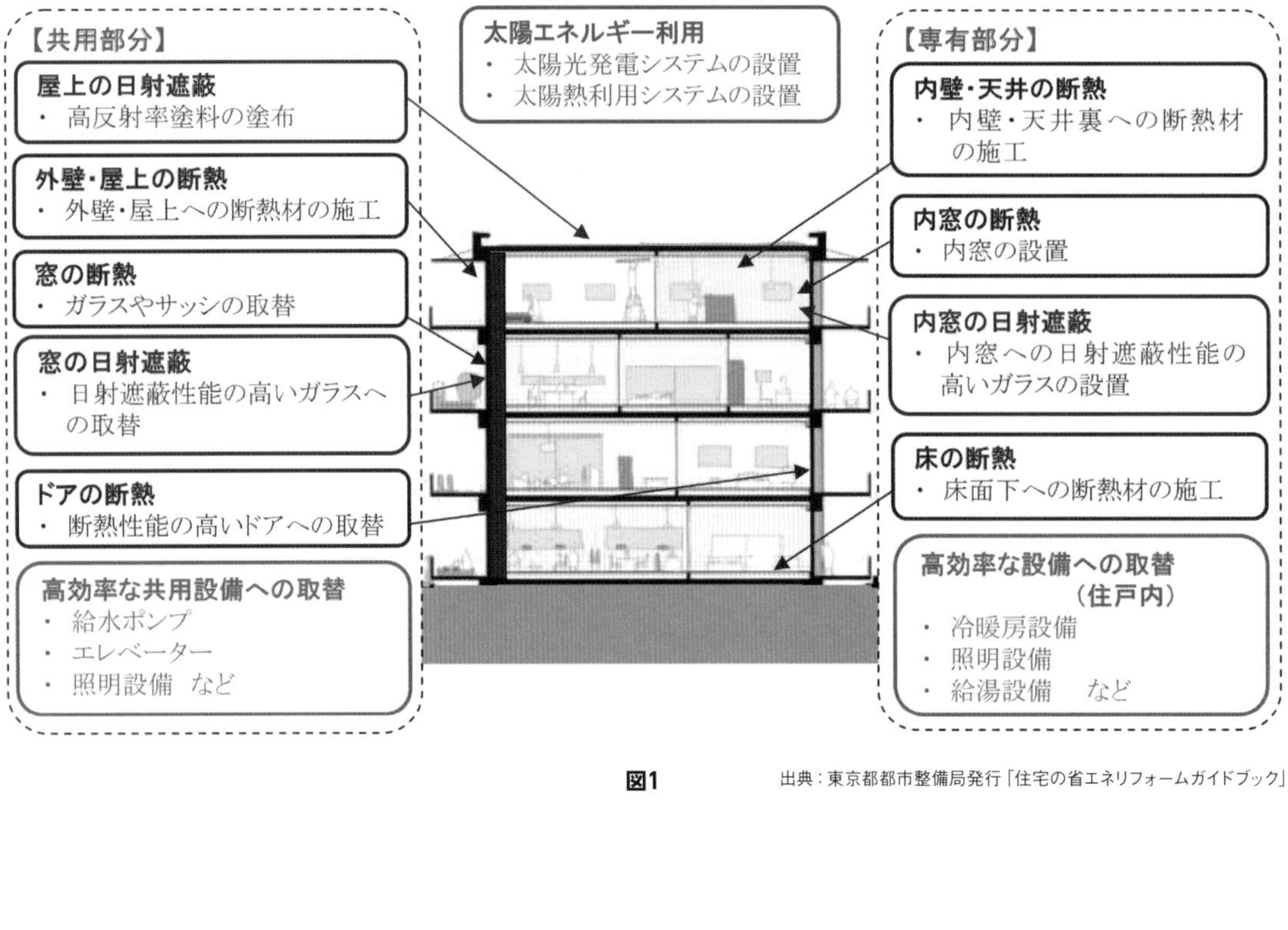

図1　出典：東京都都市整備局発行「住宅の省エネリフォームガイドブック」

現在主流のLED型照明の消費電力は、蛍光灯型で従来の約2分の1から3分の1、水銀灯型では5分の1から10分の1と大変小さくなっています。

マンションの共用部分に設置されている照明器具をLED型照明に交換することで、消費電力の削減をはじめ、電球交換の時期が長くなることによる電球交換作業の負担軽減といった効用も期待できます。

従来型器具に比べて価格がやや高いことや、消防法などの関係で設置できる器具が限定されてしまう場合もありましたが、現在では普及に伴う低価格化や、消防法に適合する器具のラインアップも増えており、今後ますます一般化するのは間違いないと思われます（写真1）。

写真1　LED型照明器具（非常用照明型）の例

屋上や外壁の省エネ改修

遮熱性能の向上

夏場の炎天下、屋上や屋根の表面温度は70℃を超えるほどの高温になります。屋上に施されている防水層にダメージを与えるだけでなく、建物内に伝わった熱で室内の温度が上昇すると、冷房がより必要になります。

建物の温度上昇を抑え、室内環境の向上、冷房コストの削減効果が期待できる高日射反射率塗料（遮熱塗料）が近年注目されるようになってきました（図2）。

屋上や屋根だけでなく外壁などにも使用できるものもありますので、省エネ効果のみならず、防水層や躯体へのダメージを低減する効果も期待できます。

ちなみに、高日射反射率塗料は、太陽光に含まれる近赤外線領域の光線の反射率を高め、熱エネルギーの吸収を抑えることのできる塗料です。また、塗膜の中に小さな中空ビーズを混入させて熱の伝導を抑制するものもあります。

屋上防水の改修や外壁塗装の塗替え時などに比較的容易に採用できる省エネ改修の手法といえます。

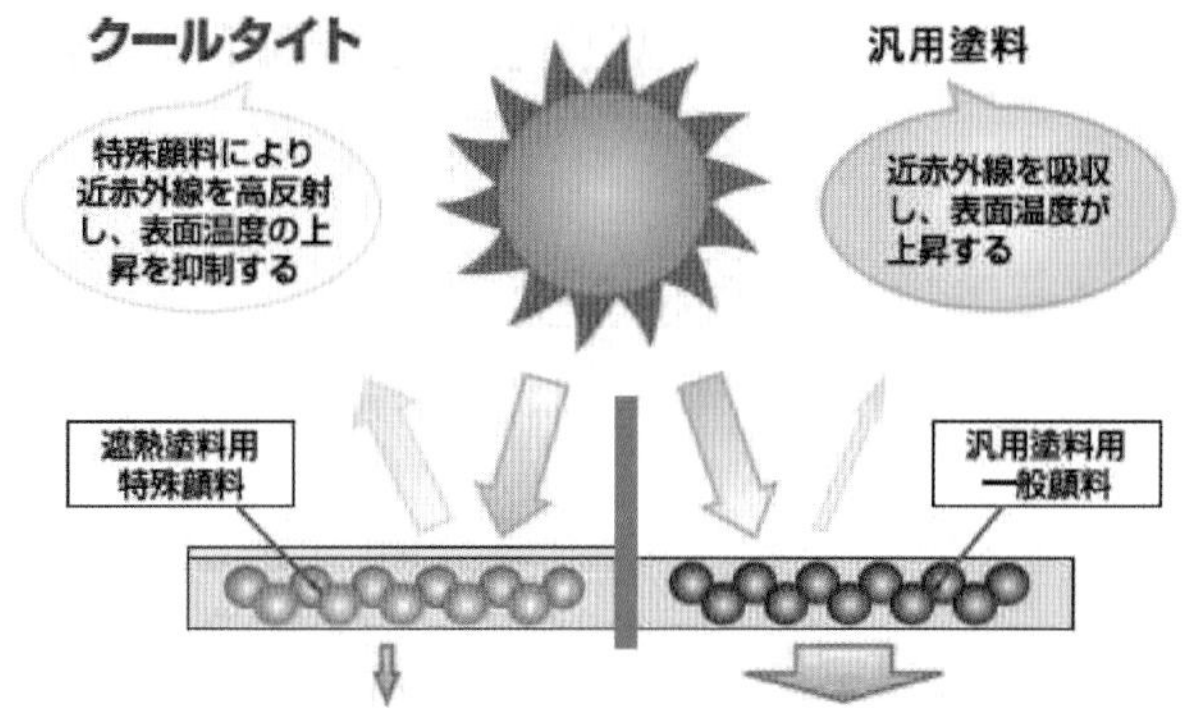

図2　高日射反射率塗料（遮熱塗料）のメカニズム　㈱エスケー化研HPより）

断熱性能の向上

多くのマンションは鉄筋コンクリートで造られていますが、コンクリートは温まりやすく冷めにくいという性質を持っています。これは暖かい熱はもちろん、冷房のような冷たい熱も貯めることができるということです。

建物の断熱方法で、躯体の外側に断熱層を設けることを外断熱、室内側に断熱材を設けることを内断熱といいます。

寒冷地を除いて外壁は内断熱のマンションがほとんどですが、外断熱の方がコンクリートの持つ蓄熱性を有効に生かし、省エネ効果を得やすいという特徴があります。

断熱材により建物全体を覆うことで、冬場は室内の暖かさが逃げにくく、外の寒さも部屋に伝わりづらくなります。夏場は日射や気温などの影響を少なくし、室内温度の上昇を抑える効果があります。室内環境が安定し、冷暖房効率の向上による省エネ効果が高く、躯体そのものの保護効果も期待できます。

最近では寒冷地以外でも内断熱のマンション全体を外断熱化する改修事例も出始めています。

なお、外壁の外断熱化改修は断熱材や外装材を既存の躯体に固定する方法の違いで、湿式工法と乾式工法に大別されます。また、断熱材と外装材との間に空間を設ける通気層工法と、通気層のない密着工法があります。

一方、屋上や屋根の外断熱化改修は寒冷地以外でも多くの実績があります。屋上の外断熱工法は、屋上のコンクリートスラブと防水層の間に断熱材を設ける工法と、防水層の外側に断熱材を設けた上で、断熱材が飛散しないようコンクリートやブロックで保護する工法に大別されます。

防水層の外側に断熱材を設ける方が断熱効果や防水層の保護効果が高いですが、荷重増加に注意が必要となります。防水層と躯体との間に断熱材を設ける場合、断熱材の蓄熱や日射の影響により防水層へのダメージが多くなります。

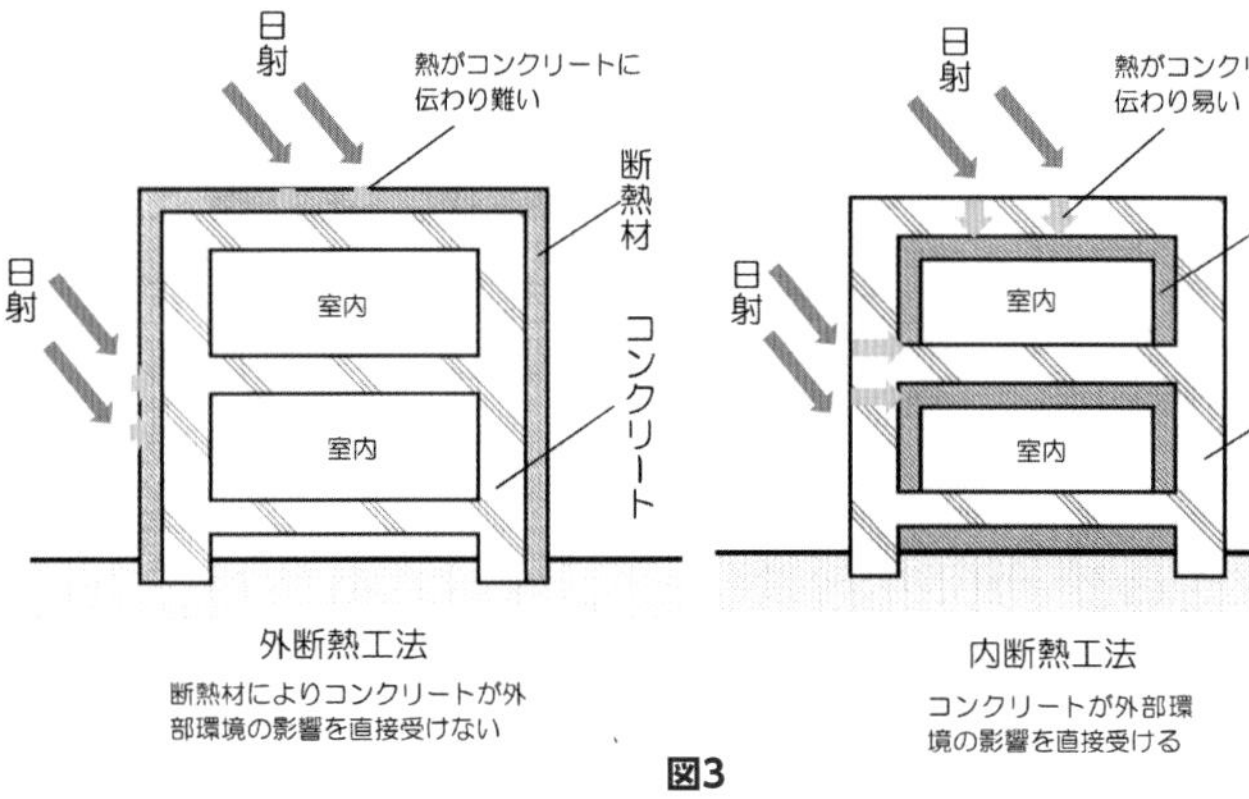

図3

前述の高日射反射率塗料を併用するなどして防水層へのダメージを少なくする配慮が望まれます（図３）。

開口部の省エネ改修

窓は熱の出入りが建物の中でも大きい部位で、冬場の暖房時に外に出ていく熱の48％、夏場に外から入ってくる熱の71％が窓からとされています。従って、窓の省エネ対策は、室内環境の向上や冷暖房費を削減する上で大変効果が高いといえます。

窓の省エネ改修の方法には、気密性能や断熱性能の高いアルミサッシに取り換える、単板ガラスを複層ガラス化する、部屋の内側に樹脂製サッシを取り付けて二重窓化するなどがあります。

また、特殊金属膜をコーティングして遮熱・断熱性能を高めたＬｏｗ‐Ｅガラスを使用したり、比較的安価なものとして、ガラスに日射調整効果のある特殊なフィルムを貼り付けて省エネ化を図る方法などもあります。

そのほか、玄関扉も熱の出入りがありますが、古いものは断熱性が低く、パッキンなどの劣化により気密性が低下します。

扉の内部にグラスウールなどが充填された新しい玄関扉に取り換えることで、断熱性や気密性を上げることが可能ですし、遮音性や防犯性の向上にも効果があります。

なお、マンションのアルミサッシや扉の取換えは、既存の枠の上に新しい枠をかぶせて取り付けるカバー工法が現在主流です。

ただし、窓や玄関扉といった開口部を取り換えて室内全体の気密性が高まると、それまで隙間から自然に逃げていた水蒸気が排出されずに、結露が発生しやすい状況になります。換気を小まめにすることや、水蒸気の発生を抑制することに注意が必要です（写真２）。

写真2　アルミサッシの取換え

設備や次世代へ向けた省エネ改修

マンションには照明器具をはじめとして、電気を使用するいろいろな設備が設置されています。

例えば旧式の給水ポンプやエレベーターなどは多くの電力を使いますが、従来型の制御方式を最新のインバータ制御方式にすることで省エネ効果が得られます。

また、情報通信技術を活用してエネルギー消費量を適正に管理していく方法も試みられています。スマートマンションといわれるもので、マンションに設置されたスマートメーターにより電力使用量を「見える化」することで省エネ意識を向上させてエネルギー削減効果を高める取り組みです。

そのほか、費用対効果の面で課題はあるものの、太陽光発電システム導入も注目されていますし、太陽の熱を給湯や暖房に利用する太陽熱利用システムや、電気自動車と充電設備の導入などを検討するマンションも今後増えると思われます。

表1

出典：国土交通省　「持続可能社会における既存共同住宅ストックの再生に向けた勉強会」－共同住宅ストック再生のための技術概要（環境・省エネルギー性能）－

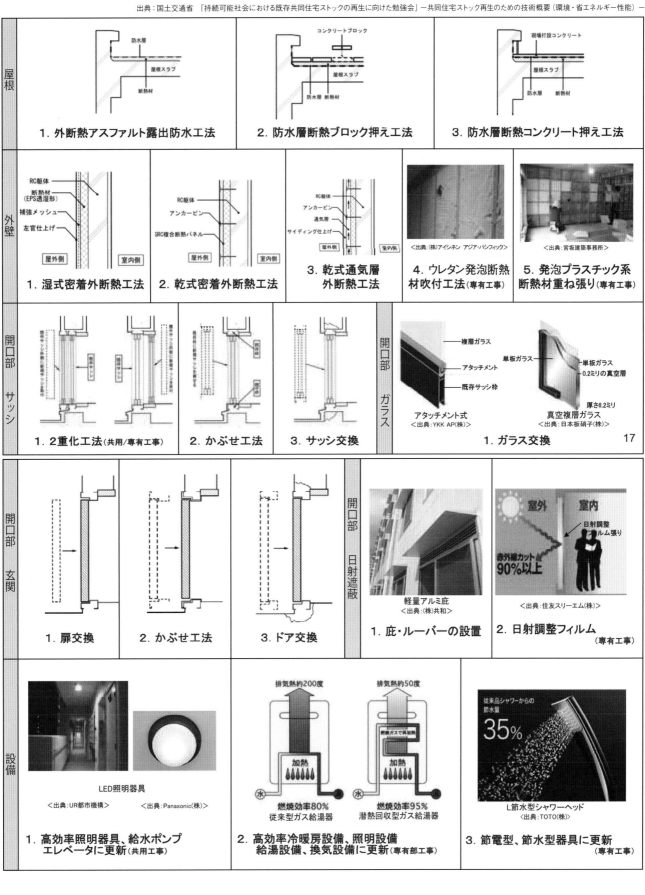

屋根

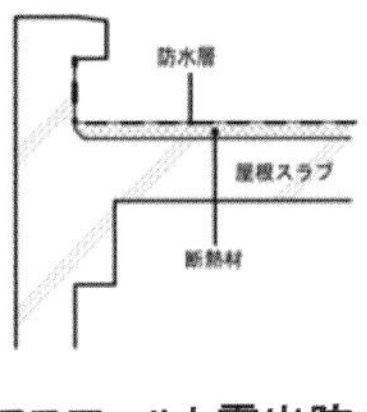

1. 外断熱アスファルト露出防水工法

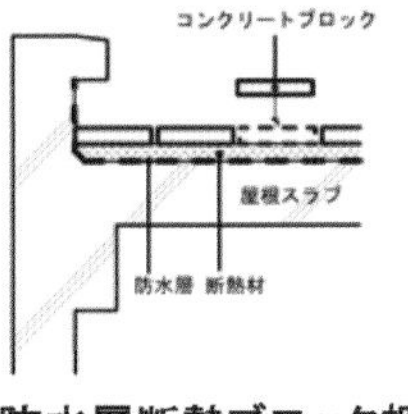

2. 防水層断熱ブロック押え工法

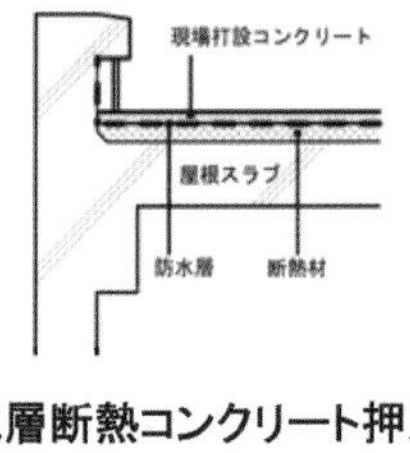

3. 防水層断熱コンクリート押え工法

外壁

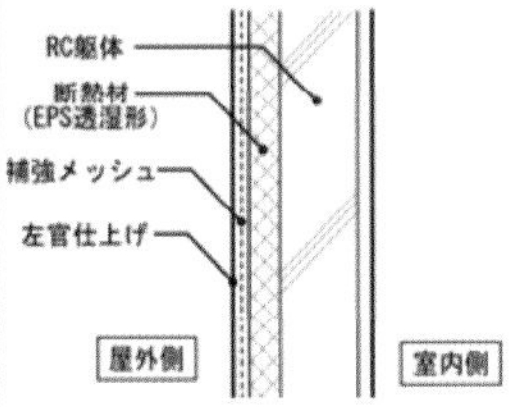

1. 湿式密着外断熱工法

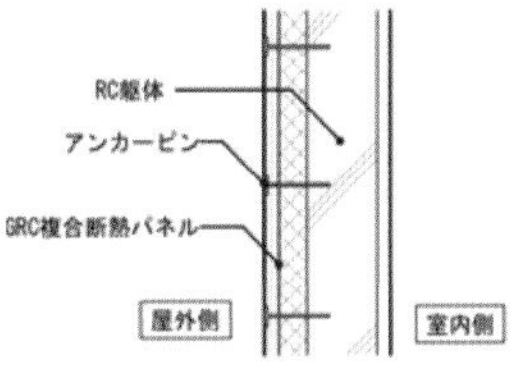

2. 乾式密着外断熱工法

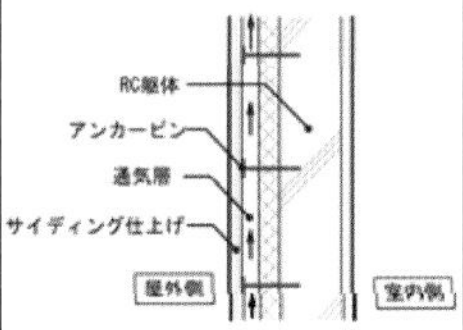

3. 乾式通気層外断熱工法

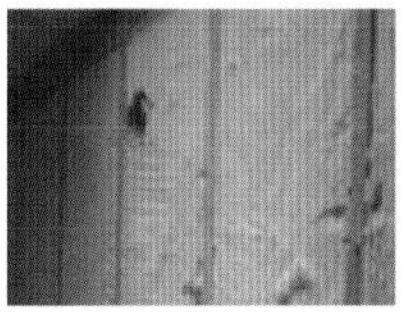

<出典:(株)アイシネン アジア・パシフィック>

4. ウレタン発泡断熱材吹付工法（専有工事）

<出典：宮坂建築事務所>

5. 発泡プラスチック系断熱材重ね張り（専有工事）

開口部　サッシ

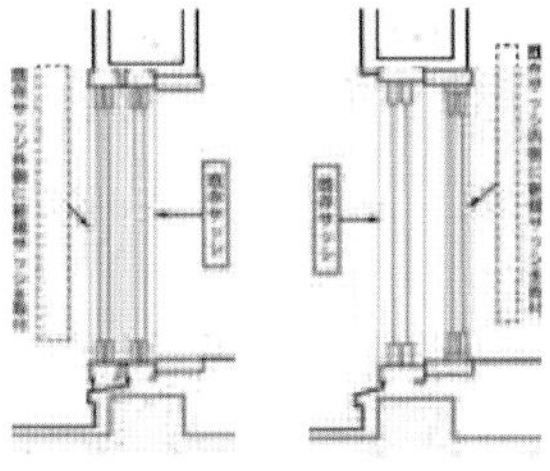

1. 2重化工法（共用/専有工事）

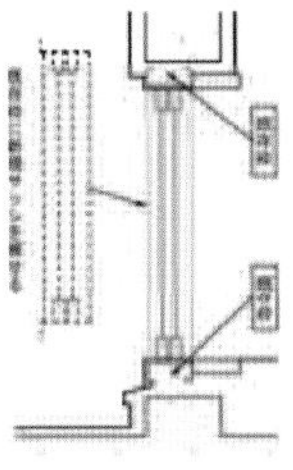

2. かぶせ工法

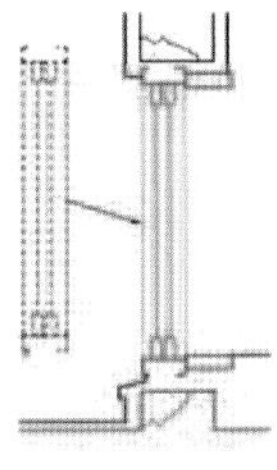

3. サッシ交換

開口部　ガラス

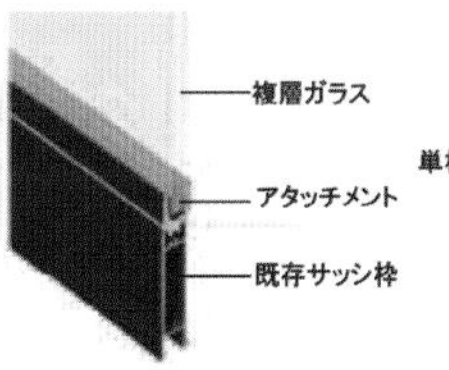

アタッチメント式
<出典：YKK AP(株)>

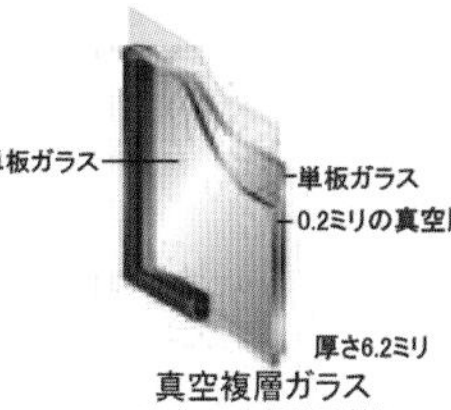

真空複層ガラス
<出典：日本板硝子(株)>

1. ガラス交換　17

開口部　玄関

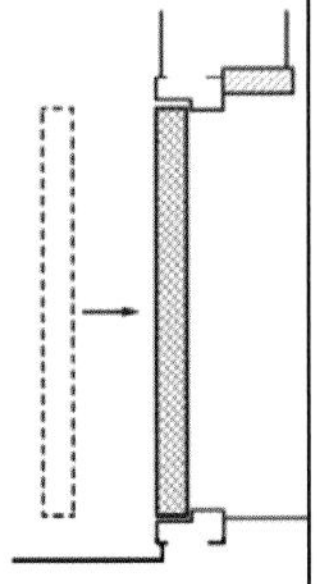

1. 扉交換

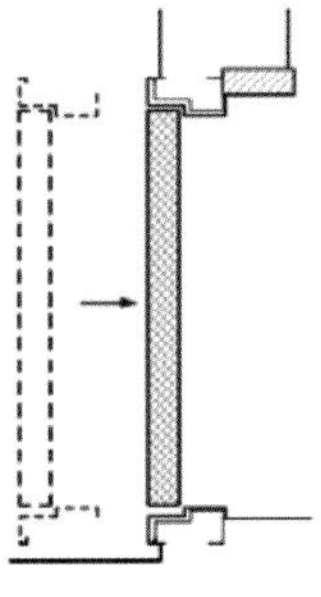

2. かぶせ工法

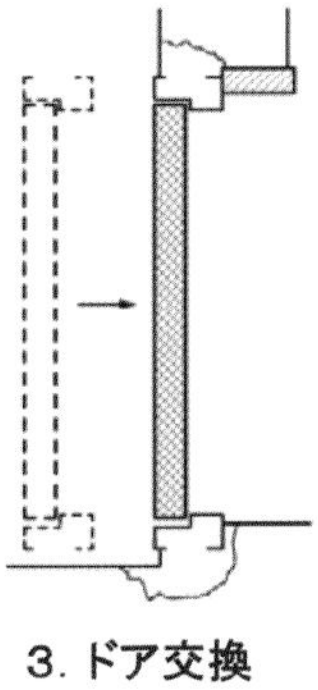

3. ドア交換

開口部　日射遮蔽

軽量アルミ庇
<出典：(株)共和>

1. 庇・ルーバーの設置

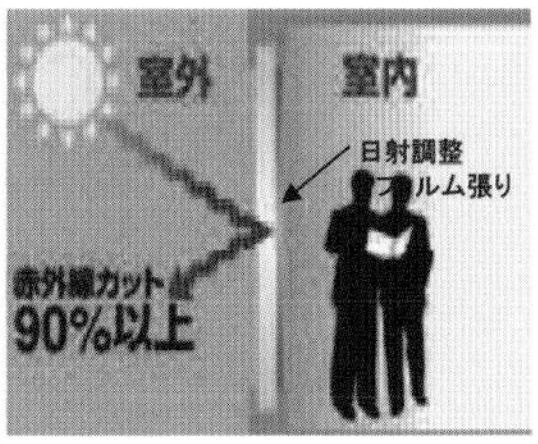

<出典：住友スリーエム(株)>

2. 日射調整フィルム（専有工事）

設備

LED照明器具

<出典：UR都市機構>　<出典：Panasonic(株)>

1. 高効率照明器具、給水ポンプ エレベータに更新（共用工事）

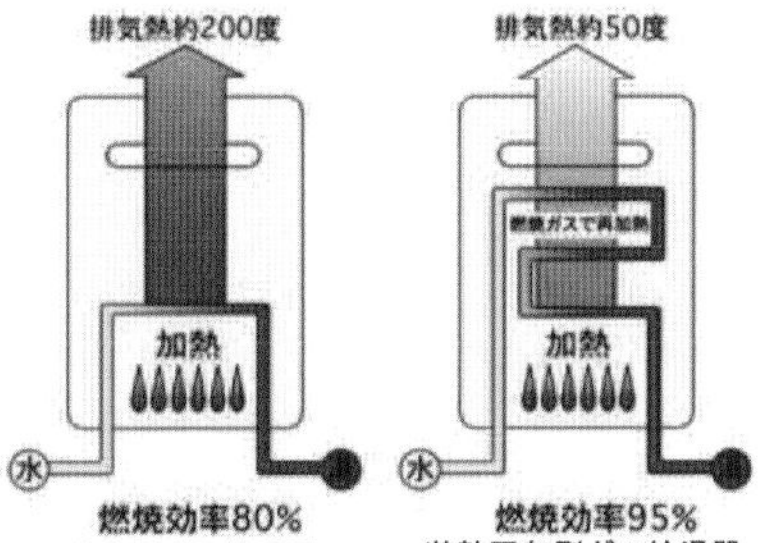

燃焼効率80%
従来型ガス給湯器

燃焼効率95%
潜熱回収型ガス給湯器

2. 高効率冷暖房設備、照明設備 給湯設備、換気設備に更新（専有部工事）

L節水型シャワーヘッド
<出典：TOTO(株)>

3. 節電型、節水型器具に更新（専有工事）

基礎知識

超高層改修

2018年現在、超高層マンション（高さ60m以上、かつ20階建て以上と定義）は全国で約270棟、10万戸を超えて建てられ、今後も多くの計画が進行しています。近年では200m、50階建てを超えるものも増えています。

2000年以降に大量に供給された超高層マンションは、今まさに大規模修繕工事実施の時期を迎えているものが多くなっています。

工事の時期と周期

国土交通省が2008年に策定した「マンション長期修繕計画ガイドライン」によれば、一般的な中高層のマンションでは、12年周期程度での大規模修繕工事と5年ごとの計画の見直しが望ましいとされ、超高層マンションではその特殊性を鑑み考慮するよう求められており、2011年の「マンション修繕積立金ガイドライン」では㎡当たり200円程度の積立金とすることが求められていますが、これをそのまま超高層マンションに当てはめるには若干無理があります。

というのも、12年周期で大規模修繕を行うには超高層マンションはあまりにも規模が大きく、60年程度の長期的なスパンで設備なども全て盛り込むと、㎡200円でも修繕積立金が不足することが近年では明らかになっています。

また、基本的には使用されている材料は一般的なマンションと同様なのですが、超高強度コンクリートの使用や、工場生産のプレキャストコンクリートの柱や梁、目地のシーリングも二重に施工されている建物もあるなど、超高層マンションならではの工夫、施工会社ごとの特殊仕様がなされているものも多く、もう少し期間をあけても良いのではないかと思っています。では適正な修繕周期とはどれくらいか、と問われると建物ごとの状況判断による、としか言えません。あえて申し上げるならば、中高層のマンションが12年周期として60年で5回の工事を実施するのに対し、60年で3回つまり18年程度の周期で工事を実施するのが管理組合の負担を低減し、かつ改修を実施する限界的な周期設定ではないかと思っています。ただしそのためにはその周期を実現させ得る仕様の設定が必要になります。

足場仮設

超高層マンションの大規模修繕工事における一番の難題は、建物の修繕工事そのものよりも、足場仮設の部分です。これらは一般大規模修繕工事の費用全体の2割～5割程度の予算を要します。

超高層マンションでは外壁面の工事を行うのに、一般的な中高層

図1　ワークプラットホーム（移動昇降式足場とも呼ぶ）は躯体にマストを取り付け、足場自体がマストを伝って昇降する。作業性に優れ、建物形状に合わせた跳ね出し足場を取り付けることで、凹凸平面にも対応が可能。

図2　建物屋上からワイヤーで吊るされた作業ステージを昇降させ、建物外壁の移動および改修を行う。各面ごとにゴンドラを単独で設置する場合や、建物全面を2～5フロア分を同時に施工できる連結式やシステム養生ゴンドラなど、種類も豊富。写真は連層システム養生ゴンドラ。

図3　写真中央がガイドレール付きロングスパンゴンドラで長さ12mのものが2機。左右に見えるのはワークプラットホーム。

のマンションで使われる枠組み足場は原則的に使用ができません。吊り足場（連結式やシステム養生式、ガイドレール付きゴンドラなど各種あり）やワークプラットホーム、それらと枠組み足場をマンションに合わせて組み合わせ、併用して使用するのが一般的ですが、それぞれにメリット・デメリットがあり、建物の立地、風の影響の有無や形状と高さ、どのような工事をどのような仕様で行うのか、工期工程、予算などの諸条件から事前に詳細な検討をしておく必要があります（図1～3）。

　また、バルコニーの形状も足場仮設と作業や工期に大きく影響する要因です。共用部分からバルコニーへ出ることができ、隣戸避難板を取り外したり、開閉式にしたりすることで全ての住戸のバルコニー立ち入りができる連続性のある形状であれば、バルコニー内部の修繕工事は外部に足場がなくても行えますので、足場は外壁の工事だけを集中して行うことが可能です。しかしバルコニーに共用部分から出ることができず、各面ごとに分断されている連続性の無いマンションの場合には、バルコニー内部での修繕工事も外部の足場からの乗り降りを繰り返さなくてはならないので、作業性が非常に悪くなりますし、工期も長くかかる傾向にあります（図4）。

　マンションの下部にゴンドラや移動昇降式足場に乗り込むための枠組足場による仮設ステージを要することや、免震装置のあるマンションではその可動範囲には足場の仮設ができませんし、人工地盤や低層の店舗棟が併設されており当該箇所の仮設が難しい場合、マンション上階にセットバックがあるほか、屋上に塔屋や工作物（飾りのようなもの）があるため別途枠組み足場を仮設しなくてはいけない場合など、考慮すべき点も多いので足場の計画には細心の注意を払うことが必要です（図5～7）。

　足場の仮設と同様に重要かつ難題なのが養生です。外壁を洗浄する際や、塗装する際などに水や塗料が飛散すること、建物を汚すのを防ぐこと、足場から物を落下させないことなどを目的として養生をしますが、この費用を適切に確保し、計画しておかないと住民か

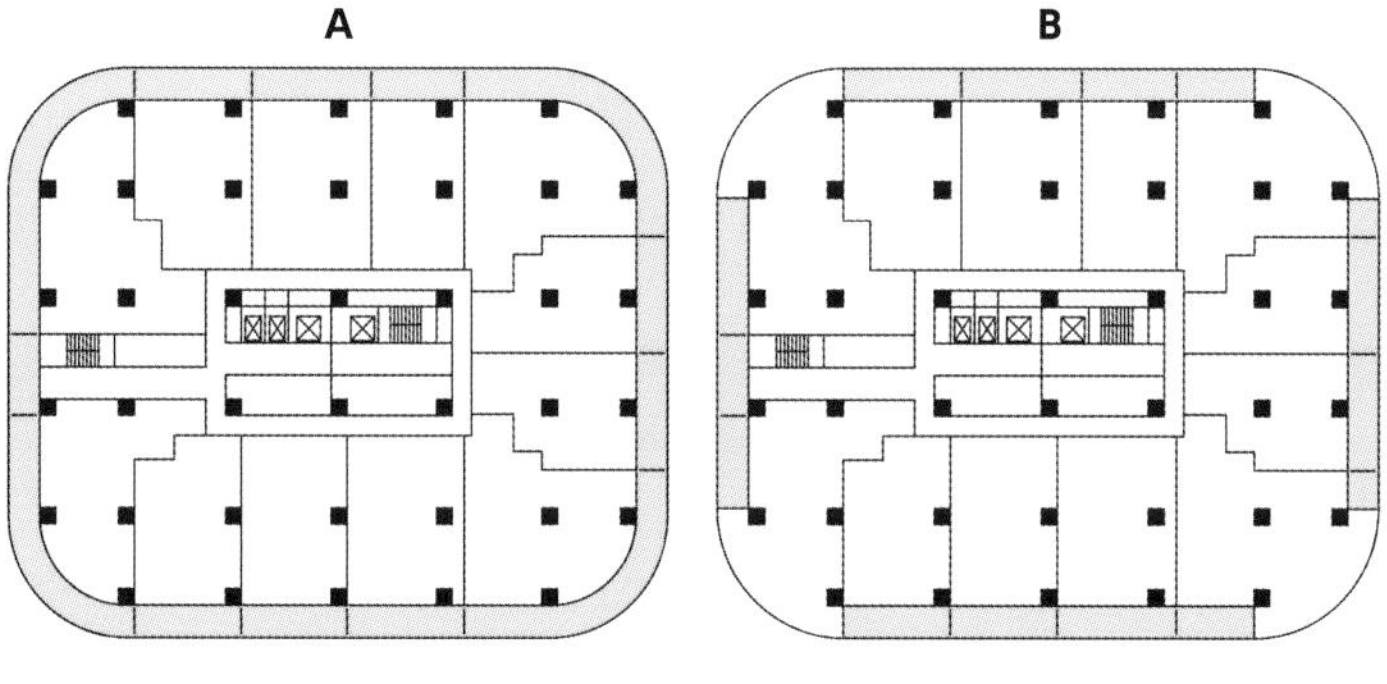

図4　超高層マンションの平面的パターンの例。A図は建物全周にバルコニーありのプラン。B図は角住戸部分でバルコニーの縁が切れた非連続型のプラン。連続型のバルコニーは足場無しでもバルコニー内部の作業が出来るため効率が良い。

図6　セットバック（建物の上階で平面形状が小さくなり、ルーフバルコニーなどがある部分）がある場合には、当該部分より上に下層とは別にゴンドラの設置や、枠組み足場の仮設が必要な場合がある。

図5　低層部に設置されたゴンドラ乗降用の枠組み足場によるステージ。

図8　ゴンドラ上での作業中の様子。アルミ製の手すりにはビニールの養生が施工され、塗装などの付着を避ける。ゴンドラの背面や側面にもメッシュシートによる飛散防止用の養生を行い、ゴンドラと建物の隙間から物の落下を防ぐためのフラップの設置もある。

図7　屋上にある塔屋や飾りなどの工作物も改修の対象。これらはゴンドラなどとは別に、屋上に足場を組む必要がある。

らのみならず、近隣からもさまざまな苦情が寄せられるなど、思わぬトラブルの元になりますので十分な対策をとっておくことが重要です（79頁図8）。

改修工事

　近年超高層マンションの躯体に使用されている高強度コンクリート（36N／㎟以上のコンクリートのことで最新の超高層マンションでは200N／㎟のものもある）は非常に強度が高く、劣化もしにくいといわれていますが、建物を調査するとひび割れも見られますし、欠損を起こした部分（主に地震など外力の影響です）も見受けられます。一般的なコンクリート補修用のポリマーセメントモルタルや樹脂モルタルなどの、メーカーによる基準強度は30N／㎟（強度試験によれば最高値で50N／㎟程度の強度は出る）を80N／㎟や100N／㎟、またはそれ以上の高強度コンクリート躯体に対して使用して問題がないのかよく分かっていません。また高強度コンクリートは添加剤などの影響で付着性能が悪く、補修した場所が後に剥離を起こさないかなどが懸念され、近年やっとそれに対応した補修材が発売されたばかりなのが現状です。材料のみならず工具も含めて、硬く密な高強度コンクリートの修繕手法はまだ確立されておらず、修繕の方法も手探りの状態であるといえます（図9）。

図9　近年の超高層マンションに使われている超高強度コンクリート躯体も、外力の影響で欠損を起こした。高強度コンクリートの付着力不足を補う補修工法が求められる。

　超高層マンションには外壁がタイル張りの建物も多いと思いますが、ほとんどは「先付けタイル」と呼ばれる躯体コンクリートと一体になったタイル張付け工法が使われています。これは現場でコンクリート躯体に後から張付けられたタイルとは異なり、浮きや剥落の心配はほとんどありません。しかし、地震などの外力を受けた際に建物の動きに追随できず、欠損が発生した事例が多く報告されています。問題となるのは、その欠損したタイルを張り替えて問題がないのか？ということです。前述の通り、先付けタイル工法ではタイルと躯体が一体化されているので、剥落の心配はありませんが、欠損やひび割れの部分を斫りとって、新たなタイルを張付けモルタルやエポキシ樹脂などで張った場合、次に外力を受けた際に当該箇所でタイルの剥落が発生しないかが懸念されます。躯体も斫り込まないと張付けモルタルの塗りしろを確保できないので、鉄筋の被り厚さにも影響します（図10）。

図10　外壁のタイルが打込み工法で施工されている場合、ひび割れや欠損を張り替えて問題がないのか、判断が難しい。超高強度コンクリートよりも陶器であるタイルの方が強度は低く、外力を受けて欠損を起こした事例。

　タイル外壁の露出目地に施工されたシーリングは最も早く劣化の正常を示すことから、12年周期の根拠の一つとされている材料です。これも近年では高耐久変性シリコン系やシリル化アクリレート系といった18年周期を可能にする高耐久材料が発売されたので、今後はこれらが使われるようになるでしょう（図11）。

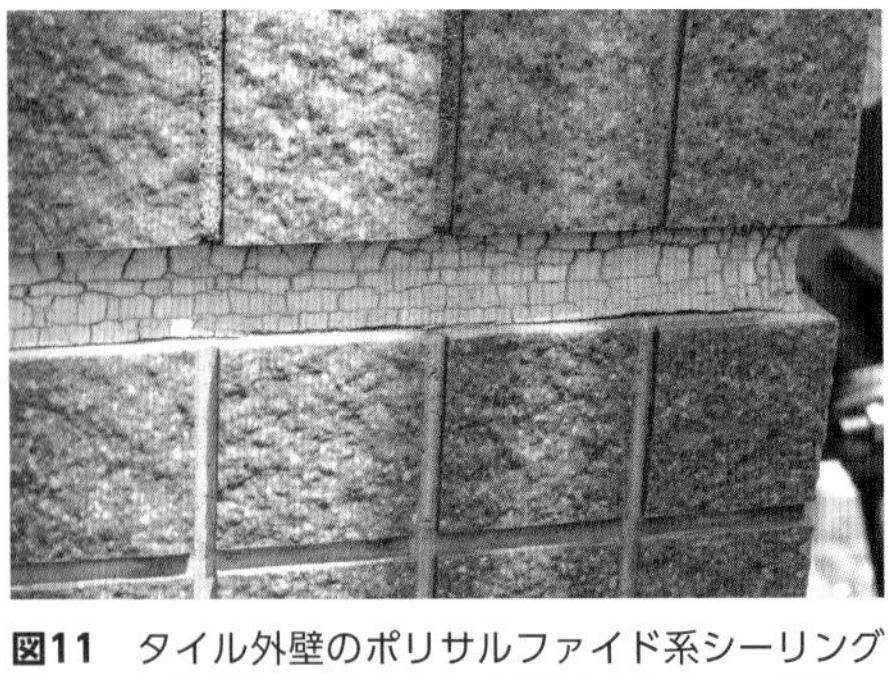

図11　タイル外壁のポリサルファイド系シーリングによる露出目地。経年を経て紫外線劣化により粉化している。上層の南面・西面のものの劣化が激しい傾向にある。

　免震装置や制震機構は近年のほとんどの新築超高層マンションに採用されています。免震装置というのはゴムと鋼板を積み重ねた、積層ゴムアイソレーターやダンパー（鉛のものやオイルのものなどあり）で作られており、50年以上の耐久性があるといわれていますが、開発されてまだ十数年の材料です。どれだけもつのかは未知数で、状況によっては更新の必要も出てきますが、その際のコストは相当に高額になることが想定されています。また、鉛ダンパーは地震によりひび割れて交換したという事例も報告されていますので、これらも長期修繕計画に組み込んでおくことが望ましいといえるでしょう。性能偽装問題もあり、その動向が注目されています（図12）。

図12 マンションの地下に設置されている免震装置。手前が鉛ダンパー、奥が積層ゴムアイソレーター。これらの交換も視野に入れておくべきである。

設備工事・そのほか

エレベーターなどの機械設備も、30年周期程度で更新工事などを考えておく必要がありますし、この工事にはマンション住民にとってエレベーターの使用制限が発生するなど、非常に不都合を伴いますので計画的に実施することが求められます。

二段式、三段式、パズル式、タワー型エレベーター式など、超高層マンションの駐車場にはさまざまなタイプの機械式駐車場が使われていますが、これらも部品交換や改修、更新と多くの費用のかかる難物です。車の利用者が減り空き駐車スペースが増えて駐車場使用料では維持管理費用を賄えなくなっているケースも見られます。機械式を撤去し平面化するマンションも出始めていますが、駐車場の附置義務などの規制緩和が求められるところです（図13）。

図13 機械式駐車場はどこのマンションでも金食い虫の筆頭。超高層マンションの場合には地下や、建物の中央コアにエレベーター式があるなど、更新時の困難は容易に想像できる。

ほかにも超高層マンションならではの、特殊な設備機器や防災関連設備機器類（揚水ポンプ、受水槽・高置水槽、セントラル給湯・暖冷房システム、排煙設備、スプリンクラー設備、各種警報盤や自家発電機など）がたくさんあるのですが、計画修繕に組み込まれていない場合も多く、修繕の時期になってから修繕費用などの面でトラブルになった事例もあるので、注意が必要です（図14）。

また昨年発生した台風による水害により、地下の電気室が冠水し電源喪失の事態になったことは記憶に新しいですが、これからは事前に水害への対策も求められる時代になったといえるでしょう。

建物の外観の調査には赤外線カメラを搭載したドローンを活用し、タイルの浮きなどを早期に見つけることも可能になってきました（図15）。

図14 自家発電機は日常的には休止している設備であるが、定期の試運転を要し、常に使用できる状態を維持しなくては意味がない。当然に更新を計画しておくべきである。

図15 ドローンによる外壁検査の様子。足場をかけなくても赤外線カメラにより、タイルの浮きの調査が可能となった。

超高層マンションはまだどのように修繕するのが最善なのか、改修のための材料や工具も含めて手探りで手法を探っている状態です。今後、さまざまな改修手法が開発されていくことと思います。

長期修繕計画の内容も、修繕の項目を漏れなく精査し、60年程度の長期的な視野に立って積立金を積算し、整えていくことが重要です。

合意形成一つをとっても、お住まいの方が多く、さまざまなご意見の方がいらっしゃるので困難を伴いますが、これらを乗り越えて健全な改修工事を計画的に実施していくことができれば、超高層マンションは１００年でも２００年でも、あるいはもっと永きにわたって維持管理していくことが可能だと思っています。

モデル事例

CASE 1 イトーピア東大島マンション 84
CASE 2 上井草グリーンハイツ 86
CASE 3 エステ・スクエアセンター北 88
CASE 4 鶴川6丁目団地 90
CASE 5 ヴェルドミール多摩川 92
CASE 6 ライオンズガーデン川口 94
CASE 7 光が丘パークタウンゆりの木通り北住宅 96
CASE 8 グランコート弦巻 98
CASE 9 葛西住宅 100
CASE 10 柿の木坂パレス 102
CASE 11 新ゆりグリーンタウンポプラ街区 104
CASE 12 ライオンズマンション市川第3 106
CASE 13 ライオンズマンション相模台第3 108
CASE 14 三田ナショナルコート 110
CASE 15 行徳ニューハイツ 112
CASE 16 団地管理組合法人若葉台くぬぎ 114
CASE 17 多摩ニュータウン松が谷団地（A）テラス 116

大規模
給排水
耐震
省エネ

CASE 1

イトーピア東大島マンション

「100年マンション」を目指す 大規模・耐震・再生工事

東京都江東区

工事が完了した外観

右：オールアルミ化したベランダ手すり
左：LEDに交換した共用部分照明

２００７年に実施した第2回大規模修繕工事以降、本管理組合は旧耐震マンションの耐震補強を検討し始めましたが、８年前（２０１２年）に「簡易耐震診断」を実施したところ耐震改修に約16億円という多額の費用がかかるとの結果が出て一旦断念していました。

その後、高齢化が進み永住志向が高まる中、伊藤忠アーバンコミュニティが２０１５年に永く住み続けることをテーマとして発足した「１００年マンション研究会」に入会したことを機に、本マンションの未来の形をイメージする判断材料とするため、総会合意のもとより精度の高い「耐震本診断」に踏み切りました。診断結果は２０１７年12月に改訂された「耐震診断マニュアル」が功を奏し、簡易耐震診断時から大幅に好転、最終的に補強範囲が大きく縮小され、最適補強工法の選択（ピタコラム工法やＳＲＦ補強）により補

上：SRF補強（ベルト巻き完了）
左：ピタコラム工法による柱と梁の耐震補強

▶▶▶ 物件DATA ◀◀◀

工事費用
8億852万円（税抜）
竣工年
1981年
改修年月
2019年3月～2020年3月
改修実施時の経年
38年
構造・規模
SRC造14階建て3棟
総戸数
453戸
設計監理者
伊藤忠アーバンコミュニティ㈱
施工者
伊藤忠アーバンコミュニティ㈱

強費用も簡易耐震診断時の1割弱（1・6億円）にまで圧縮できることが分かりました。

　また、緊急輸送道路に面した建物に対する江東区の助成金（4，000万円弱）を活用することにより管理組合の実質負担額がさらに下がることも分かり、耐震補強工事の実施が現実的となり、本マンションの「100年マンション化」に向けた合意形成構築に拍車がかかりました。

　以上の経緯を踏まえ、2年前に実施した経産省の助成を活用したアルミサッシの更新に続き、懸案事項であったベランダスチール手すり腐食改善のためのオールアルミ化更新や陳腐化していた塗装仕上げの玄関扉と廊下面格子の更新、配管腐食が進行していた埋設ガス管の更新、そして共用部分照明LED化など機能向上を目的とする再生リノベーション工事も併せて行いました。この「第3回大規模修繕工事・再生リノベーション・耐震補強工事」の実施に至り、イトーピア東大島マンションは「100年マンション」として歩み始めています。

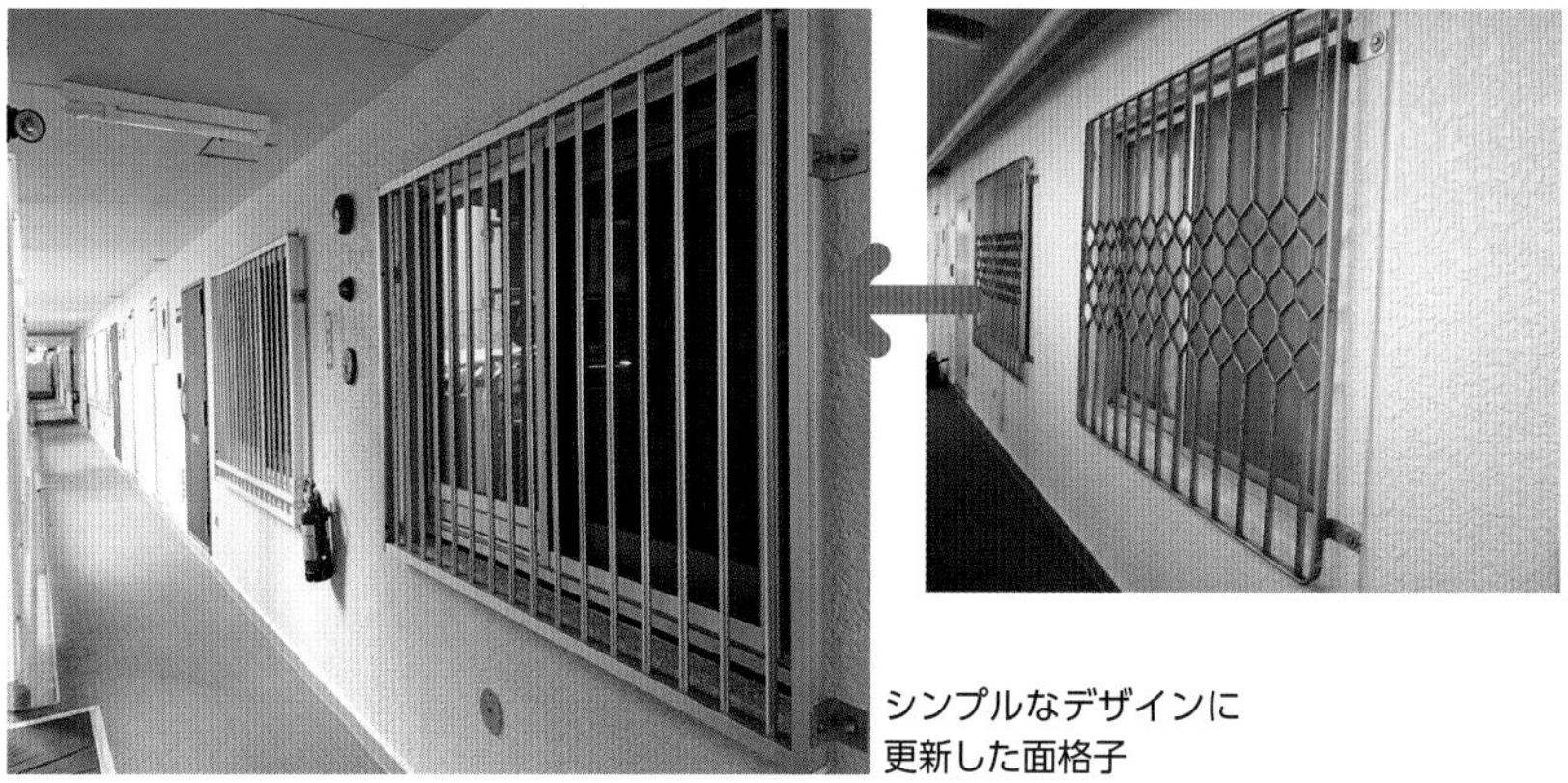
シンプルなデザインに
更新した面格子

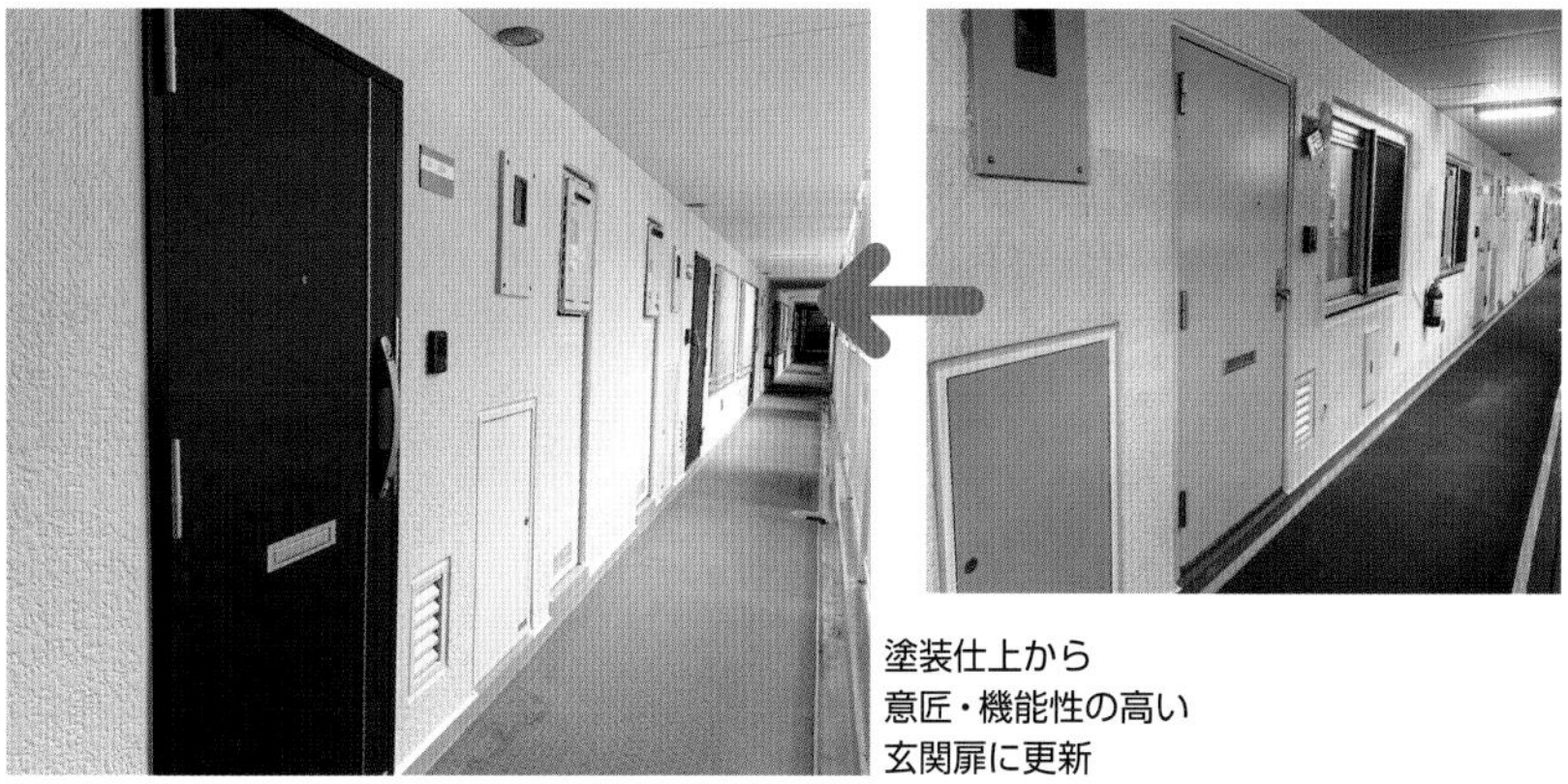
塗装仕上から
意匠・機能性の高い
玄関扉に更新

助成金を活用して更新した
アルミサッシ

設計者より

　多種の工事内容（一般大規模修繕・再生リノベーション・玄関枠・手すり・照明・耐震改修・ガス管改修等）だったこと、全居住者および一部ベランダを解体する特定の工事によって影響を及ぼす住戸に対しての合意形成の必要があったことの2点が、大きなポイントとして挙げられます。

　多種の工事内容は、おのおのの専門会社で競争見積りを実施し、各工事を当社で取りまとめすることによって、責任の一元化を図る工事方式で実施することとしました。合意形成は、説明会（工事方式・各工事内容説明・工事影響者への詳細説明等）・個別面談・再生リノベーション展示会を複数回開催し、理事会・大規模修繕委員会と協力して、居住者に理解できるように努めました。

管理組合コメント

第3回目の大規模修繕を計画するに当たり、居住者の高齢化の進行による永住志向と旧耐震建物であることが懸案事項となっていました。大規模修繕工事、耐震補強工事を中心とした工事を推進する上で、一番ネックとなったのは金銭面でした。当マンションは453戸と規模も大きくさまざまな検討課題があり、理事会だけでは工事の検討時間が確保できませんでした。そこで専門委員会を立ち上げ、管理会社の技術スタッフにも参加してもらい、専門的に議論することで改善点や方法論を明確にしていきました。その結果、居住者への説明も丁寧に繰り返し行うことができ、理解を得られたのだと思います。

　まさに、居住者、管理組合、管理会社が「ONE TEAM」となった結果だと思います。

お問い合わせ

伊藤忠アーバンコミュニティ株式会社
東日本マンション管理グループ
東日本マンションエンジニアリング部
〒103-0023 東京都中央区日本橋本町2-7-1
☎03-3662-5106
https://www.itc-uc.co.jp

大規模
給排水
耐震
省エネ

CASE 2

診断・企画・設計・施工で建物フルリノベーション

上井草グリーンハイツ

東京都杉並区

人影もなく薄暗かった中庭は、デッキ広場として改修
開放的な空間に生まれ変わり、住む人みんなの交流の場に

改修前中庭

ライトアップにより夜間もあたたかな雰囲気の中庭

杉並の住宅街の一角、緑豊かな敷地の中に建つ上井草グリーンハイツ。都心ではなかなか出会えない広い庭を持つ賃貸マンションです。季節の花々や果樹、長年大切に育てられた大きな木々は木陰をつくり、心地よい風が通り抜けるとても贅沢な空間でした。

　しかし、建物も築40年にさしかかり、設備の古さなどから空室も目立つようになっていました。オーナーは受け継いできた土地と建物を生かし、もう一度子どもの笑顔と笑い声溢れるマンションに再生し、再び満室経営ができる方法はないか頭を悩ませていた中でヤシマ工業に相談がありました。

　建物診断でコンクリートの状態を確認、全体の基本構想、耐震診断、設計業務など、3年にわたるプロジェクトを経て2019年に内外装のフルリノベーションを実施しました。

　豊かな緑はそのままに、耐震化、外断熱、サッシ・玄関ドアの交換などで建物の機能面の強化に加え、オートロックなどの最新設備を装備。広く明るいキッズルームも新設し、子育て世代と高齢者世代の交流ができるヴィンテージマンションとして再生しました。

　周辺マンションに対して建物再生の方法を提示することで、まちの活性化へとつながりはじめています。

物件DATA

工事費用
6億5,000万円（税抜）
竣工年
1978年
改修年月
2018年6月～2019年3月
改修実施時の経年
40年
構造・規模
RC造3階建て
総戸数
71戸
設計監理者
ヤシマ工業㈱
施工者
ヤシマ工業㈱

エントランスには、トップライトやスロープを追加
また自動ドアのオートロック改修により
セキュリティー性も向上

道路に面するブロック塀とバルコニーの手すりは再生木ルーバーにて改修

建物全体の付加価値を高めるため、2住戸をキッズルームとミーティングルームに改修し共用部分に

入居率の低かった1階には専用デッキテラスを増設し、マンションで一番人気の住戸に

玄関ドア、サッシ、耐震スリット、外断熱パネル改修をした廊下空間

多様なライフスタイルに対応する専有部分の土間空間

お問い合わせ

ヤシマ工業株式会社

〒165-0026 東京都中野区新井2-10-11
☎03-6365-1818
https://www.yashima-re.co.jp

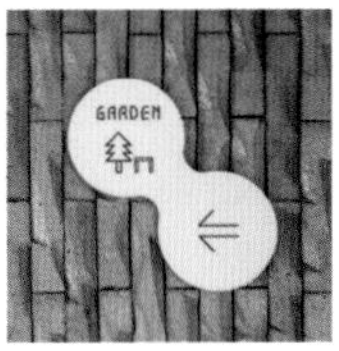

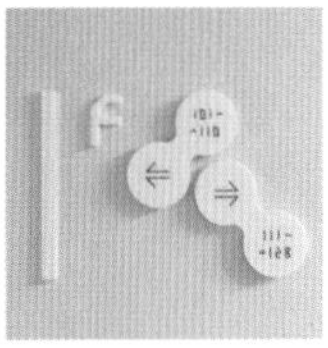

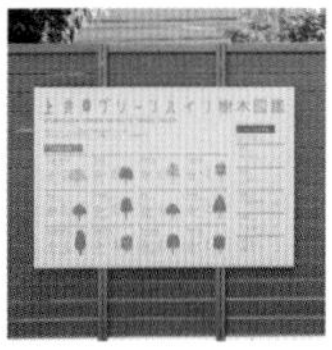

マンションの印象を左右するサインはオリジナルデザインで統一

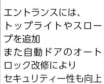

大規模
給排水
耐震
省エネ

CASE 3

漏水防止、資産価値・美観の向上、安全な住環境の構築を目的に実施

エステ・スクエアセンター北

神奈川県横浜市

竣工後 建物全景

エステ・スクエアセンター北は1995年竣工の集合住宅であり、2007年に1回目の大規模修繕工事を実施しています。今回は竣工後24年目の第2回目の大規模修繕工事であり、建物の機能回復と前回の大規模修繕工事では実施できなかった部位の改修により、漏水防止と資産価値・美観の向上、ならびに安全な住環境の構築を目的とし実施しました。

今回の大規模修繕工事においては、外壁のタイル面を含めた全ての壁面補修やシーリングの打替えを実施し、コンクリート仕上げ面については美観向上と防水機能の付加を考慮し雨掛かり部分にはセメント系防水材塗布の上、低汚染型の無機系塗装仕上げとしました。また、屋上防水においては、既存の塩ビシート防水に対しアクリルゴム塗膜防水を実施しました。当初は塩ビシート防水被せ工法による改修を計画していましたが、施工時の漏水リスクの回避、立上り・屋上工作物への一体化、ならびに当該建物が強風地域に立地していることを考慮し、工事着手約1年前より試験施工を実施し、既存防水層との密着性などの経過確認の上、変更されました。

実際の工事においては屋上のアルミ笠木を外し笠木や伸張通気管等の一体化とともに、屋上通路や手すり基礎、塔屋幅木部分などにおいても、アクリルゴム防水にて防水層を全て一体化することができました。また、アクリルゴム防水には高反射トップコートを採用し夏場のコンクリート躯体の温度上昇を抑えることにも寄与します。

その他マンションの機能回復工

物件DATA

工事費用
2億2,800万円(税抜)
竣工年
1995年
改修年月
2019年4月～11月
改修実施時の経年
24年
構造・規模
RC造15階建て2棟、付属棟4棟
総戸数
216戸
設計監理者
㈲西邑ガレ建築研究室
施工者
㈱アール・エヌ・ゴトー

屋上防水 施工前

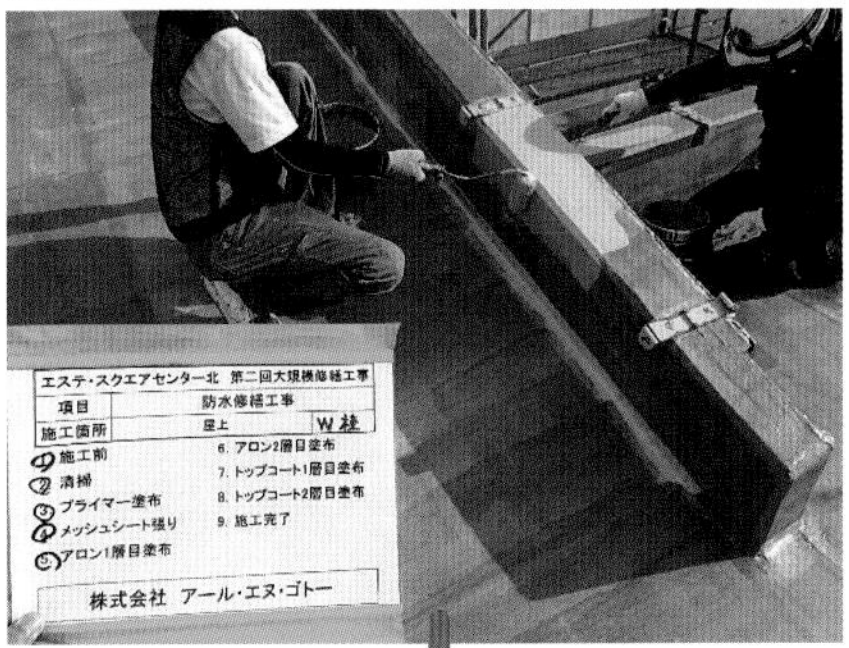

屋上防水 施工中

屋上防水 施工後

足場の解体作業状況

バリアフリー対応環境改善工事（インターロッキング通路の段差解消）

事として、全住戸全箇所の網戸を新たな枠とともに交換を行い、全戸のサッシ・玄関扉などの鋼製建具の点検・調整を実施し、補修が必要な物については交換部品の調達と専有部分有償工事として補修の案内・対応をしました。

高齢化対策・バリアフリー対応、環境改善工事として、広大な敷地内通路（公開空地）におけるアスファルト舗装やインターロッキング通路・外部へのアクセス通路階段の段差解消と、各棟エントランス風除室入り口扉の自動ドア化、エントランスホール内の換気改善のための建具改修工事を実施しました。集会棟においては、既存トイレを多目的トイレ化する改修において、管理組合ならびに修繕委員会が率先してユニバーサルデザインの考え方を取り入れ、居住者を含め利用する人々が使いやすいトイレに改修・整備しました。

本工事は工事着工から竣工まで毎週打ち合わせを行い、発注者である管理組合ならびに修繕委員会のリーダーシップ、工事中に発生した懸案事項に対しての迅速かつ的確な指示を行った設計監理者、ならびに各居住者の理解と協力により全ての工事を無事完了することができました。

お問い合わせ

株式会社アール・エヌ・ゴトー
営業部

〒211-0043 神奈川県川崎市中原区新城中町16-10
☎044-777-5158
https://www.rngoto.com/

CASE 4

高経年大規模団地の大規模修繕・耐震補強・外断熱改修

鶴川6丁目団地

東京都町田市

建物外観

施工中

10年ほど前に「建替え」も検討されていましたが、建替え決議に必要な5分の4以上の賛成が得られず、「建物全体の長寿命化を図り質の高い住宅環境の整備を図る」という方針に改め、2013年度に全戸のサッシ改修工事（アルミカバー工法）を先行して実施しました。

今回の工事では、建物の安全性の確保として新耐震基準に適合するための耐震改修工事と、外壁や外装の劣化対策としての大規模修繕工事、さらには省エネ対策としての外断熱工事を同時に実施することで住環境の大幅な改善を実現させました。

また、町田市の耐震化事業助成制度および長期優良住宅化リフォーム推進事業の補助金を活用することで、全体工事費の資金計画の面で有効に運用することができました。

耐震改修工事では、建物の構造やタイプの異なる棟があるため耐震診断の結果も必要とされる補強量（費用負担）もさまざまでしたが、それぞれのタイプごとに適切な工法を採用することにより、従来の居住性を保つとともに費用対効果を最大限に引き出すことに成功しました。

大規模修繕工事は今回で4回目となりますが、下地補修・鉄部塗装、シーリング、防水、外壁塗装（外断熱改修部位以外）を実施しました。

省エネ対策として外断熱工事は外壁においては構造体の耐候性は新たな外断熱層により保たれることを考慮して不具合箇所の補修にとどめ、コスト削減を図りました。

▶▶▶ 物件DATA ◀◀◀

工事費用

16億6,000万円（税抜）
（耐震：6億1,000万円、
大規模：10億5,000万円）

竣工年

1968年

改修年月

2018年9月～2020年3月

改修実施時の経年

51年

構造・規模

RC造：ラーメン構造15棟、壁式構造15棟

総戸数

780戸

設計監理者

耐震：㈱耐震設計
大規模：㈱三衛建築設計事務所

施工者

建装工業㈱

外断熱工事

施工前

施工後

増打ち

施工前

施工後

サイド・ポ・スト工法

施工前

施工後（未塗装）

デザインUフレーム工法

施工前

施工後

長期優良住宅化補助金制度を活用するためには一定の評価基準（断熱等級3）が必要とされたため、玄関扉の改修工事を並行して行いました。

管理組合コメント

当団地は自主管理を行っています。今回の工事は①毎月の積立金を値上げしない、②工事のための一時徴収を行わないことを基本方針に、実行委員会が中心となり何度も説明会を行うことで、組合員皆さまにご理解いただき実施することができました。また、工事費の不足分を住宅金融支援機構から借り入れ、耐震の助成金や国土交通省の補助金も活用し工事を実施しています。

鶴川6丁目団地管理組合
理事長 南向秀樹

お問い合わせ

建装工業株式会社
首都圏マンションリニューアル事業部

〒105-0003 東京都港区西新橋3-11-1
☎03-3433-0503
https://www.kenso.co.jp/

CASE 5

ヴェルドミール多摩川

東京都府中市

陶磁器タイル調吹付塗装仕上げ改修で資産価値向上を実現

施工後全景

施工後バルコニー内

施工前バルコニー内

ヴェルドミール多摩川は多摩川リバーサイドに位置し豊かな自然景観が望めるマンションです。竣工後ほどなく自主管理に移行し、その後も管理会社などに業務を委託することなく居住者主体で管理を続けてきました。居住者の中に建築士や電気設備の専門家、不動産関係者がいたため専門委員会を設置し、理事会とともに長期修繕計画の策定などを行っています。

　工事着手時は築38年、今回が3回目の大規模改修工事でした。改修に当たっては、2年前から建物調査などを実施し、その結果を勘案して外壁塗装・補修および各所シールの全面打替えなどを中心とする改修計画を立案しました。施工会社選定では数社から見積りを取りましたが、見積りの比較検討に当たっては金額だけでなく施工実績・技術なども重視しました。

　今回の工事のポイントは、特殊型紙による豊富な目地レイアウトと、熟練工による吹付塗装を駆使して自然石や陶磁器タイル調の外壁仕上げを行う『陶磁器調装飾仕上エレガンスタイルＴＳ』工法を実施したことです。陶磁器タイルは劣化等により剥落が生じることがありますが、本工法は高い塗膜性能により安全性が高く、竣工後はまるで陶磁器タイルを張り付けたような仕上がりとなります。今回は本工法の意匠性を継承し、現状の目地レイアウトを利用した施工方法を検討した結果、採用することになりました。

　施工においては管理組合が責任施工方式を採用したため、工事着手の数カ月前から協議やテスト施工を行い、工事期間中も打ち合わ

▶▶▶ 物件DATA ◀◀◀

工事費用
1億775万円(税抜)
竣工年
1978年
改修年月
2016年10月～2017年3月
改修実施時の経年
38年
構造・規模
SRC造 6・8・11階建て3棟
総戸数
166戸
施工者
三和建装㈱

現場代理人より

建物の立地・形状から非常に強い風を受けることが多く、陶磁器調装飾仕上げ工事の吹付け工事の際の塗料の飛散対策には大変苦労しました。防炎シートを足場内に張ったり、強風が予測されるときは作業内容を変更することもありました。また、作業員を増やせば工期が短縮できるわけではないため、余裕のある工程が必要でした。通常のバルコニー塗装工事はおおむね6日間程度で完了しますが、陶磁器調装飾仕上げ工事は10日間程度を要します。そこで、塗装工事の職長と打ち合わせを密に行い6日後には工事完了前でも洗濯物が干せるようになりましたが、やはり居住者の方々の理解と協力なしでは難しい状況でした。

養生

主材吹付

型紙張り

下塗り

せや仕上がり確認を行いながら進めることができました。

竣工後は居住者からの評判も良く、外壁全面が新築同様に生まれ変わり資産価値の向上につなげることができたのは、施工に携わった人々の努力のたまものです。

足場解体

管理組合コメント

今回の工事では原則として月2回、現場代理人2名と委員会メンバー4名が出席した打ち合わせで忌憚のない意見交換を行い、さまざまな問題を解決しました。特に居住者が住みながらの工事であり、日常生活に支障をきたさないようにすることは大変でしたが、現場代理人が迅速かつ丁寧に対応してくれたため、無事に竣工を迎えることができました。

ヴェルドミール多摩川管理組合

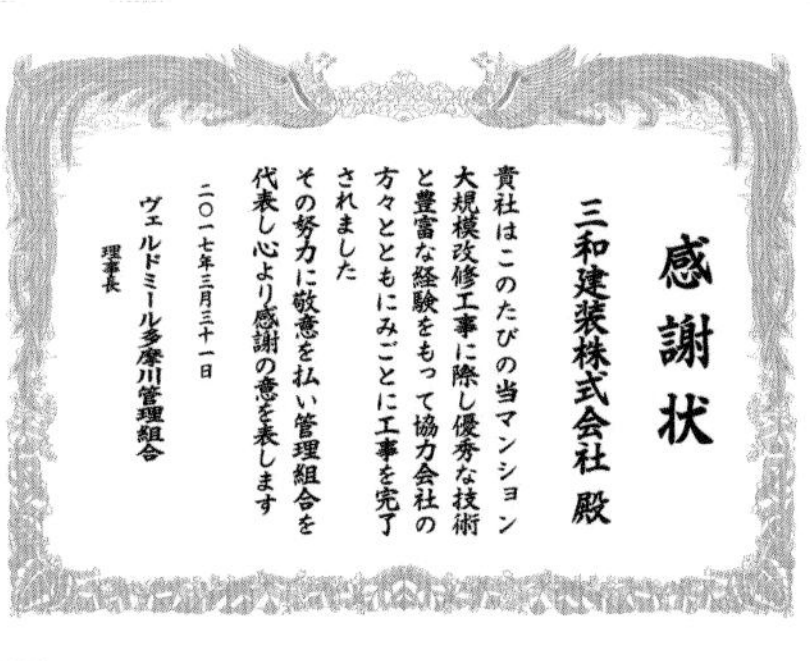
感謝状

三和建装株式会社 殿

貴社はこのたびの当マンション大規模改修工事に際し優秀な技術と豊富な経験をもって協力会社の方々とともにみごとに工事を完了されました

その努力に敬意を払い管理組合を代表し心より感謝の意を表します

二〇一七年三月三十一日

ヴェルドミール多摩川管理組合

理事長

感謝状

お問い合わせ

三和建装株式会社

〒188-0011 東京都西東京市田無町1-12-6
☎042-450-5811
http://www.sanwakenso.co.jp/

大規模
給排水
耐震
省エネ

CASE 6

ライオンズガーデン川口

埼玉県川口市

居住者と施工業者との信頼関係で、2回連続で工事を実施

建物外観

工事説明会

ライオンズガーデン川口は、1987年に建築された市内では大規模なマンションです。プールやテニスコートがあるほか、マンションの横を流れる芝川沿いではバーベキューが楽しめます。バーベキューセットは管理組合保有でレンタルをしており、桜の開花時期などは大盛況です。

管理組合活動はとても活発で、同じ市内の管理組合が手本として何度も視察に来ています。また、特色として管理組合の修繕部が修繕工事を自ら行っていることが挙げられます。これまで、駐車場や駐輪場の塗装など、ほとんどの小規模な修繕工事は修繕部の方々が行ってきました。

2013年の第2回目の大規模修繕工事は、セラフ榎本が責任施工にて受注しましたが、竣工後も危険性や専門性を伴う小規模な修繕については同社が行っています。セラフ榎本の強みはアフターメンテナンス体制の充実であり、2018年には管理組合から「給水管の更生工事の入札に参加しないか」と声が掛かり、責任施工で2回連続の受注をすることとなりました。

近年では、赤外線カメラと可視光カメラを搭載したドローンを使った建物診断も行っており、居住者からとても感謝されています。

大規模修繕工事、給水管更生工

物件DATA

工事費用
大規模修繕工事：1億3,000万円（税抜） 給水管更生工事：9,000万円（税抜）
竣工年
1987年
改修年月
大規模修繕工事：2013年2月～6月 給水管更生工事：2018年2月～6月
改修実施時の経年
大規模：26年、給水管：31年
構造・規模
RC造13階建て
総戸数
258戸
施工者
㈱セラフ榎本

足場設置完了

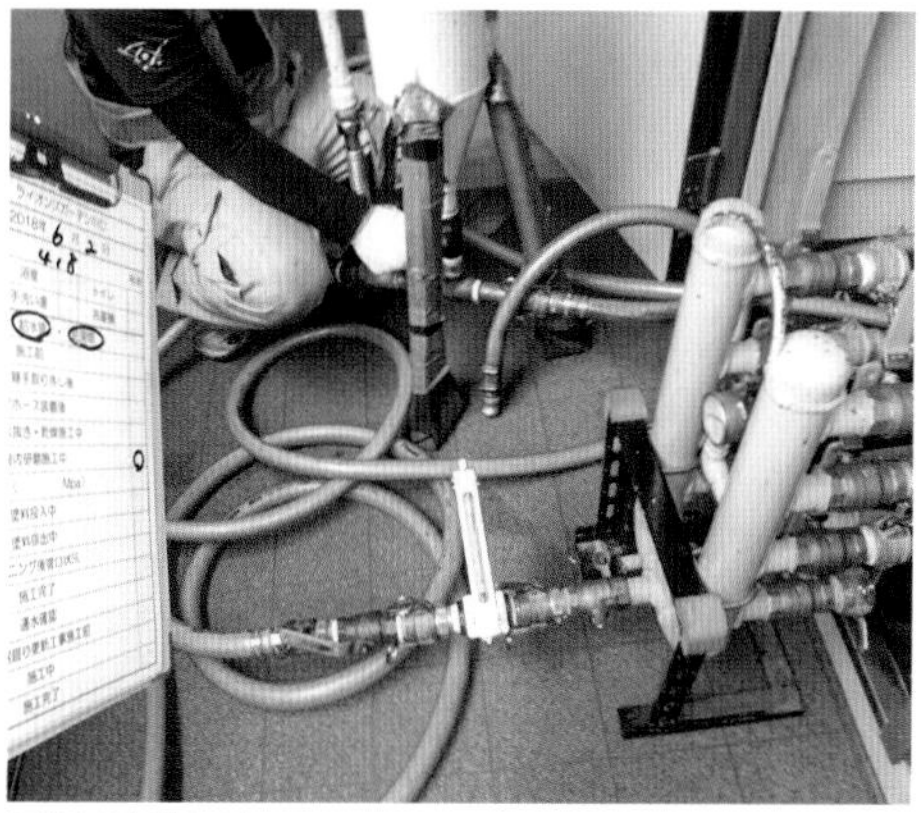

更生工事施工中

タイル浮き樹脂注入補修

ドローン画像

事ともに、なるべく住民の生活に支障が出ないように配慮して工事を進めていきました。特に給水管更生工事については住戸室内での工事もあったため、綿密な計画を立て戸別訪問や説明会を行い、極力室内での工事時間を短くすることを心掛けました。この結果、大きなトラブルもなく無事に工事を完了することができました。

管理組合コメント

大規模修繕工事を行うに当たり、地元川口市の会社に発注することを決めました。工事には大変満足をしており、その後のアフターメンテナンスや小規模修繕工事もやはり同じ川口市ということで迅速に対応していただき、非常に助かっています。また給水管の更生工事も、未実施住戸を1世帯も出さずに完了させることができました。施工業者との信頼関係を築いた上での修繕結果には大変満足しています。

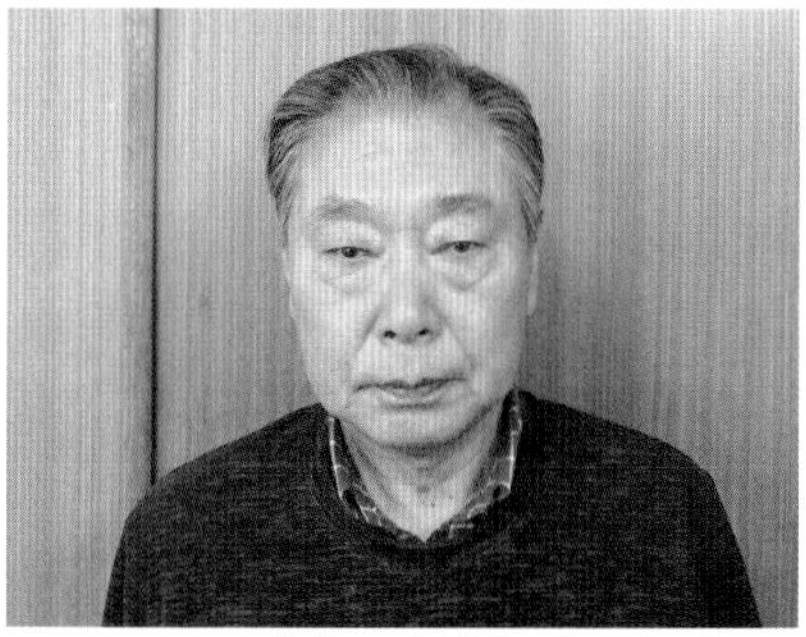

ライオンズガーデン川口管理組合
理事長 **田村正義**

お問い合わせ

株式会社セラフ榎本

〒333-0847 埼玉県川口市芝中田2-34-16
☎048-265-1883
http://www.sei.ne.jp/index.php

4～5階建てRC造6棟、8～10階建てSRC造3棟、全446戸

CASE 7

共用部分、専有部分一体の各種配管全面更新工事

光が丘パークタウンゆりの木通り北住宅

東京都板橋区

大規模　給排水　耐震　省エネ

総戸数約12，000戸の都内有数の大団地である光が丘パークタウンの一角にある本マンションは、1983年の竣工から築35年を超えて過去2回の大規模修繕工事を適時行ってきましたが、各種配管の老朽化が残された最大の懸案となっていました。そこで4年前の総会決議「百年住宅宣言」により、永く住み継ぐという意識を住民で共有し、共用部分、専有部分を一体とした各種配管の全面更新工事を一括して管理組合が行うこととしました。工事に際しては、架橋ポリエチレン管、塩ビ管、ステンレス鋼管など耐用年数の長い管種に更新しました。さらに、旧公団の設計仕様で一部の棟を除いてスラブ下に横引き排水枝管があったため、この機にスラブ上にルート変更することも行いました。

また、光が丘パークタウンでは建設当初から清掃工場の排熱を利用した地域給湯・暖房システムがありましたが、当時先進的とされた同システムも、近年は経済性や使い勝手の観点から地域暖房サービスの利用者数が著しく減少し、給湯サービスにおいても給湯量不足や追い焚き機能がないなどの問題点が指摘されていました。このシステムでは敷地内5カ所の熱供給室から各棟（高層棟3棟、中層棟6棟）に温水を常時循環させるため、給湯・暖房ともに往復2本の配管を張り巡らす必要があり、これら共用部分配管の維持更新費用も管理組合にとっては大きな負担となっていました。そこでこの光が丘パークタウン固有の課題についても見直すこととし、代替設備の検討を行った結果、地域給湯・

▶▶▶ 物件DATA ◀◀◀

工事費用	8億4,131万円（税抜）※追加含む
竣工年	1983年
改修年月	2018年8月～2019年11月
改修実施時の経年	36年
構造・規模	RC造4～5階建て6棟、SRC造8～10階建て3棟
総戸数	446戸
設計監理者	㈲マンションライフパートナーズ
施工者	建装工業㈱

設計監理者より

専有部分を含めた給排水管の一体改修を目指し、設計を開始する前の相談から竣工までおよそ5年かかりました。すでに排水管の耐用年数が限界に達し、漏水事故が発生している段階でした。老朽化対策のみならず「排水管のスラブ上化」などを盛り込みながら、維持管理やリフォームのしやすい100年住宅を目指した結果、国土交通省の長期優良住宅化リフォーム推進事業の助成制度が活用できました。そして、ニュータウン全体に供給している地域熱供給設備（給湯と暖房）は時代の進化に追随できずにいたので長年の課題でしたが、今回の改修を契機に切り離し、自前の給湯設備の構築がかないました。理事会、専門委員会、設計者、施工者のほか、管理組合がアドバイザー業務を委託している建築士も加わり関係者が一丸となって、このニュータウンでは誰もできなかった一大事業を成し遂げられました。

マンションライフパートナーズ　**柳下雅孝**

改修前：寝室の梁型内には、2本の換気ダクトがあった

改修後：2管路ダクトに集約し、給水、給湯、ガス、追い焚き管路を確保した

改修前：共用部分給湯管×2、共用部分暖房管×2

改修後：上記給湯・暖房のほか、熱量計なども全てなくなった

暖房方式から離脱して、個別給湯・暖房方式に移行することにしました。

それに伴い全戸にガス給湯器を新たに設置することになり、16タイプある住戸平面形状やリフォーム済み住戸の個別状況に合わせて最適な住戸内配管ルートとなるよう細やかに対応しました。ガス給湯器は標準仕様を定め、各居住者の希望により大きな機種や付加機能をオプションで選定できるようにしました。給湯方式の変更により初期投資額は増えましたが、料金差額により十数年で回収でき、その後は大きなコストメリットが出る見込みとなっています。

なお、計画から着工に至る各段階では、アンケート調査、住民説明会を繰り返し行い、丁寧に合意形成を進め、着工後も工事説明会、全戸現況調査、個別相談を行い工事実施方法の理解を広め、その結果全戸で工事を完了することができました。

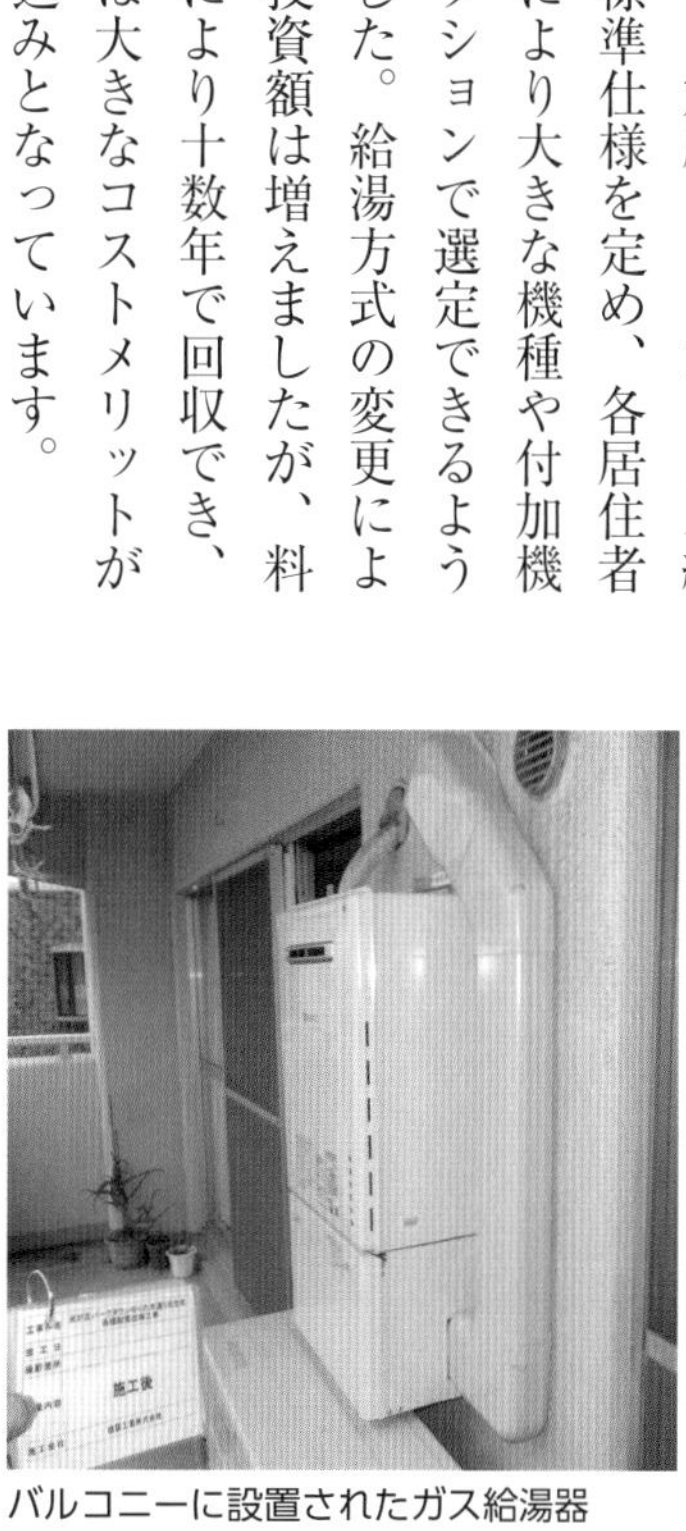

バルコニーに設置されたガス給湯器

お問い合わせ

建装工業株式会社
首都圏マンションリニューアル事業部
〒105-0003 東京都港区西新橋3-11-1
☎03-3433-0503
https://www.kenso.co.jp/

CASE 8

二丁掛けタイル仕上げの大規模修繕工事

グランコート弦巻

東京都世田谷区

外観

エントランスホールをブラックステンレスフレームの自動ドアに変更し、高級感のある仕上がりに

給水管の更新工事を行ったこともあり、２０１４年に計画されていた大規模修繕工事のための修繕積立金が不足していることが判明し、長期修繕計画の見直しが必要となりました。ただ、どれほど値上げしたらよいかということと、大規模修繕工事の時期をいつにするかの判断が難しく、当時の理事会の方々がいろいろなセミナーに出席して資料を集めたり、意見を聞いたりしました。

　こうした中、建物診断設計事業協同組合（建診協）の小野富雄建築設計室が管理組合のパートナーとして協力することになりました。そして事前調査を行った結果、工事は数年先に延ばせることが分かり、それに合わせて長期修繕計画の見直しを行いました。また、一昨年から修繕委員会で改修項目の洗い出しなどを行いました。せっかく工事を行うのであれば、バリューアップ改修を行って資産価値を高めようということで、委員からはいろいろな提案がありました。

　修繕積立金の不足については、住宅金融支援機構から借入れをすることになりました。幸い東京都から10年間の利子補給があるということも分かり、資金が貯まるまで工事を先延ばしせず、不便なところは早めに解決しようということになりました。

　エントランスの開き戸を自動ドアにしたことで、乳母車や車いすも楽に出入りできるようになるなどさまざまな資産価値向上を行うことができました。

物件DATA

工事費用
8,000万円（税抜）
竣工年
1991年
改修年月
2019年8月～2020年2月
改修実施時の経年
28年
構造・規模
RC造6階建て
総戸数
31戸
設計監理者
㈱小野富雄建築設計室
施工者
シンヨー㈱

外部階段

施工前

施工後

出窓雨汚れ対策

施工前

施工後

窓底上部水切り設置

施工前

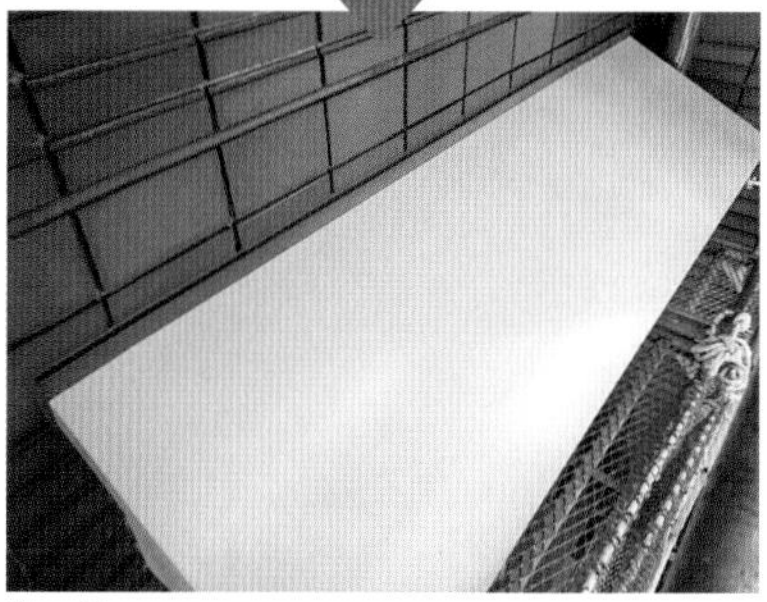

施工後

設計監理者より

当マンションは、第2回目の大規模修繕工事ということでしたが、新築時からの不具合部分をそのままにして修繕工事を行っている箇所も見受けられました。大型のタイルや石をふんだんに使用した高級マンションでしたが、水切りのない部分の外壁や庇の汚れが目立っていました。また、深目地のタイルの窓部分の納まりが不十分だったことからの漏水などもあったため、それらを改良することを目的に改修設計を行いました。また、水切りは塗装面の雨筋汚れによる塗膜の劣化を抑制できるため、大規模修繕工事の周期を延ばすことにもつながりました。

小野富雄建築設計室　中島智弘

管理組合コメント

管理会社が提案してきた2016～2017年予定の工事費用が法外だったので、建診協、日住協らを回り助言を受けました。それを基に診断を依頼した小野富雄建築設計室から、工事を3年程度先送り可能との判断を受け、長期修繕計画を見直しました。国交省のガイドラインを参照し修繕積立金を倍増(212円/㎡)する一方で、管理費も見直して負担軽減を図りました。

吹き抜け内

施工前

施工後

丸柱シミ抜き

施工前

施工後

竣工検査は組合員全員に呼びかけ、改修した場所の確認作業を行いました。また、引き渡しの場にも出席してもらい終了後には懇親会を開催し、次の工事に向けてさまざまな意見を聞くことができました。

お問い合わせ

シンヨー株式会社
第二リニューアル部

〒210-0858 神奈川県川崎市川崎区大川町8-6
☎044-366-4795
https://www.sinyo.com

大規模
給排水
耐震
省エネ

CASE 9

葛西住宅

東京都江戸川区

採光・通風を妨げない外付けフレーム工法による耐震工事

〈施工後〉耐震補強フレーム南西側より

〈施工後〉集会所入口正面

〈施工前〉建物外観

内部から見た耐震補強フレーム

２０１２年に葛西住宅管理組合総会にて耐震診断を行うことが賛成多数により承認され、２０１３年度に工事が実施されました。耐震診断の結果、１・２・３号棟全て耐震基準を満たしていないことが判明し、工事に向けての諮問委員会を立ち上げました。最良の補強方法の検討と、住民になるべく負担のない工事を行うにはどのようにしたら良いかなど、勉強会や住民説明会を開き理解を深めました。

３案を比較検討した結果、居ながら工事ができ、バルコニーを広げて使えるようになるアウトフレ

▶▶▶ 物件DATA ◀◀◀

工事費用
4億6,200万円（税抜）
竣工年
1975年
改修年月
2017年4月～2018年1月
改修実施時の経年
42年
構造・規模
SRC造14階建て2棟、 地上13階建て1棟
総戸数
238戸
設計監理者
㈱相和技術研究所
施工者
松尾建設㈱ 東京支店

PC鋼棒（柱）緊張状況

PC部材（柱）取付状況

PC鋼線（梁）緊張状況

PC部材（梁）取付状況

ーム工法が採用されました。工事予算も含めた総会決議が行われましたが、採決の決め手になった一番の要因は、江戸川区が負担する助成金が他の地方自治体に比べ大きいことが挙げられ、組合の持つ修繕積立金と助成金で十分賄えたことです。また補強工事とともに遊休地を駐車場に整備したことも、将来の組合運営や住民の負担減につながりました。

工事が円滑に行えた要因としては、杭工事、基礎工事を行える余地がバルコニー側に十分にあったことが挙げられます。補強面のバルコニーを撤去することにより、住民に対し一時不自由を感じさせることはありましたが、ＰＣ部材を採用したことで工事期間を短縮し、居ながら工事を実現することができました。

また、東京都「建築物の耐震改修の促進に関する法律に基づく認定」を取得することで、容積緩和を受けることもできました。

管理組合コメント

工事費の負担減、工期短縮、工事中の騒音や粉じんの削減、近隣住民への配慮等、工事が行われるまではさまざまな要望が出ていましたが、住民説明会を重ねて理解を深めました。

KTB・PCaPC 外付けフレーム工法

PC圧着関節工法を用いて既存建物の耐震性能を増強し、かつ大地震後も継続使用を可能にする耐震補強工法です。柱・梁は高品質・高強度のPC部材を工場で製作し、現場での急速施工を実現します。また、採光・通風などの居住環境を現状と変えることなく、建物のファサードを改修し、新しいイメージを創造することができます。

お問い合わせ

黒沢建設株式会社
営業部

〒163-0717 東京都新宿区西新宿2-7-1
小田急第一生命ビル17階
☎03-6302-0222
https://www.kurosawakensetu.co.jp/

施工後

CASE 10

東京都特定緊急輸送道路沿道建築物の耐震改修工事

柿の木坂パレス

東京都世田谷区

大規模
給排水
耐震
省エネ

柿の木坂パレスは、東京における特定緊急輸送道路沿道建築物に該当し、２０１１年３月の都条例施行を契機に耐震化の検討を始めました。耐震診断の結果、全階の耐震性能不足が判明しました。最初に示された耐震補強案は、バルコニーへの出入口窓部分に鉄骨ブレースを設置する案で、住生活への影響が著しく、機能継続できないものでした。また、当時の助成制度は十分ではなく、資金計画面からも採用に至りませんでした。

住生活機能が損なわれない工法を検討していくうち、「制震ブレース工法」が提案されました。細い鋼管を用いたバルコニー先端での耐震補強案であり、住民の引っ越

施工前

施工中

▶▶▶ 物件DATA ◀◀◀

工事費用
7億4,000万円（税抜） （耐震改修＋大規模修繕）
竣工年
1972年
改修年月
2018年12月～2020年1月
改修実施時の経年
47年
構造・規模
SRC造13階建て
総戸数
146戸（内店舗7戸）
設計監理者
耐震改修：青木あすなろ建設㈱ 大規模修繕：㈱翔設計
施工者
青木あすなろ建設㈱

設計者より

本建物の平面はT字を横にした形状で、建物のほぼ中央にエレベーターと階段室といった吹き抜け部があり、ゾーニングを有する形状となっていました。また、1階部分の店舗でピロティ柱が複数存在し、耐震診断ではXY両方向ともに耐震性能が判定値を下回る結果となっていました。

補強計画は脆性柱に構造スリットを設け、1階のピロティ柱にRC巻き立てと耐震壁の増設、上層階で水平力伝達を可能とするためのスラブの増設を行った上で、バルコニー先端に制震ブレースを配置する計画とし、耐震性能の向上を図りました。

可能な限り建物外部に補強部材を設置したことで、発注者の意向である居住者の移転や補強前後の建物機能の変化が極力ないように配慮しました。

環状七号線に面した建物

外観（施工中・耐震マーク）

制震ブレース

制震ブレースは、高性能な摩擦ダンパーを組み込むことで地震エネルギーを効果的に吸収し、建物の変形を抑えます。摩擦ダンパーの強度が小さいため、廊下やバルコニー先端への取付けが可能です。スリムな鋼管ブレースなので建物と一体化したデザインとなります。

摩擦ダンパー

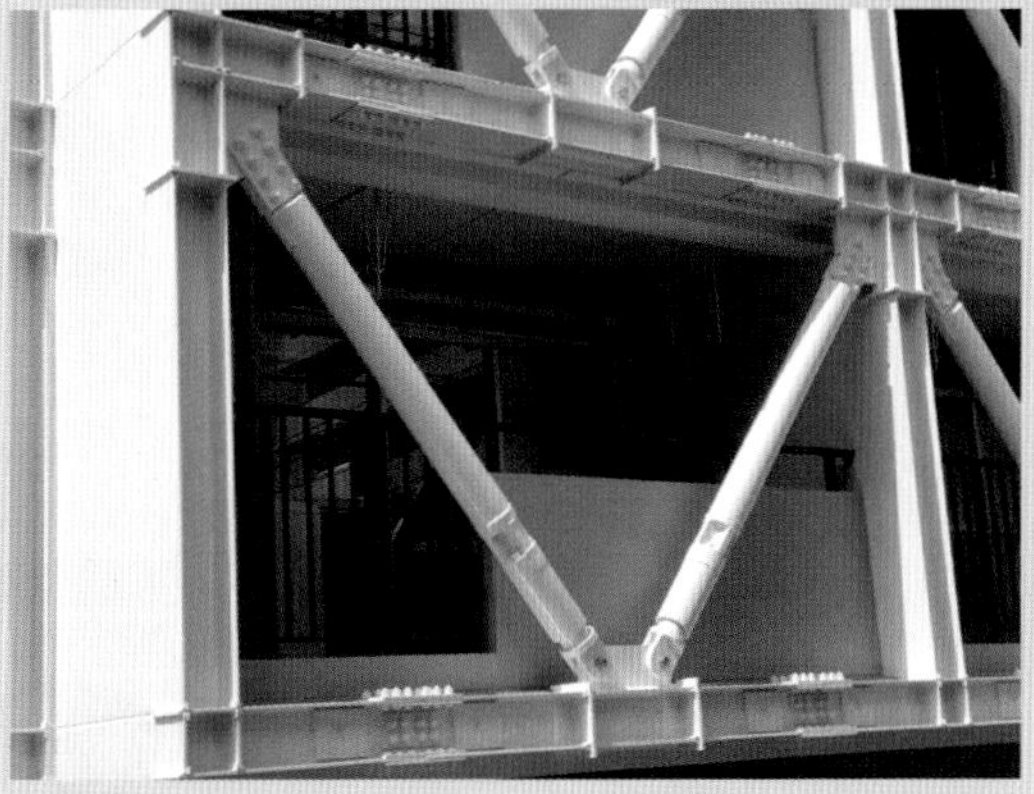
制震ブレース

お問い合わせ

青木あすなろ建設株式会社
東京建築本店 耐震事業部

〒101-0053 東京都千代田区神田美土代町1
☎03-5419-1021
https://www.aaconst.co.jp/

しはなく、バルコニー利用も工事前後で変わらない提案であったため、管理組合のニーズに合致していました。また、同工法では助成金割増（特殊工法適用）ができ、組合の資金負担を大きく減らせることも効果的でした。

本マンションは、1階に店舗等が入居しています。住宅階部分は居ながら施工が可能ですが、店舗部分は内部工事があり一時移転が必要でした。耐震化への理解・協力を得るため約1年間の設計期間中から1階店舗への説明を行いました。設計完了時には具体的におのおのの業態に合わせて協議を行い、一時移転もしくは休業など工事中の協力体制を決めました。

設計を終え、工事実施決議の住民総会までの約6カ月間を周知、意識を高める準備期間としました。この準備期間から管理組合と施工会社との定例連絡会議を行うようにし、問題点に滞りなく対処してきました。耐震工事の必要性を理解してもらうとともに、住民全体が納得できる工事として、耐震改修工事と同時に大規模修繕工事、オートロック化、玄関ドア交換等を行うことを住民総会に諮り、審議・承認となりました。

CASE 11

新ゆりグリーンタウンポプラ街区

維持保全委員会・施工会社・居住者の協力により排水管更新を実現

神奈川県川崎市

外観

上：ピロティ天井内排水管更新前
下：ピロティ天井内排水管更新後

本管理組合には「維持保全委員会」という理事会の諮問機関があり、建物のハード・ソフト両面から安全で快適に生活できるマンションづくりを目指して毎月定例会を開催しています。これまで、大規模修繕工事の他に、給水管、アルミサッシの更新等、計画的に改修工事を行ってきました。

近年、専有部分の改修工事が増えてきましたが、設備配管を改修した住戸はまだ一部でした。本マンションの排水管は、ソベント継手でアルファ鋼管を使用していましたが、塩ビ管に改修した住戸から、継手部分から漏水したとの報告がありました。共用部分排水立て管の改修には、壁や床を一時解体撤去する必要があります。委員会では、改修済みの住戸から「せっかくきれいに改修したのに解体されては困る」と協力が得られなくなるのではないかといった意見がありました。そこで、「数年後には排水管改修の予定があること」を以前から居住者へ周知し、今回の工事範囲を検討した結果、共用部分立て管だけではなく、専有部分の横引き枝管までの改修を行うこととしました。専有部分の

▶▶▶ 物件DATA ◀◀◀

工事費用
5億400万円（税抜）
竣工年
1983年
改修年月
2019年4月～2020年8月
改修実施時の経年
36年
構造・規模
SRC造13階建て1棟、SRC造14階建て1棟
総戸数
571戸（277戸＋294戸）
設計監理者
㈱小野富雄建築設計室
施工者
㈱スターテック

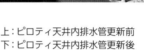

壁や床の解体範囲が広くなること、7日間の在宅が必要になることなどから、改修工事を行う前に全住戸を対象にした説明会を度々行いました。施工会社は、事前調査段階での個別説明と棟ごとの説明会を6回ほど行うなど、住民の合意形成に重点を置いて工事を実施しました。

　この結果、第一期工事の277戸は全て工程通りに行われ、専有部分を含めた排水管が共通仕様で改修されました。オプション工事と同時に水回りのリフォームをオプションで行った住戸も多く、工事費の軽減もできたと感謝されています。

設計監理者より

前回の大規模修繕工事から、コンサルタントとして「維持保全委員会」に出席していますが、否定的な意見は全く聞かれません。「自分たちのマンションは、自分たちの手で良くしていこう」という意識が高く、委員会では毎回新しい提案が提示され、資料を揃え十分検討した上で実行に移されます。今回の排水管改修も委員会で勉強会を行い、次に組合員全員に説明会を行いました。皆が共通認識を持つことが大切だからです。結果として7日間の在宅という条件にもかかわらず、1号棟の工事は1住戸の反対もなく改修工事ができました。

小野富雄建築設計室　中島智弘

管理組合コメント

管理組合の所管範囲は共用部分の排水立て管ですが、住戸内専有部分の横引き枝管も同種の鋼管であり、今後の漏水事故を未然に防止すべく、修繕積立金を充当して全ての排水管を交換することとしました。これまで数度の大規模修繕工事を実施してきましたが、今回の工事は住戸内作業が主体で、かつ全住戸の協力が不可欠な難工事です。小野先生と維持保全委員会のご支援、施工会社のご努力、そして住民の理解と協力のおかげで、現在まで順調に進んでいます。工事が無事完了し、ポプラの全住民が喜んでお祝いできる日が楽しみです。

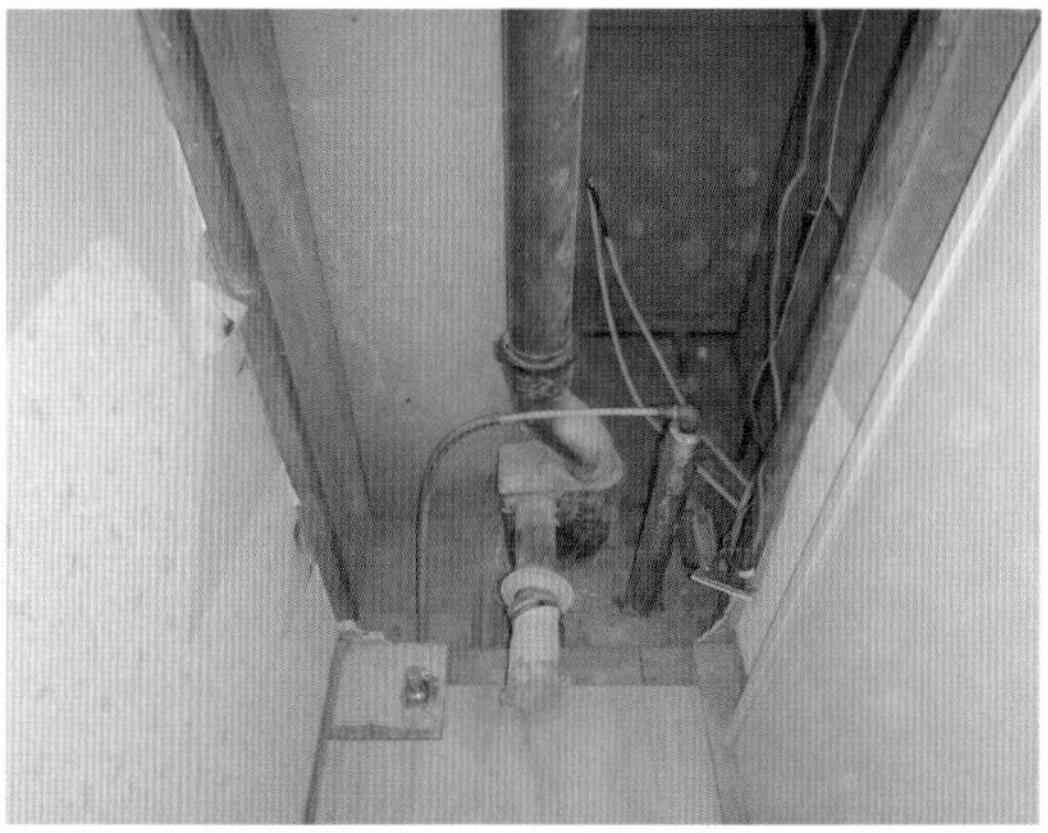

便所　排水立て管更新前

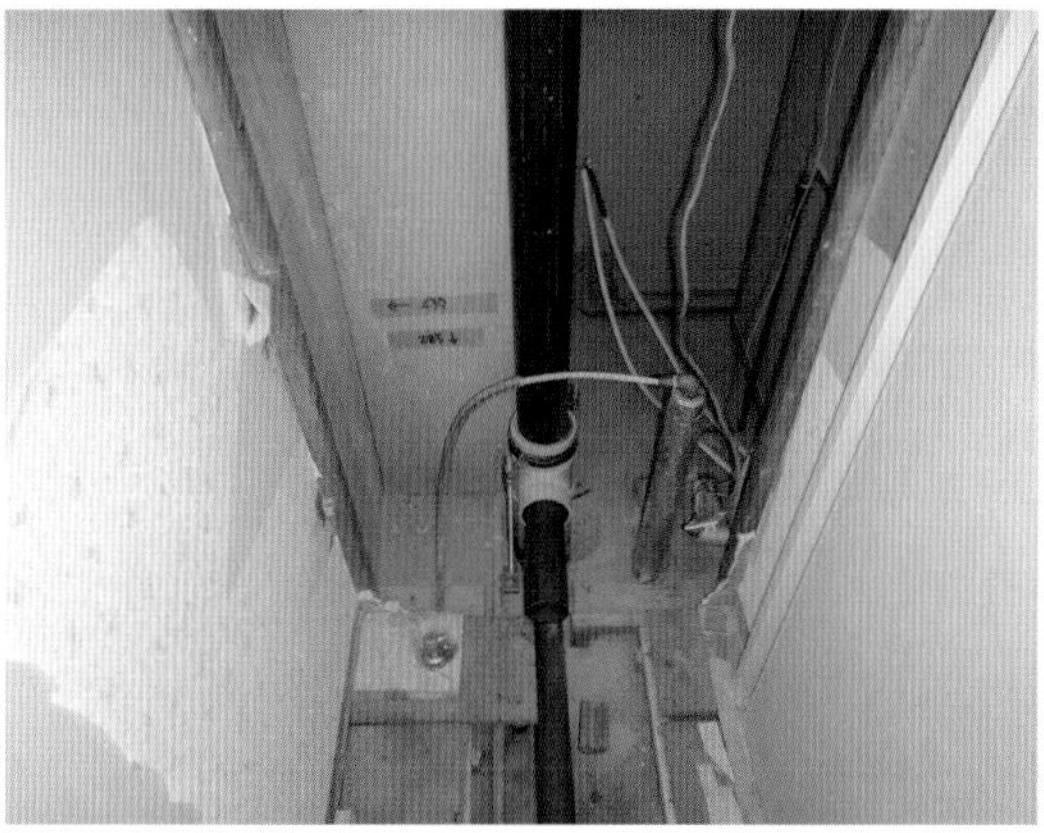

便所　排水立て管更新後

便所　排水立て管遮音シート巻き

洗面所
排水横引き枝管更新後

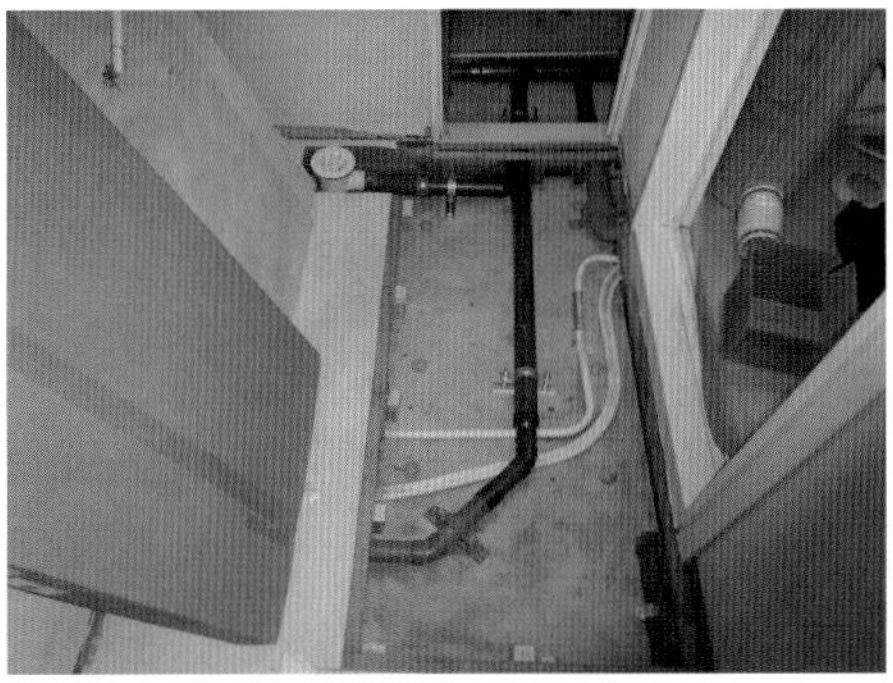

洗面所
排水横引き枝管更新前

お問い合わせ

株式会社スターテック

〒144-0052 東京都大田区蒲田3-23-8 蒲田ビル9階
☎03-3739-8851
http://www.star-tech.biz/

CASE 12

ライオンズマンション市川第3

軽量コンクリートに埋設された専有部分給排水管更新

千葉県市川市

建物外観

本建物は、1980年竣工の82世帯の中規模マンションです。今回の工事を実施するに当たり、課題となった点が二つありました。

一つ目は、各戸床下の「給水給湯管および排水枝管」が軽量コンクリートで覆われた工法により床下にあったことです。そのため、通常の木製材で形成された床に対する施工とは違い、「はつり工事（軽量コンクリート部分の解体作業）」と床を再形成するための「左官工事（解体部分の床面を仕上げる作業）」が必要となりました。特にはつり工事では、「粉じんの飛散」、「騒音や振動の発生」といった弊害に対応するため、居住者に対して事前周知することはもとより、建物内に休憩所を設ける措置を講じ、負担軽減に配慮しました。

二つ目は、給湯設備に電気温水器を使用していたことです。電気温水器の使用自体は珍しくありませんが、更新時期により温水器本体の転倒防止策が施されていない住戸が半数ほどありました。この点に関しては、管理組合自身の防災意識が高く、全体工事の中に組み込むとともに、非常用取水栓も併せて取り付けることで解決しました。

電気温水器非常用水栓

▸▸▸ 物件DATA ◂◂◂

工事費用	8,453万円（税抜）
竣工年	1980年
改修年月	2019年3月～12月（モデル施工、全戸事前入室調査含む）
改修実施時の経年	39年
構造・規模	SRC造7階建て1棟
総戸数	82戸
コンサルタント	名取雅之建築設計事務所
施工者	京浜管鉄工業㈱（旧ブライトワークス㈱）

コンサル
より

竣工後39年となる当マンションは、長期修繕計画に基づいた保全工事を実施してきていました。住民アンケートにより要望の多かった一昨年の窓サッシ・玄関扉の更新工事は計画より実施時期を早め、今回の専有部分給排水管更新工事では計画外の工事を実施しました。実施に当たっては、管理組合役員・修繕委員会の皆さまが、修繕積立金の今後の修繕計画に対する影響を加味した計画の見直し、規約の改定、居住者への配慮等さまざまな問題を迅速に検討、解決していったことに敬意を表します。工事は居住者へ工事内容と日常生活への影響を早期に周知し、その対策を考慮した準備や、工事中の防犯対策を含めた居住者への配慮を徹底しました。大きなトラブルもなく工事が完了し、施工者の方々に感謝します。

名取雅之建築設計事務所

管理組合
コメント

長期修繕計画の大きな課題である専有部分給排水管更新工事を無事に竣工でき、管理組合の目指す「マンション資産価値の維持」と「快適マンションライフの実現」の一つの課題である工事をクリアでき、ほっとしています。工事実施の準備段階では、専有部分の工事を管理組合ができるように規約を改定し、その後漏水事故発生前に工事の実施を決定しました。工事実施に当たっては、「各戸タイプ別試作工事を事前に実施し、戸別しおりの作成」等による工事内容の周知徹底と、「集会室トイレのバリアフリー化と、工事実施中の世帯のため集会室へ休息所を設置する」等によって工事期間中の居住者の負担軽減を図りました。

管理組合 修繕委員会

お問い合わせ

京浜管鉄工業株式会社
設備・リフォーム事業部

〒171-0031 東京都豊島区目白2-1-1 目白NTビル6階
☎03-6871-9961
https://keihin-se.com/

洗面所

施工前

はつり

更新

珪砂

施工後

トイレ

施工前

はつり

更新

珪砂

施工後

専有部分給水給湯管更新

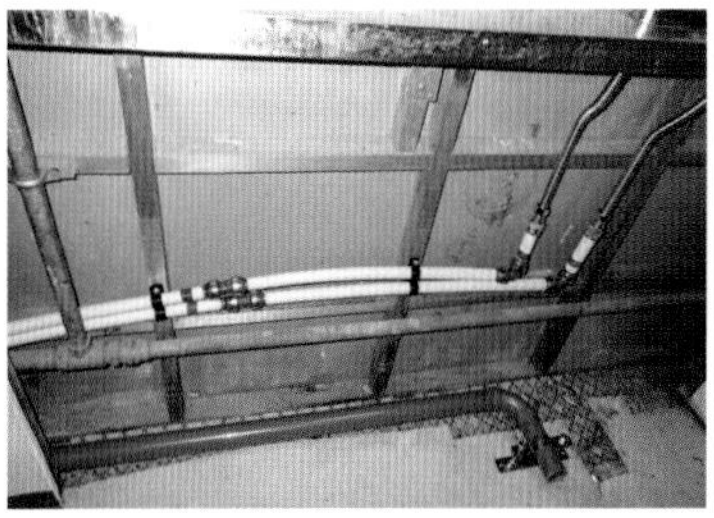

CASE 13

ライオンズマンション相模台第3

管理組合・居住者の協力により、共用部分・専有部分の一体改修を実現

神奈川県相模原市

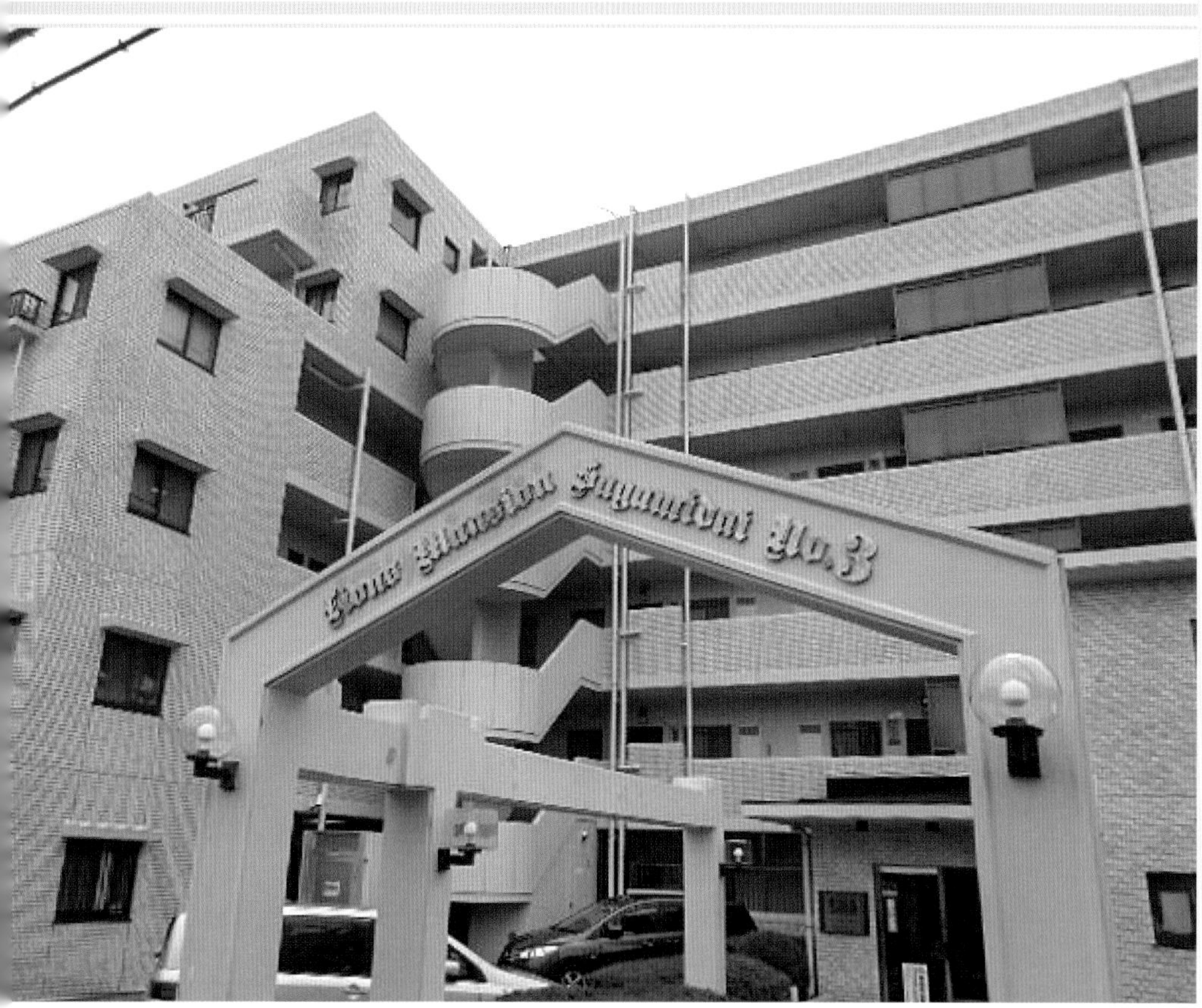
建物外観

共用部分配管囲い

今回の工事は室内へ入室した上で共用部分排水管の工事も実施するため、各住戸に入っての工事が全て実施できなければ、本当の意味での工事完成にはなりませんでした。共用部分の排水管は縦系統の住戸でつながっているため、1戸でも施工できない場合、その縦系統の共用部分排水管を完全に更新したことにはならず、漏水事故などが発生した場合トラブルになってしまいます。本マンションでは、管理組合の大きな協力のもと、全ての工事を完了させることができました。また、仮設トイレ・仮設洗濯機に関しては場所も限られており、既製品ではなく大工による造作にて対応し、居住者の使い勝手が良いように考慮しました。

さらに、居住者の負担が少なくなるように防音対策を考え工事を実施しました。室内の配管ルートに関しても、本マンションは部屋のタイプ数も多く、竣工図と異なることも多々あるので、試験施工などを行いながら、居住者の負担がなるべくないように工夫して工

▶▶▶ 物件DATA ◀◀◀

工事費用
7,790万円(税抜)
竣工年
1987年
改修年月
2018年11月～2019年4月
改修実施時の経年
31年
構造・規模
RC造6階建て
総戸数
59戸＋集会室
施工者
㈱カシワバラ・コーポレーション

事を行いました。各住戸の室内（専有部分）でどうしても露出配管が出る部分については、化粧造作を施し、違和感がないよう仕上げました。

各住戸の室内の工事を実施するためには、いかに管理組合をはじめ居住者の協力が欠かせないかがよく分かる事例でした。

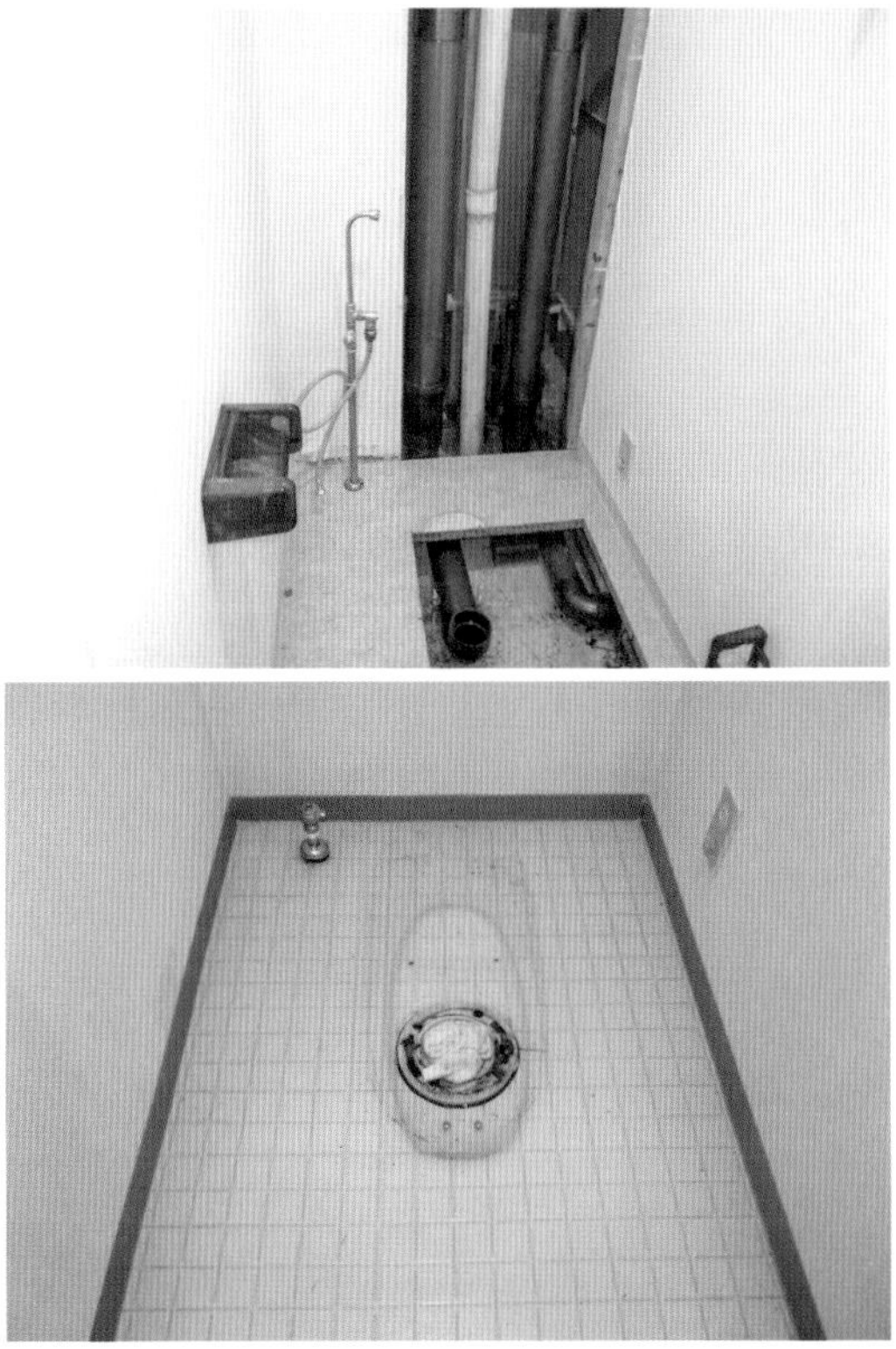

トイレ内配管

PS内排水管

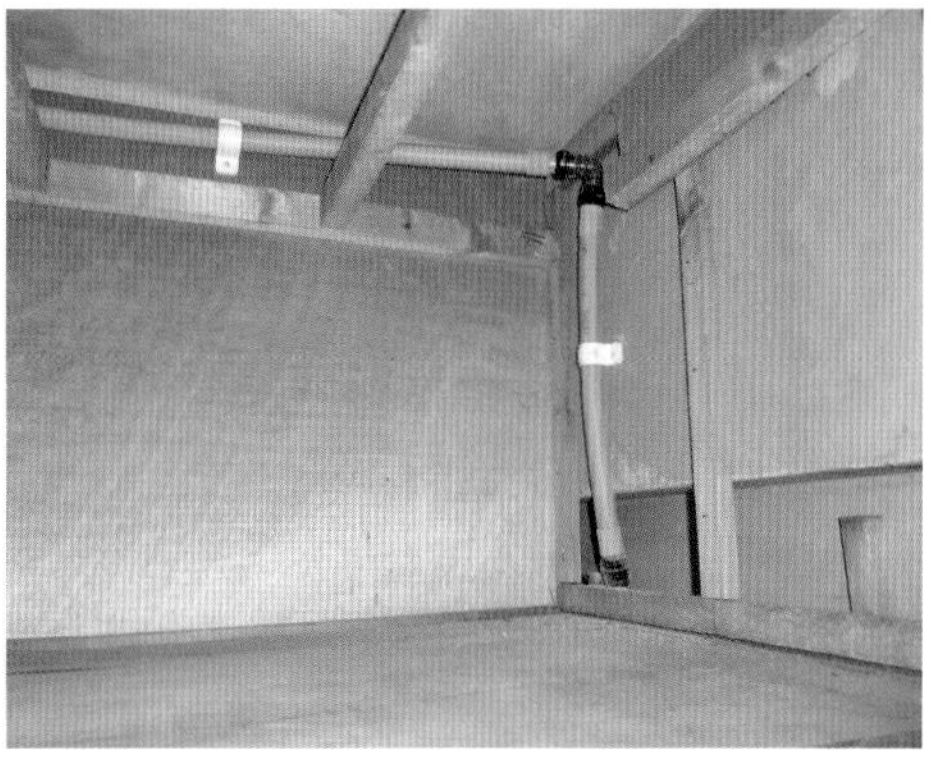

和室押入れ配管

洋室梁型

管理組合コメント

理事会としても、調査・工事委員会の立ち上げ（女性多数参加）、施工時の退避場所として集会室の改修（災害時避難場所としても活用）など、時間をかけ丁寧に計画しました。工事についても、工事期間中に想定外の事態に遭遇した際には、現場責任者と頻繁に協議を行い、室内工事100％実施のため組合・施工業者一体となって対応しました。また、現場責任者を男性・女性の2人体制にしたこともあり、気軽に相談できるということで居住者から高評価を得ることができました。全体を振り返りますと、作業員さん達のチームワークの良さ（礼儀正しさ）、レベルも高く満足のいく工事となり感謝しています。

ライオンズマンション相模台第3
管理組合理事会 副理事長　安齋和夫

お問い合わせ

株式会社カシワバラ・コーポレーション
統括営業本部第2営業部 東日本グループ
〒108-0075 東京都港区港南1-8-27 日新ビル9階
☎03-5479-1402
https://www.kashiwabara.co.jp/

CASE 14

管理組合、工事会社、監理会社の協力で成功した共用部分排水管更新工事

三田ナショナルコート

東京都港区

建物外観

三田ナショナルコートは、１９８２年に竣工した４１４戸の集合住宅です。15階建て2棟、11階建て2棟で、２０１７年から２０１８年にかけて排水管更新工事を実施しました。できるだけ長く排水管を使い続けたいとの思いもありましたが、２０１６年8月に大規模な漏水事故が起きました。この原因は、共用部分立て管（鉄管）と専有部分の排水管（ＶＰ管）接続部分付近に多量の髪の毛が詰まっていたことと、共用部分立て管と専有部分内配管との接続部分で微量の漏水が起きていたことが原因でした。

工事監理会社は、２０１３年に行った給水管更新および大規模修繕を担当した改修設計に依頼することになり、２０１７年2月から何回かの修繕委員会で質疑が行われました。そして、4月に排水管更新工事施工会社の公募、6月のヒアリングにてＴＯＨＯを施工予定業者に内定し、7月に組合の臨時総会にて承認が得られました。

その後、事前協議会が開催され、連絡が取れずに事前調査ができない住戸が多数あることが分かりましたが、２０１７年10月の管理組合の定期総会で、工事発注が承認されました。このとき、協力が得られない住戸に対しては法的な措置を取ることについても承認されました。

２０１７年12月から共用部分の1階の排水管の更新工事が開始されました。共用部分といっても排水管の交換時には、その上の階の全ての住戸に排水制限の協力が必要でした。

２０１８年2月より住戸内の入

物件DATA

工事費用
3億3,614万円（税抜）
竣工年
1982年
改修年月
2017年11月～2018年8月
改修実施時の経年
35年
構造・規模
SRC造15階建て2棟、11階建て2棟
総戸数
414戸
設計管理者
㈱改修設計
施工者
TOHO㈱

室工事が立て管の系統別に始まりましたが、連絡不能住戸の問題は未解決でした。その後、管理組合名の「在宅のお願い」の案内版を玄関前へ追加設置しさらなる協力のお願いをしたところようやくその効果が表れ、工事3日前に工事会社に該当住戸より連絡があり、工事は予定通り全住戸完了することができました。

2018年8月7日に全ての居室内の工事が完了し、8月29日に竣工検査が行われました。大きな事故もなく排水管工事が完了できたことは、工事会社、監理会社、三田ナショナルコート管理組合の全ての関係者の協力のたまものと思われます。

施工者より

今回の工事で苦労した点は、専有部分の排水横枝管がシンダーコンクリートに埋まっており、立て管との接続のために一部、斫る必要がありました。写真のように、一部分のみ解体し、復旧するという仕上がり的にも見切りが難しい工事でした。また、斫り工事が多く発生するということで、大きな騒音が連日発生します。それの対処法として管理組合様が、集会室を避難所（待機所）として開放していただき、居住者様はそこでお茶などを飲みながら過ごしていただいたことで工事はスムーズに進みました。

排水管立て管施工前

排水管立て管施工中

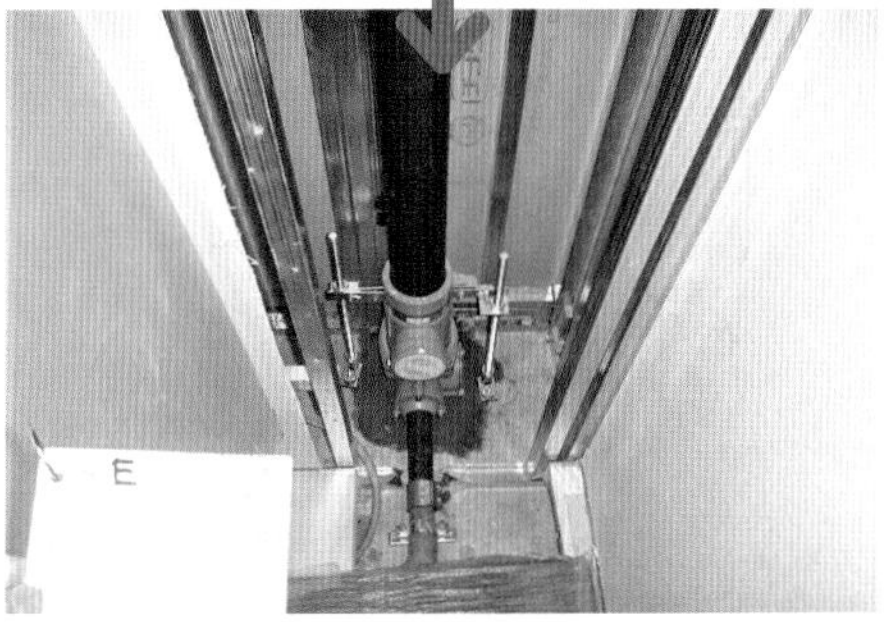
排水管立て管新設

廊下施工前

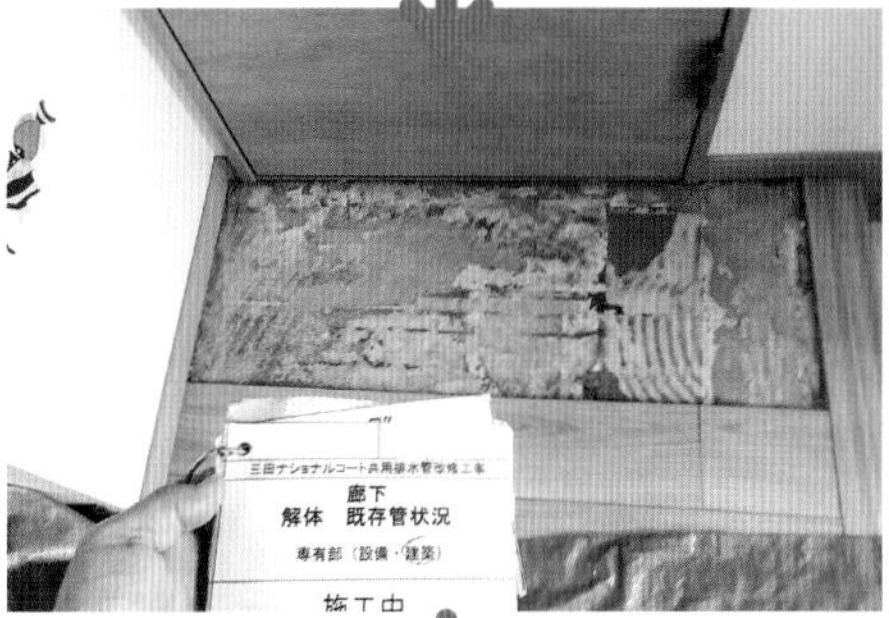

廊下施工中

廊下施工中(既設配管)

廊下施工中(既設配管)

施工後

お問い合わせ
TOHO株式会社
リニューアル設備部
〒103-0012 東京都中央区日本橋堀留町2-8-4
☎03-6892-7512
https://www.toho-cp.co.jp/

CASE 15

給水・給湯・排水管改修工事

行徳ニューハイツ

千葉県市川市

建物外観

上：通気管腐食（施工前）
下：通気管（更新後）

行徳ニューハイツは、東京メトロ東西線行徳駅が最寄り駅となり、閑静な住宅地に建つ3棟からなる大型集合住宅です。本マンションの給水設備改修履歴は、共用部分給水立て管の更新のみであり、近年は特に経年劣化による専有部分給水管からの漏水が懸案事項でした。事前の調査結果でも、水栓とのつなぎ部にあたる管口周りが7～8割程閉塞し、ネジ部が腐食しかけている状態が確認されました。そこでマンション全体の給排水設備改修工事として実施に向け検討を重ねてきました。

給水管更生工事に専有部分内作業が必須であり、大型住宅となるため、入室日の在宅確認・長期連絡不通住戸へのアポイント等が懸念されたため、専有部分入室が伴うのであれば排水管の更生工事も併せて実施しようということになりました。

排水管更生工法は、タイコーが開発工法元であるCSC（サイクロンスーパーコート）工法を採用しました。この工法は、抗菌材を配合した特殊エポキシ塗料による防錆塗膜を管内に形成し、汚れの付着を抑えることが可能となるため、施工後の配管メンテナンスの軽減が見込めるメリットがありました。

排水管更生工事は1住戸に排水

▶▶▶ 物件DATA ◀◀◀

工事費用
2億4,300万円（税抜）
竣工年
1980年
改修年月
2019年6月～11月
改修実施時の経年
39年
構造・規模
RC造7階建て3棟
総戸数
364戸
施工者
㈱タイコー

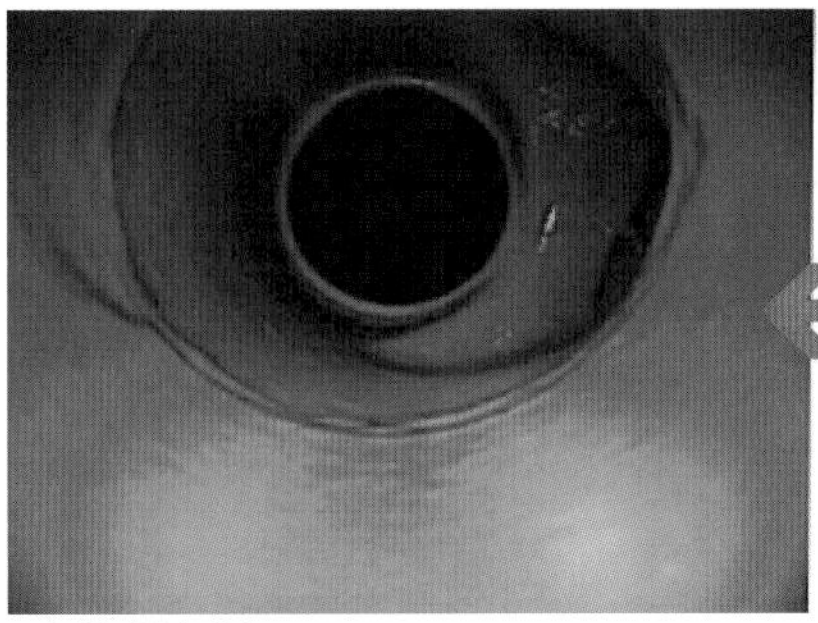
通気管（塗布後）

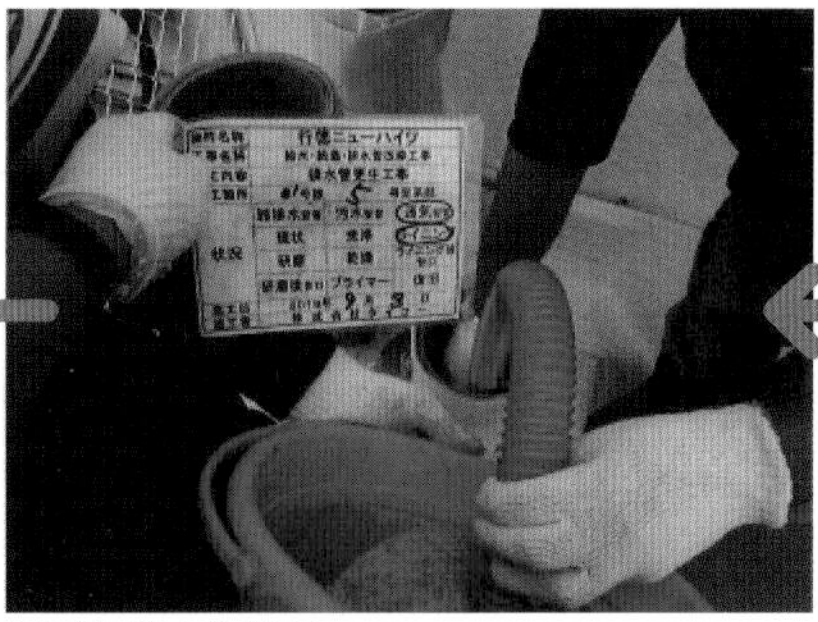

通気管（塗布作業中）

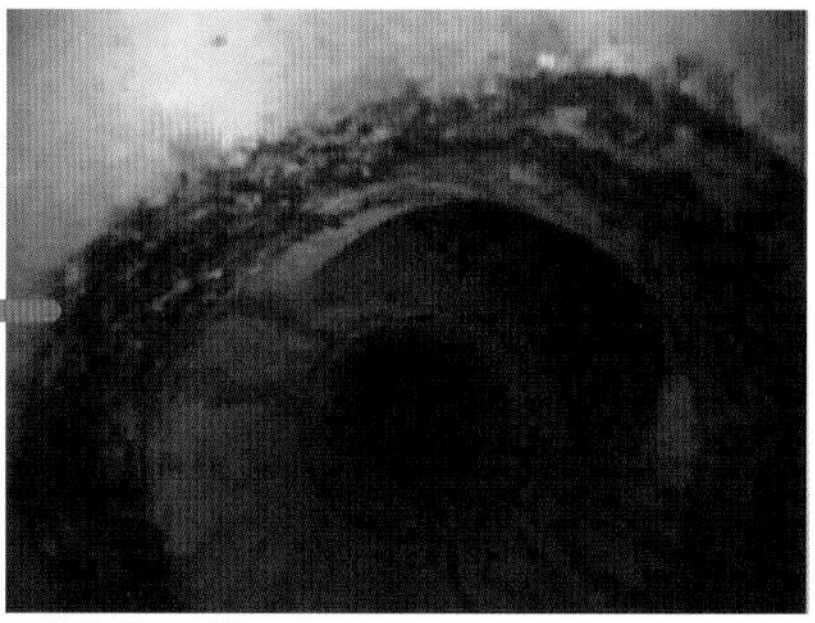
通気管（施工前）

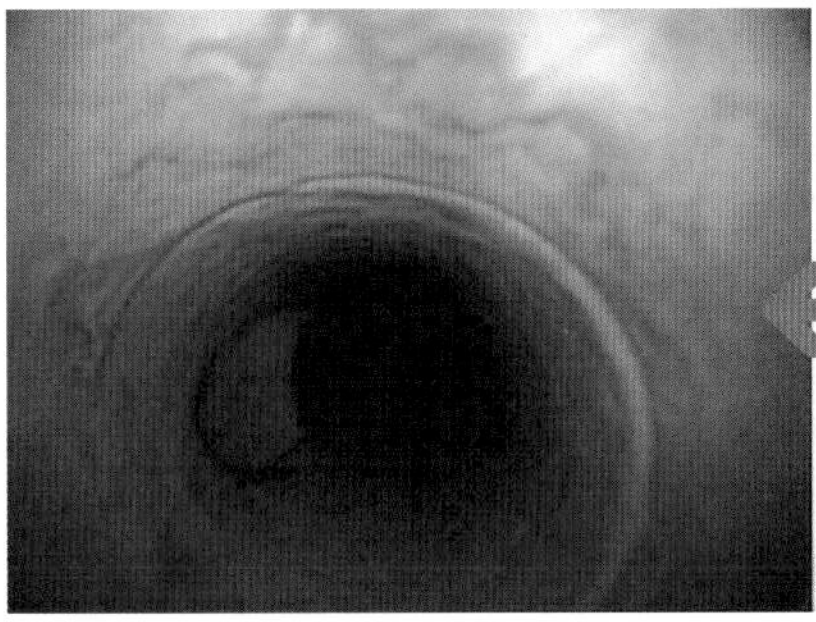
雑排水管（塗布後）

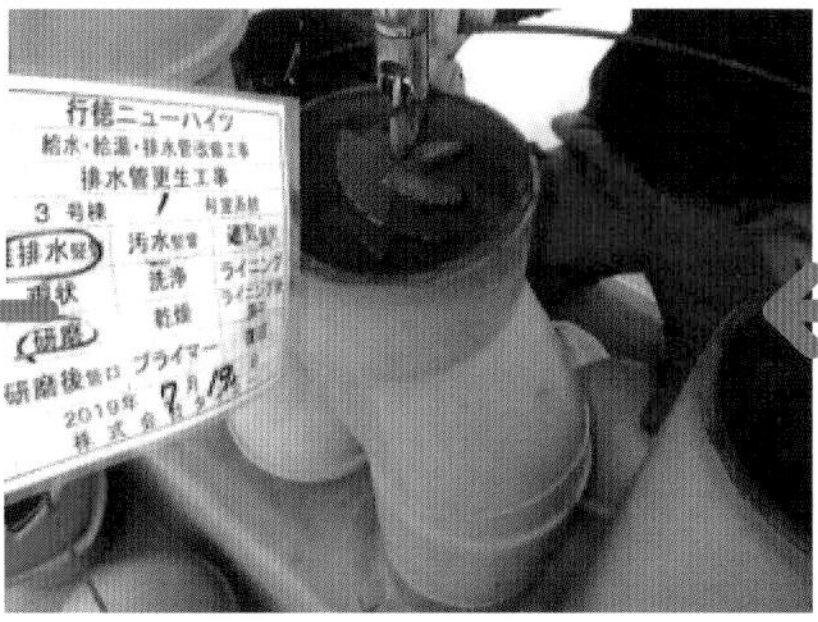

雑排水管（研磨作業中）

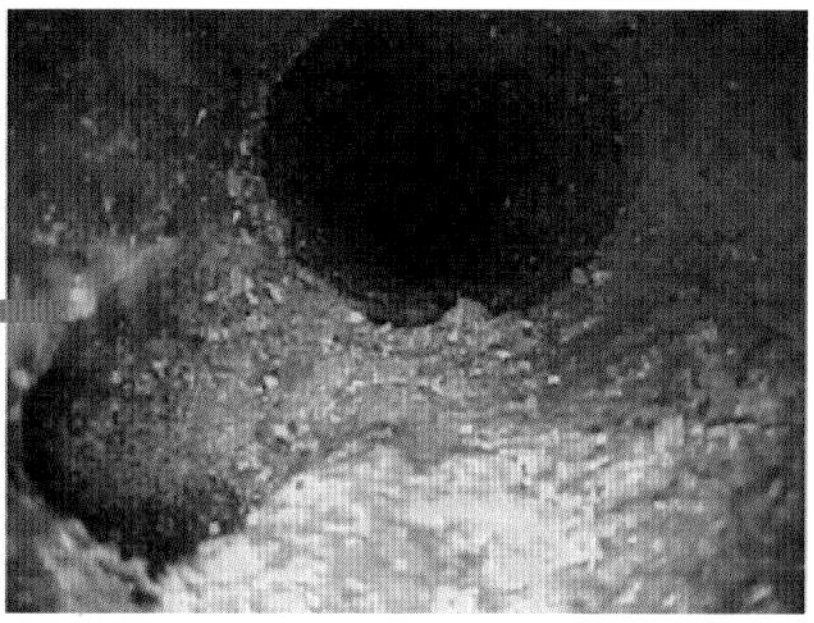
雑排水管（施工前）

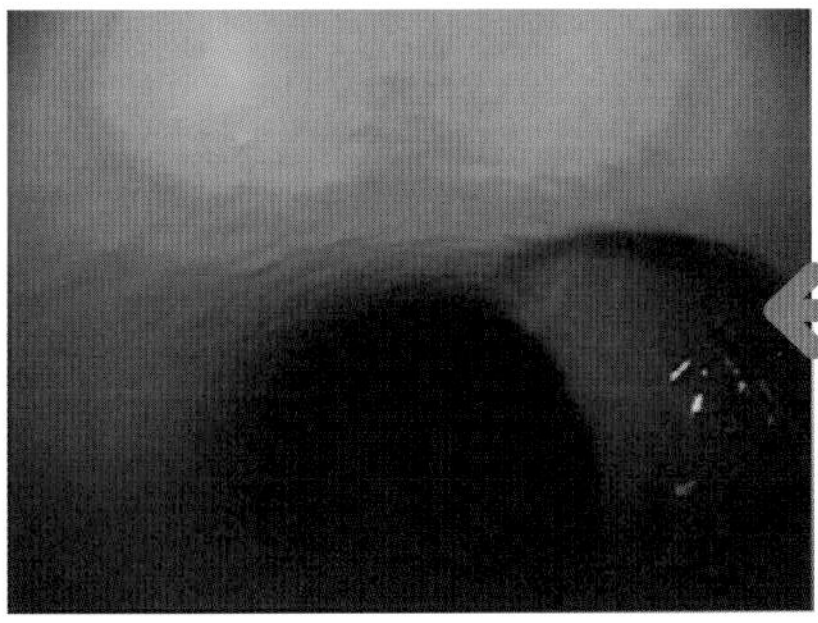
汚水管（塗布後）

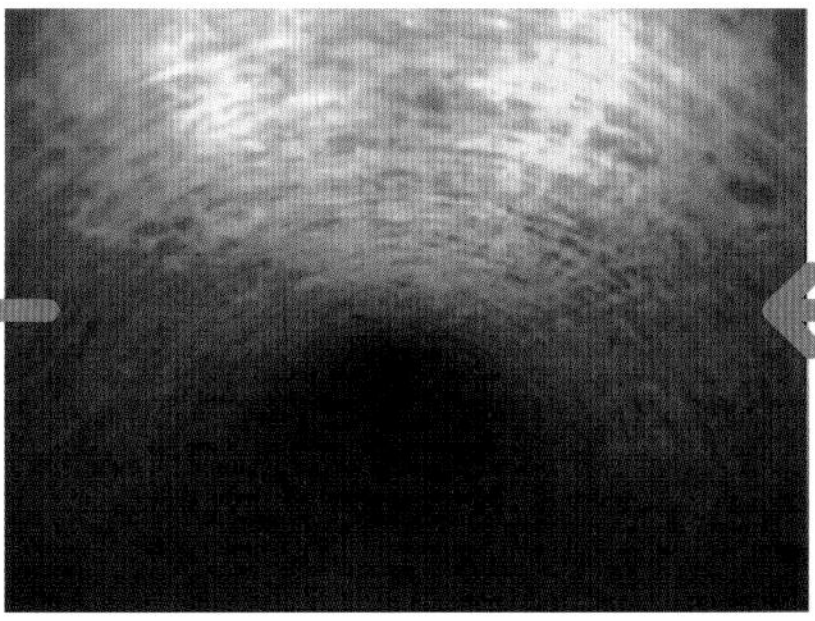
汚水管（研磨後）

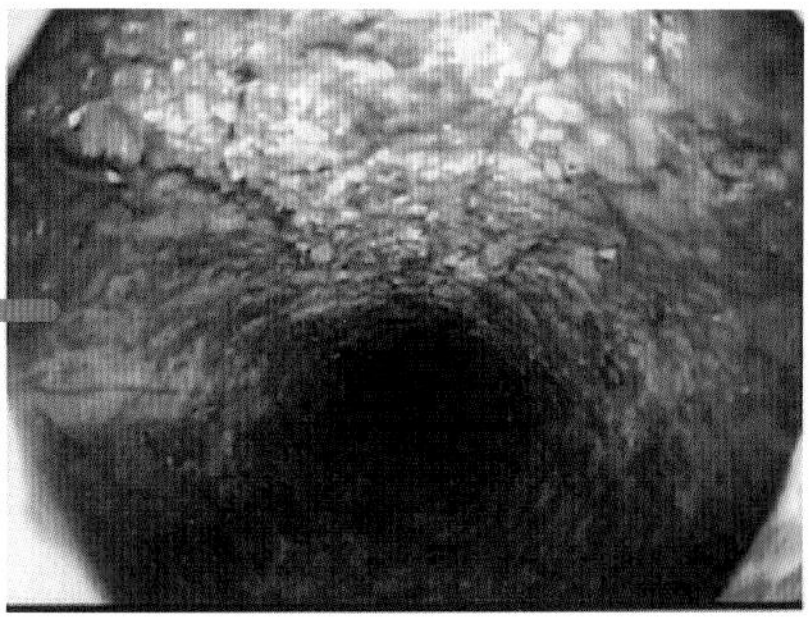
汚水管（施工前）

吸引車設置状況

設備立て管が3本あり、2日間で1住戸分の工事を実施しました。

また、今回は老朽化した配管に対しての更生工事であったため、より慎重・丁寧な施工を心掛け、徹底した事前の室内調査により、劣化が進行した部位は配管等の更新も行い、劣化による漏水が懸念される金属配管は全て改修を行いました。今回の工事により給排水ライフラインの整備が完成し、将来起こりうるトラブルを未然に防ぎ、住民に安心した暮らしを提供することができました。

お問い合わせ

株式会社タイコー
東京支店

〒104-0045 東京都中央区築地1-9-2
イセツネビル2階
☎03-3546-3700
https://taikoh-e.com/

CASE 16

団地管理組合法人若葉台くぬぎ

アルミサッシ複層化による断熱改修工事

神奈川県横浜市

大規模　給排水　耐震　省エネ

建物外観

エレベーター前サッシ改修後

団地管理組合法人若葉台くぬぎは、横浜市旭区北部の緑豊かな丘陵地、横浜若葉台団地内にあります。団地全体では総戸数約6，300戸・約14，000人が住む大きなまちとなっており、活発なコミュニティーと良好な住環境が形成されています。棟数11棟、戸数883戸で構成された本管理組合は、横浜若葉台のほぼ中央に隣接する位置を占めており、四季折々の美しい自然と共生できるまちです。シンボルとなるどんぐりの木の一種となる「くぬぎ」が多く育成する地域でもあり、管理組合名の由来となっています。

本管理組合では、当初築50年後のサッシ改修を計画していましたが、居住者からはアルミサッシに対して不平・不満・苦情が多く、それまで待てないという意見が大勢となりました。3年前に中長期修繕計画検討委員会を立ち上げ、その中でサッシ改修の実施時期を検討しました。2022年に大規模修繕工事も控えていたため修繕積立金の積み立ては大丈夫なのかという心配はありましたが、横浜若葉台団地の他の管理組合でもすでにアルミサッシを改修した事例があり、断熱性能の向上した複層

▶▶▶ 物件DATA ◀◀◀

工事費用
5億3,000万円（税抜）
竣工年
1981年
改修年月
2019年9月～2020年1月
改修実施時の経年
38年
構造・規模
SRC造14階建て11棟
総戸数
883戸
設計監理者
（一財）若葉台まちづくりセンター
施工者
三協立山㈱

設計監理者より

若葉台まちづくりセンターは、横浜若葉台に所在する管理会社として、全体で15ある管理組合をはじめとした地域の皆さまからご依頼を受け、管理・修繕等を行っています。

横浜若葉台では、管理組合の団体である若葉台住宅管理組合協議会が2007年度に制定した緑のまち横浜若葉台「100年マンション憲章」（1. マンションの長寿命化・再生、2. 守る管理から攻める管理へ、3. 積極的かつ広域的な協調、4. 世代循環型団地の創出、5. オール若葉台組織の一員として魅力ある100年タウンを目指す）の5項目を標榜し、さまざまな活動が行われています。今回の工事はこのような事柄を背景とし、管理組合や居住者の皆さまの主体的かつ積極的な活動により実現したものであると考えています。

若葉台まちづくりセンター 工事課
松原重智

管理組合コメント

サッシ改修工事は元々2029年に予定していたのですが、居住者からは繰り上げて実施してほしいとの要望もあり、管理組合としては何とかして希望を叶えたいと思い、環境省の補助事業に応募しました。結果無事に採択がされ、約10年早めてサッシの改修工事を行うことができました。改修後は気密性が向上し、外部からの音がほとんど聞こえなくなり、窓からの冷えもなくなりました。居住者からは感謝の言葉を多数頂き、この計画を進めて良かったと実感しています。

団地管理組合法人若葉台くぬぎ
理事長 清水敏昭

サッシ改修後

ガラスのアルミサッシに交換すれば補助金が活用できる話もありました。少しでも管理組合の費用負担を軽減させるため、環境省の補助事業に申請して採択されれば工事を行う旨、理事会で意見集約し、臨時総会で決議を行いました。今回、補助事業が採択されたことを確認して工事に着手し、断熱性の高い複層ガラスを用いたアルミサッシ改修工事を行うことができました。断熱性が向上したことによるエネルギーの削減もありますが、遮音性の向上が得られたことが非常に良かったと思われます。アルミサッシを改修することで性能が向上し、居住者の方々が安らぎを得ることができました。

お問い合わせ

三協立山株式会社 三協アルミ社
ビル事業部 首都圏STER部

〒164-8503 東京都中野区中央1-38-1
住友中野坂上ビル18階
☎03-5348-0367
https://alumi.st-grp.co.jp/

外観（施工前）

CASE 17

多摩ニュータウン松が谷団地（A）テラス

外断熱と高反射塗料を組み合わせた屋上防水改修工事

東京都八王子市

荷揚げ

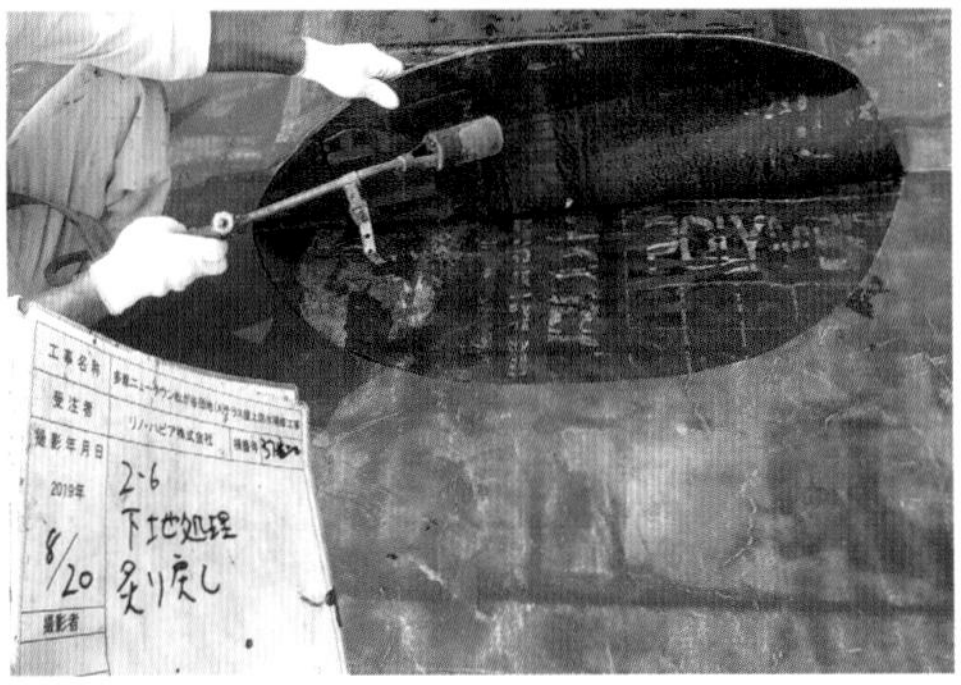

下地補修

本建物は、2階建てのテラスハウスのため、全住戸に屋根がかかっています。建設時はプレキャストコンクリート造ということでジョイント部分のみ線防水が施されていました。直天井でトップライトが付いていることもあり、夏場の2階の部屋は暑くて我慢できないほどでした。

2005年の大規模修繕工事のときに外壁塗料には無機フッ素塗料、外壁パネルのジョイント部のシール材にはポリイソブチレン系を使用するなど、耐久性などの向上を目指した材料が採用されました。屋上防水においても、日差し部分の雨筋汚れを解消するためのアルミ笠木を設けたり、防水材の耐久性向上と2階の部屋の日射対策として、防水材の上には遮熱塗装を施すことにしました。

当時、遮熱塗料が一般的ではなかったため、輸入材の遮熱塗料を塗布

▶▶▶ 物件DATA ◀◀◀

工事費用
1億2,398万円（税抜）
竣工年
1978年
改修年月
2019年6月～10月
改修実施時の経年
41年
構造・規模
RC造2階建て24棟
総戸数
118戸
設計監理者
㈱小野富雄建築設計室
施工者
リノ・ハピア㈱

施工中

施工前

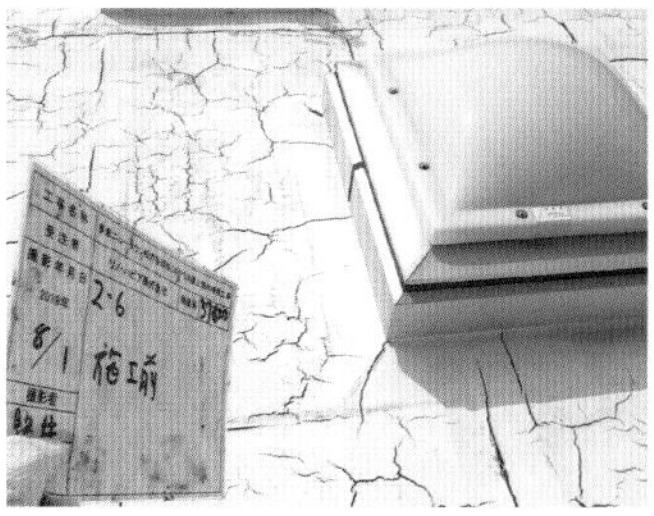

施工後

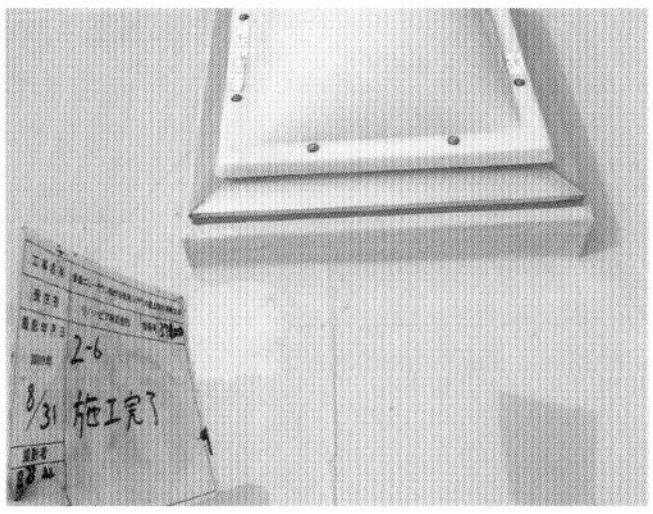

する工法を採用しました。この工法の効果があり、以前のような暑さは解消されましたが、近年、経年により遮熱塗料の劣化も目立ち始め、遮熱効果が薄れ、防水材への影響も出てきたことから、全面改修工事を行うこととしました。

前回の改修で防水材の上に施した遮熱塗料を施したことで、日射による防水材の伸縮を抑制する効果があることが確認されたため、改修に際しては、外断熱と高遮熱塗料の組み合わせを採用することにしました。

昨年は天候不順だったこともあり、工事期間中突然の豪雨に見舞われ、ストックしていた防水材が使用できなくなり、急遽取り換えるといったこともありましたが、多少の工期延長で全ての工事を終えることができました。

今回の工事内容は、テラスハウスという住戸形式のため組合員全員の居住環境に関係することでもあり、特に問題なく承認されました。工事の結果、冬場の断熱性の効果は確認されましたが、夏場の効果も期待しているところです。15年前に採用した無機フッ素塗料は今でも光沢が変わらない状態です。

設計監理者より

前回の改修工事の設計監理に関わって以降、継続的に理事会から建物に関しての相談を受けるようになりました。遮熱塗料の付着については工事後も確認していましたので、今回の材料選定は迷うことはありませんでした。ただ「年々夏場の暑さが厳しくなること」や「テラスハウスということで、外部に面するコンクリート面が一般のマンションに比べて多くなること」から、コンクリートの輻射熱を抑えるため、屋根だけでも外断熱工法を採用することとし、防水材の上に高遮熱塗料の付着を施すことにしました。

小野富雄建築設計室　**中島智弘**

お問い合わせ

リノ・ハピア株式会社
営業部

〒145-0062 東京都大田区北千束3-1-3
☎03-3748-4021
http://reno-happia.co.jp/

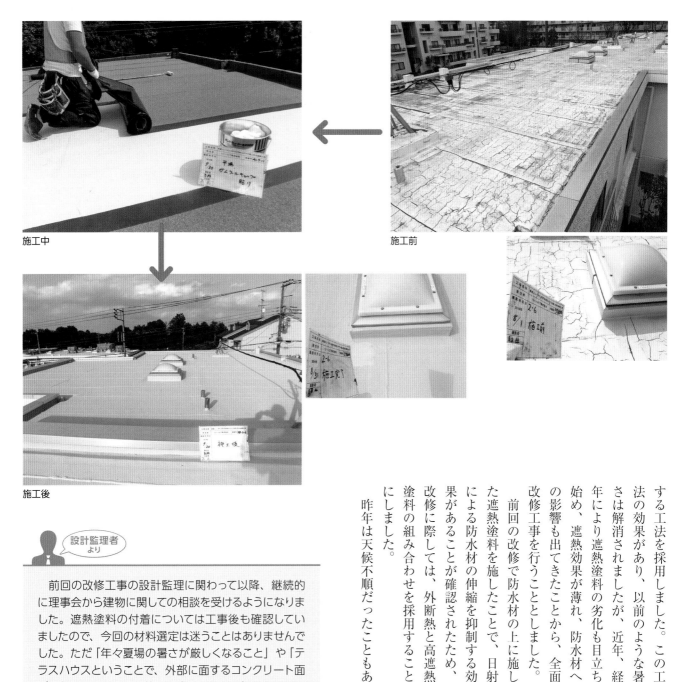

積算資料 ポケット版 シリーズ

住宅の部位別工事単価

積算資料 ポケット版 リフォーム編 2020

■年1冊(10月)発刊

建築工事研究会 編
■A5判 716頁
■定価 2,934円(本体2,667円+税)

年間購読料(税込、送料サービス) 2,640円

戸建・マンション専有部のリフォーム工事費を部位別に掲載。特集は、「次世代住宅ポイント制度」「住宅の耐震化」「老後に備える 健康・快適リフォーム」。設計・見積り実例では、「長期優良住宅」「耐震」「省エネ」をはじめとした10事例を詳細まで分かり易く紹介。今号も「見積りの算出例」などリフォームに役立つ情報が満載。

共用部分修繕の工事単価

積算資料 ポケット版 マンション修繕編 2019/2020

■隔年1冊(7月)発刊

建築工事研究会 編
■A5判 444頁
■定価 2,934円(本体2,667円+税)

マンション共用部分修繕に関する工事単価について、長期修繕計画標準様式の修繕工事項目に基づき掲載。特集は「マンションの修繕工事におけるドローンの活用について」「マンション計画修繕工事における石綿含有建築用仕上塗材対応ガイドライン」の2テーマ。見積り実例では、大規模修繕、排水設備改修、耐震改修、給排水管更新、サッシ更新、給排水設備の合計6事例を掲載。

積算資料 ポケット版 マンション修繕編別冊

マンション建替えモデル事例集II

経済調査会 編集
■A4変型判 132頁
■定価 1,210円(本体1,100円+税)

高経年マンションを再生させるための"建替え"を検討中の方々へ、成功に導くための進め方とポイントをこれまでに実施された事例を交えてわかりやすく紹介。

積算資料 ポケット版 マンション修繕編別冊

マンション給排水モデル事例集

経済調査会 編集
■A4変型判 128頁
■定価 1,210円(本体1,100円+税)

マンションを長持ちさせるための給排水設備の改修方法について、これまで実施された事例を交えてわかりやすく紹介。

積算資料 ポケット版 マンション修繕編別冊

マンション地震対策モデル事例集

経済調査会 編集
■A4変型判 84頁
■定価 998円(本体907円+税)

すでに地震対策に取り組んでいる、またはこれから本格的に地震対策への取り組みを検討しているマンション管理組合の方々に、実際に地震対策を行ったマンションの事例を解説付きでわかりやすく紹介。

● お申し込み・お問い合わせは ●

経済調査会出版物管理事務代行
KSC・ジャパン(株) 0120-217-106 FAX 03-6868-0901

詳細・無料体験版・ご購入はこちら！
Bookけんせつ Plaza 検索

マンション改修に役立つ
製品紹介

アイホン …… 120

オンダ製作所 …… 122

ブリヂストン …… 124

インターホンのリニューアルで快適で安心・安全な暮らしを実現

アイホン

アイホンは、1948年に創業し70年以上にわたってインターホン一筋に邁進してきました。これまでに培ってきたコミュニケーションとセキュリティ技術は、いま、住宅をはじめ、病院・介護施設、オフィスビルなど人が活動するさまざまなシーンに活躍の場を広げています。今後も社会のニーズにこれまで以上に柔軟に対応していきます。

安心安全な暮らしのためにインターホンリニューアルを

近年、設備（システム）は高度化、複雑化され、日ごろの保守・点検をもってしても他の設備機器と同様、その機能と性能の信頼性の維持には、経年的な限界を避けて通ることはできません。更新期間が遅れると不測の事態を招く恐れがあり、設置後の一定期間を経過したときに設備（システム）の更新をすることが望ましいです。

インターホン工業会では主要インターホン設備（システム）について、調査研究等に基づいて考察し、更新を必要とするおおよその期間を上記のように設定し、期間経過時に更新を勧めています。

主要インターホン設備（システム）の更新期間

主要インターホン設備（システム）	一般住宅用（家庭用）インターホン	集合住宅用インターホンシステム
おおよその更新期間	10年	15年

●不具合発生率のイメージ

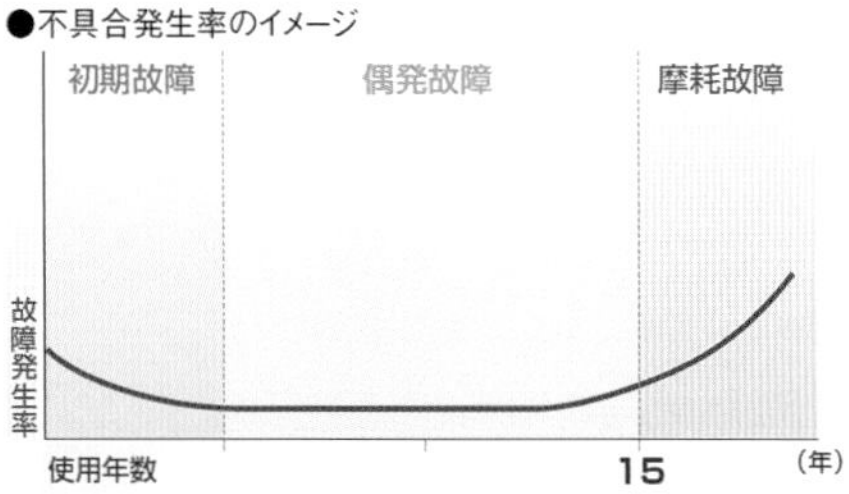

外出先でもスマートフォン・タブレットで来訪者の映像・通話・お知らせの確認が可能

集合住宅用システム VIXUS ADVANCEシリーズ

共働き世帯の増加に伴い自宅を留守にする時間帯が増加している中、外出先でも在宅しているときと同様にインターホンの対応が可能です。

スマートフォンで対応することで、例えば宅配業者への再配達依頼をその場で行うことができたり、お子様が帰宅した際の連絡手

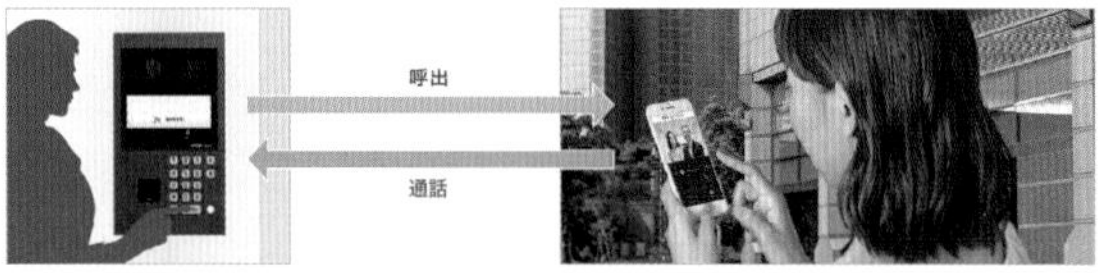

■ 宅配業者に再配達依頼

宅配業者が来た時に、スマートフォンで通話が可能。「2時間後にお願い」など、再配達をその場で依頼。

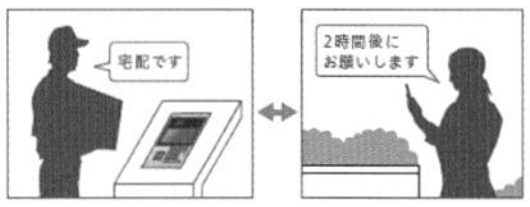

■ お子様に「おかえり」

お子様が帰宅時に集合玄関機を押すことで、お手持ちのスマートフォンと通話が可能に。

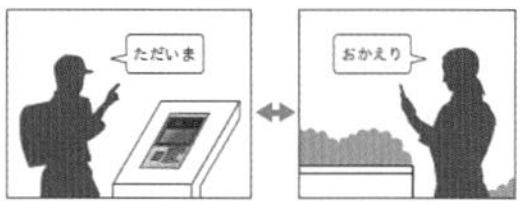

警報や通知の受信も可能

火災・ガス漏れ等の警報や、宅配などの通知を外出先で受信することができます。

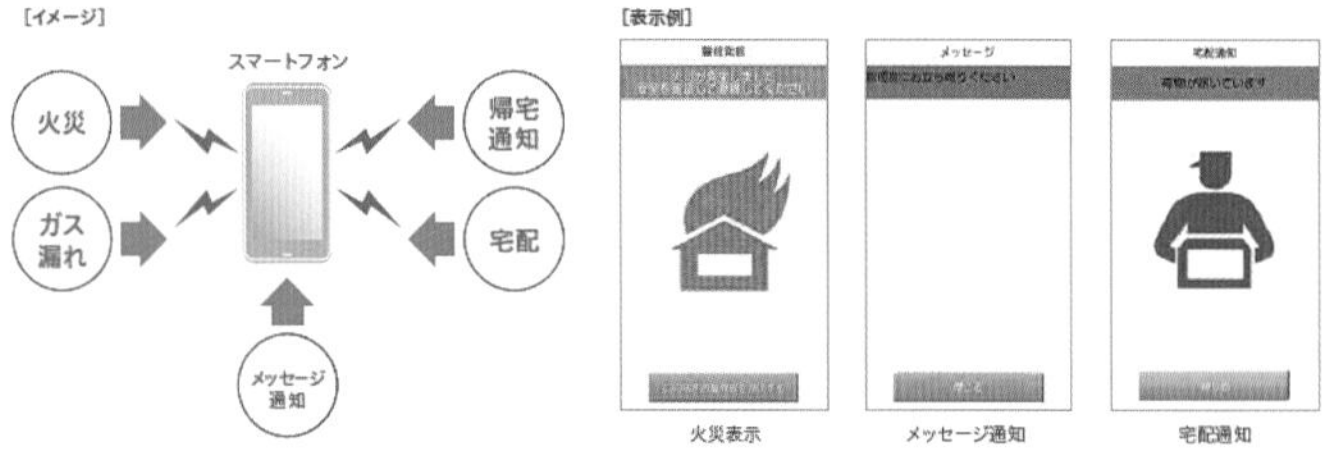

段としても使用できます。また、火災警報器やガス漏れ感知器がインターホンと接続されていれば、作動した際の警報を受信することも可能です。

集合玄関機もさらに便利に、そして防犯に役立ちます。

マンションのエントランスに設置される集合玄関機にもいろいろな機能が搭載されています。

集合玄関機がセンサーにより来訪者を検知すると、画面が自動で起動しメッセージを表示します。メッセージは変更することができ、警告メッセージを作成し表示することで防犯にも役立ちます。また、フレームチェック機能を搭載、来訪者自身がどのようにカメラに映っているかを確認できるだけでなく、「映されている」認識を与えることで防犯性を高めます。

取り替え後の仕上がりにこだわった居室親機

マンションで使われているインターホンは多種多様。設置された年代や規模によりシステムもさまざまです。そこであえて機器サイズを大きくすることで、今お使いの機器の取付跡をきれいに隠すことができます。

自動火災報知設備のリニューアル

自動火災報知設備機器も、インターホンと同時期に更新を勧めています。日本火災報知機工業会が推奨する機器更新の期間がインターホンと同期間ということもあり、同じ居室内工事を必要とする設備として一括提案を行っています。

保守メンテナンス付きの安心リースプランもご用意

更新費用を月々の管理費から支払うことが可能です。また、万が一機器が故障しても専用のフリーダイヤルでいつでも受付対応しますので安心です。

初期導入費が不要で、最新インターホン設備への更新を後押しします。

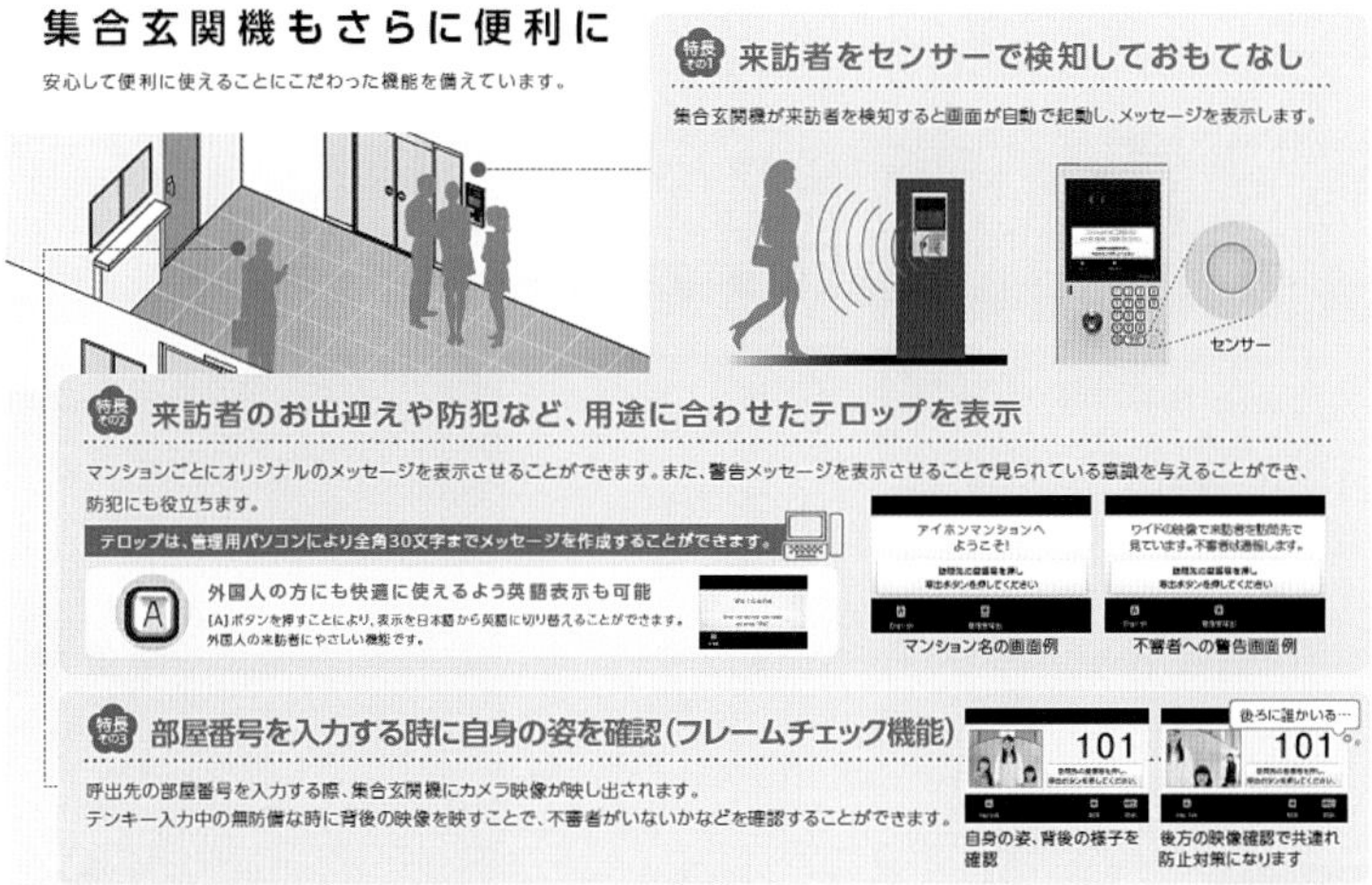
集合玄関機もさらに便利に
安心して便利に使えることにこだわった機能を備えています。
特長その1 来訪者をセンサーで検知しておもてなし
集合玄関機が来訪者を検知すると画面が自動で起動し、メッセージを表示します。
センサー
特長その2 来訪者のお出迎えや防犯など、用途に合わせたテロップを表示
マンションごとにオリジナルのメッセージを表示させることができます。また、警告メッセージを表示させることで見られている意識を与えることができ、防犯にも役立ちます。
テロップは、管理用パソコンにより全角30文字までメッセージを作成することができます。
外国人の方にも快適に使えるよう英語表示も可能
[A]ボタンを押すことにより、表示を日本語から英語に切り替えることができます。外国人の来訪者にやさしい機能です。
アイホンマンションへ ようこそ!
ワイドの映像で来訪者を動画先で見ています。不審者は通報します。
マンション名の画面例
不審者への警告画面例
特長その3 部屋番号を入力する時に自身の姿を確認(フレームチェック機能)
呼出先の部屋番号を入力する際、集合玄関機にカメラ映像が映し出されます。
テンキー入力中の無防備な時に背後の映像を映すことで、不審者がいないかなどを確認することができます。
101
後ろに誰かいる…
自身の姿、背後の様子を確認
後方の映像確認で共連れ防止対策になります

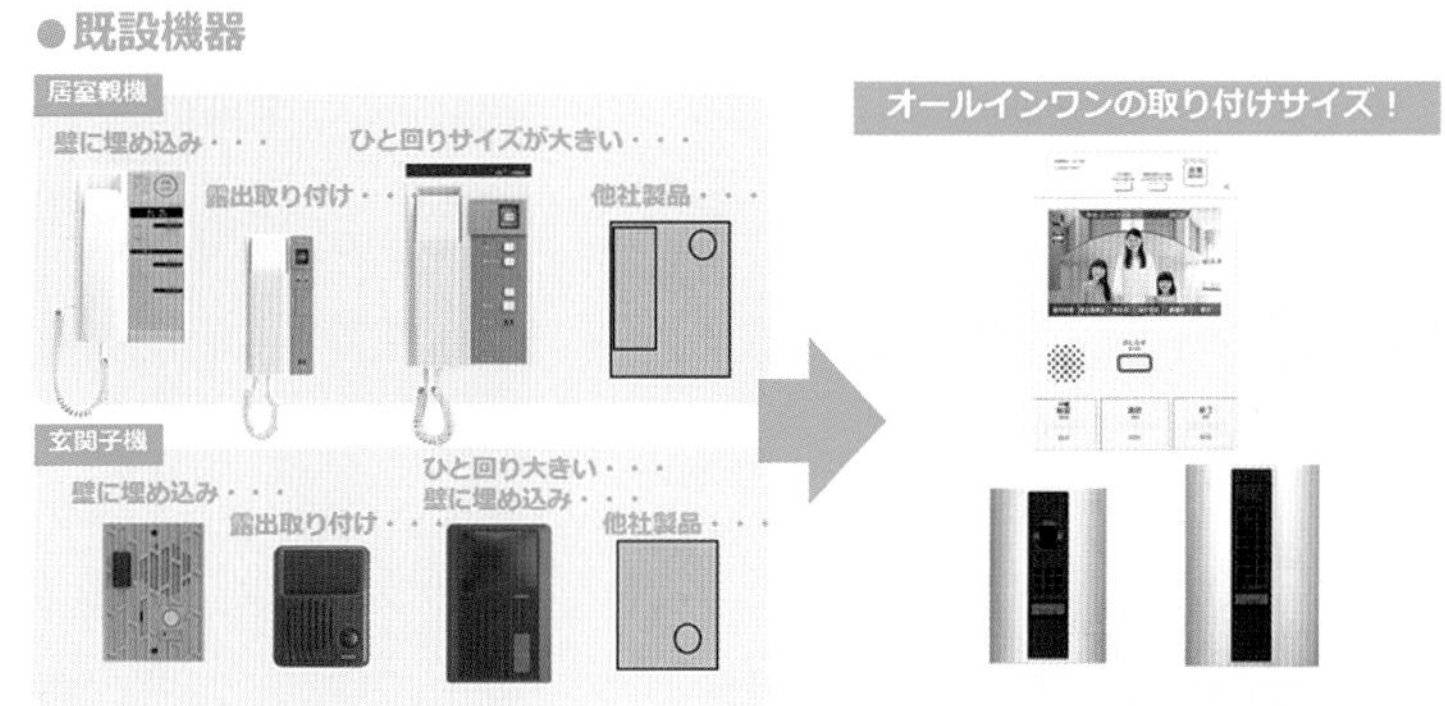
●既設機器
居室親機
壁に埋め込み・・・
露出取り付け・・・
ひと回りサイズが大きい・・・
他社製品・・・
玄関子機
壁に埋め込み・・・
露出取り付け・・・
ひと回り大きい・・・
壁に埋め込み・・・
他社製品・・・
オールインワンの取り付けサイズ!

お問い合わせ

アイホン株式会社
お客様相談センター

0120-141-092
(携帯電話からは☎0565-43-1390)
【受付時間】9時～17時30分
(土・日・祝日、およびお盆、年末、年始、GWを除く)
https://www.aiphone.co.jp/

主要自火報設備機器の更新期間

主要機器	おおよその更新期間
受信機	15年
煙式感知器	10年
熱感知器(半導体式)	10年

▲(一社)日本火災報知機工業会「既設の自動火災報知設備機器の更新について」より

主要インターホン設備(システム)の更新期間

主要インターホン設備(システム)	おおよその更新期間
一般住宅用(家庭用)インターホン	10年
集合住宅用インターホンシステム	15年

▲インターホン工業会広報資料より

インターホンシステム、自火報受信機、共に更新期間が**15年**です。
インターホンのリニューアルを機に、一括更新をお勧めします。

ダブルロックジョイントRevosでリフォームに〝まんぞく〟を

オンダ製作所

オンダ製作所は、成長を続ける配管資材の総合メーカーです。1998年に外径シール構造ワンタッチ継手「ダブルロックジョイント」を発売し、20年以上ご愛顧いただいております。そして、さらなる進化を追い求め、2018年に「ダブルロックジョイントRevos」を発売。これからも皆さまが満足する製品を開発していきます。

流量不足が起こりやすい配管リフォーム

近年、専有部分における、給水・給湯配管リフォームを行う機会が増えています。施主様は、錆や漏水等の問題を抱えた既設配管を樹脂管へ更新することで、生活環境が改善されることを期待しますが、「工事後にシャワーの勢いが弱くなった」という意見をよく耳にします。その要因の一つとして挙げられるのが、リフォーム配管にはエルボ継手を多用することです。図1は、躯体をかわすためにエルボ継手を多用するリフォーム配管のイメージです。このようにエルボ継手を多用すると、継手を一つ使用するごとに継手一つ分の圧力損失が発生するため、継手を多く使用するほど水の出が悪くなります。特に高架水槽・電気温水器等を使用する環境では元々の水圧が通常より低いため、より流量不足が発生しやすくなります。

この問題を解決すべく、圧力損失を徹底的に小さくした樹脂製エルボ継手を開発しました。

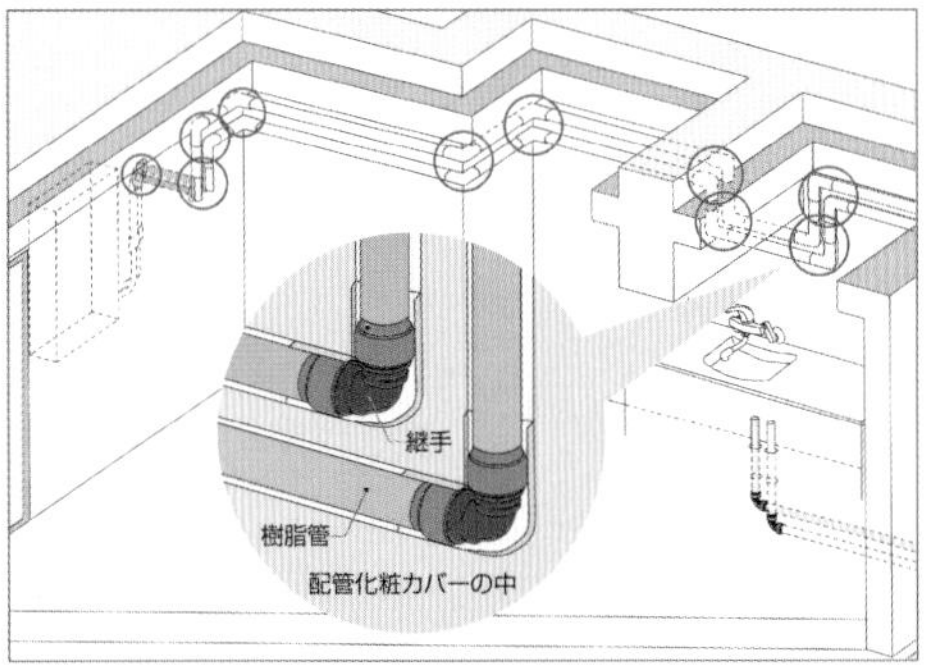

図1　リフォーム時の配管イメージ

従来のエルボ継手の圧力損失について

継手の構造は「外径シール」と「内径シール」があります。一般的に内径シール継手は継手内部の流路径が樹脂管の内径と比べて狭くなり、大きな圧力損失が生じます。一方、外径シール継手は継手内部の流路径が樹脂管の内径とほぼ同等となり、圧力損失は生じにくくなります。

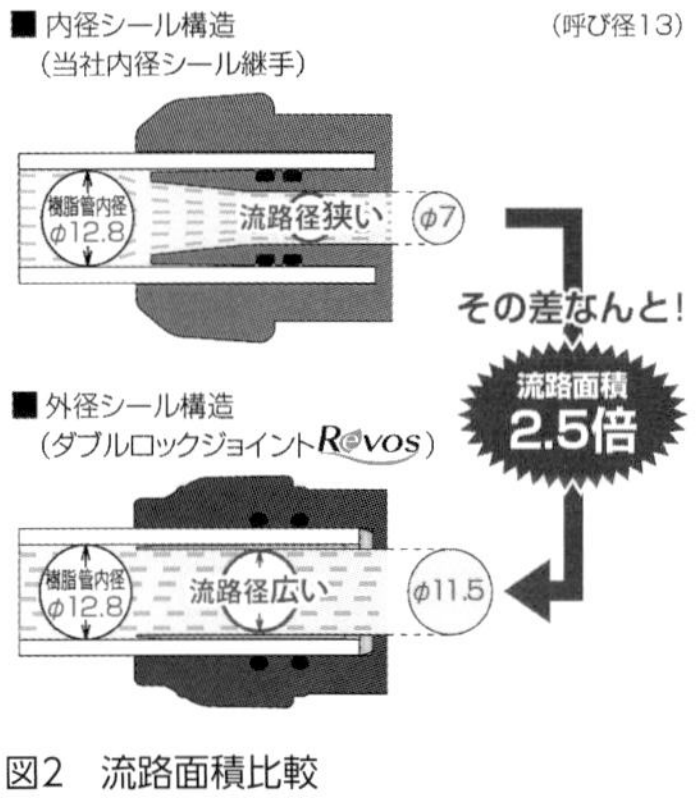

図2　流路面積比較

新開発 ダブルロックジョイントRevos〝なめらか〟エルボ

外径シール継手でも、エルボ継手においては継手内の曲り部で少なからず圧力損失が発生しています（内径シール継手の4分の1。13Aサイズを比較した場合）。

Revosのなめらかエルボは、「外径シール構造」が採用されています。加えて、金型に特殊技術を採用し、継手曲り部により〝なめらか〟な流路形状を持たせることで、圧力損失を表す相当管長※の値は内径シール継手のわずか20分の1となります（16Aサイズを比較した場合）。従来の外径シール継手よりも、さらにスムーズな水の流れを実現し、圧力損失の低減が可能となりました。

従って、Ｒｅｖｏｓのなめらかエルボは、従来品にはない圧倒的な大流量で流量不足を解消することも可能となりました。

※相当管長：管継手などの圧力損失を、管路径と同じ直管の長さに置き換えた数値。

さらに、Ｒｅｖｏｓのなめらかエルボは、エネルギーロスも少ないため、省エネにも貢献します。

なめらかエルボは住宅のリフォーム配管等において流量不足を解消し、省エネに大きく寄与するものとして、２０１９年度省エネ大賞（製品・ビジネスモデル部門）において、最高賞である経済産業大臣賞を受賞しました。

図3

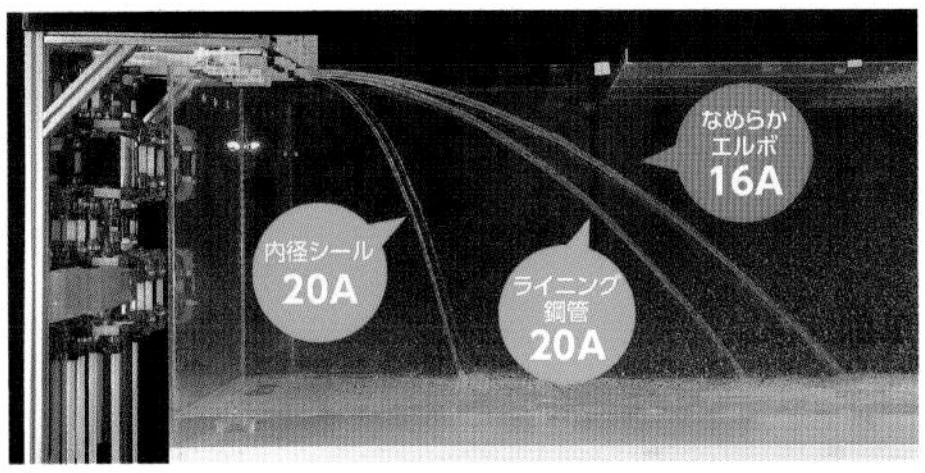

図4　エルボ継手 流量比較
(リフォーム時の配管を想定し、エルボを10個ずつ使用した流量比較)

リフォーム配管の実例

築40年のマンション配管のリフォーム事例を紹介します。新設時には床下に配管していましたが、リフォーム時は床下を通すのが困難なため、配管化粧カバー等を用いて部屋の壁に沿うように露出配管を敷設しました。

このリフォーム現場では、47個のなめらかエルボを使用しました。特に流量不足の問題が発生しやすい浴室（シャワー）までの給湯配管にはエルボ継手20個を使用しています。継手一つ一つで圧力損失が発生するため、一般的な樹脂管を用いた新築時よりリフォーム時の方が、非常に大きな圧力損失が発生します。特に、継手の圧力損失が大きい内径シール継手を使用した場合、流量不足になる可能性があります。

今回のリフォーム現場において内径シール継手を使用した場合と、従来の外径シール継手を使用した場合、なめらかエルボを使用した場合の相当管長の比較を行いました。図５のように、内径シール継手を使用した場合の相当管長の値は２００ｍ、Ｒｅｖｏｓを使用した場合はその20分の１の10ｍとなります。

■ エルボ継手を20個使用した場合の相当管長

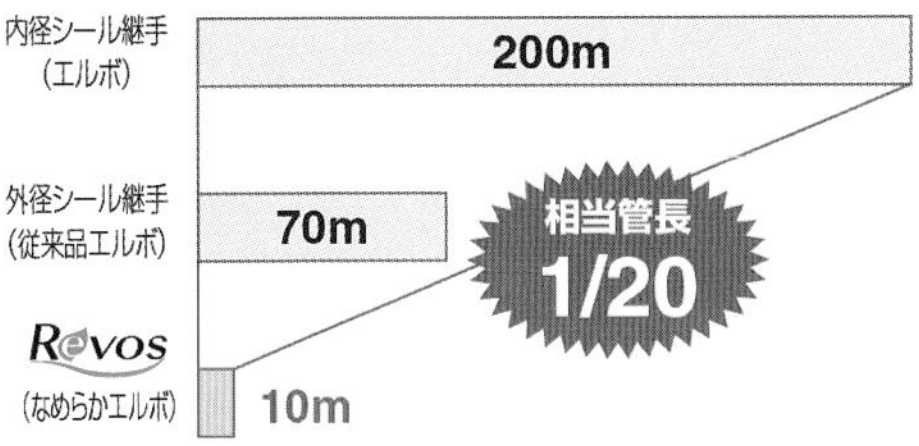

図5　相当管長比較（16A）

以上のことから、リフォーム配管の際には、内径シール継手よりも外径シール継手、外径シール継手の中でも、より圧力損失が少ないなめらかエルボを使用することが、流量不足対策として効果的といえます。

リフォームに〝まんぞく〟を

圧力損失が小さい、Ｒｅｖｏｓのなめらかエルボを使用することで、流量不足問題の解決はもちろん、省エネルギー・配管口径サイズダウン等のさまざまなメリットがあります。なめらかエルボによって、施主側、施工側の誰もが〝まんぞく〟し、地球環境に優しい配管リフォームの実現が可能となりました。

お問い合わせ
株式会社オンダ製作所
東京営業所
〒101-0032 東京都千代田区岩本町1-10-5
TMMビル3階
☎03-5822-2061
https://www.onda.co.jp

集合住宅・リフォームなど幅広い分野に対応

ブリヂストン

マンションリフォーム需要の増加

２０１６年に閣議決定された「住生活基本計画」では、住宅リフォーム市場を２０１３年の７兆円から、２０２５年には12兆円まで拡大させることが目標とされており、ストック型の住宅市場への転換が予測されています。

２０１７年末時点のマンションストックは６４４万戸といわれており、築40年を超える高経年マンションが全体の10％を占めています。この割合は20年後には約40％に達すると予測されており、ストック型市場への転換とともに、高経年マンションへの対応が課題になっています。

給水給湯管の更新

ポリブテンパイプなど錆びない樹脂管が給水給湯管として普及し始めたのは１９９０年頃で、それ以前のマンションには金属管が多く使われています。金属管は経年劣化に伴う腐食によって、赤水や漏水などのトラブルが発生することが多く、住まいの資産価値を維持するために大規模修繕に合わせて専有部分の給水給湯管改修を実施するケースもあります。また、各住戸で行う設備のリフォームでも給水給湯管の更新が必要となります。そのため、末永く快適に住み続けるためには、給水給湯管の更新は欠かせません。

亜鉛メッキ鋼管の腐食事例　ポリブテンパイプ（10年間使用）

給水給湯管の更新は、居住者が生活しながら工事することが多く、短期間で工事を完了することが求められる一方で、壁・天井・床・家具などが設置されているため、新築工事に比べて配管工事が難しいという問題があります。

ブリヂストンがタイヤ製造で培った高分子技術のノウハウを生かして開発した給水給湯用配管材は、優れた施工性から改修工事にも適しており、30年以上の実績を持っています。ブリヂストンの配管材にはポリブテンという柔軟性に優れ、腐食しない樹脂を使用しています。

一般的な樹脂管は、パイプがロール状に巻かれた状態で販売されているため、パイプに巻き癖と呼ばれる「うねり」があり、壁裏など狭小部を配管する改修工事には適さないケースがありますが、ブリヂストンが独自の製法で生産している「らく楽パイプ」は、巻き癖が少なく、優れた直進性によって狭小部の工事に効果を発揮します。

また、樹脂管は保温材と呼ばれる発泡ポリエチレンで外側を保護

らく楽コルゲートパイプ　らく楽パイプ保温厚(5mm)

自社試験結果※1では傷は確認されませんでした。
※1：パイプの片側に4kgの錘をかけて木材摩擦耐傷性評価実施

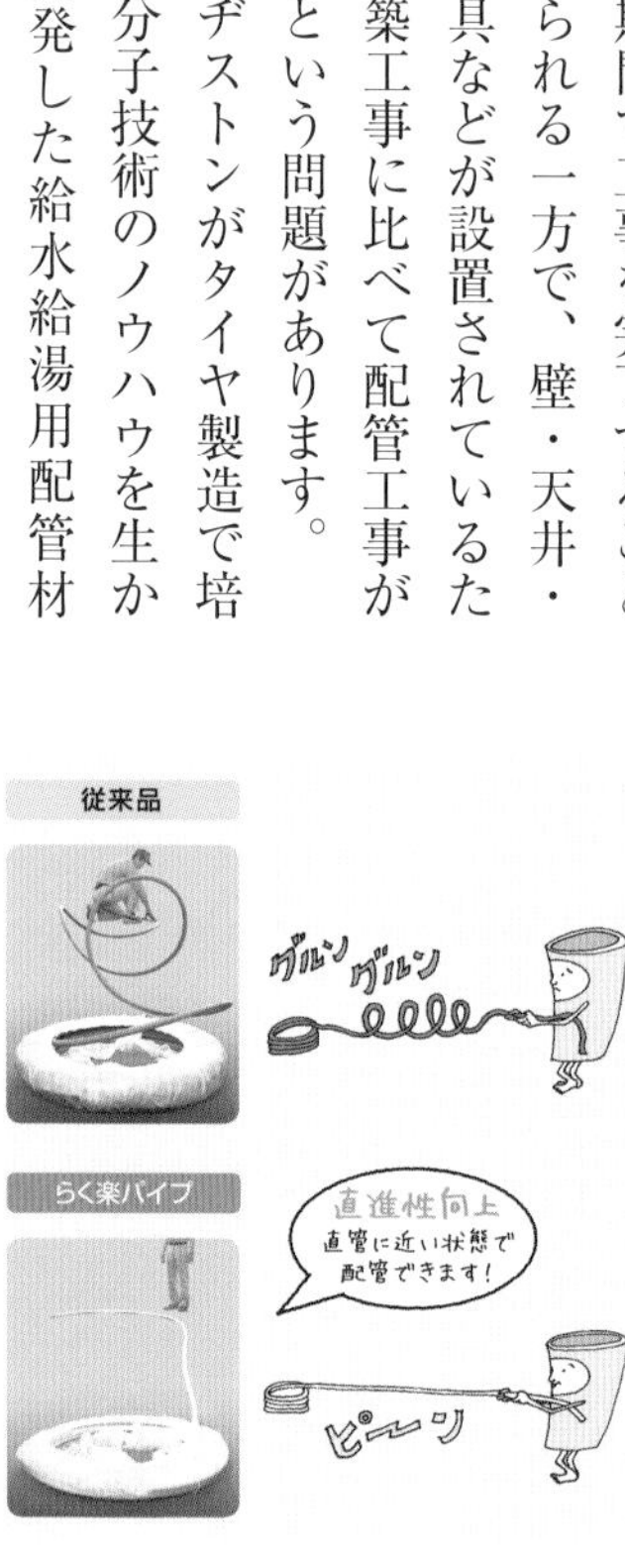

することが多いのですが、保温材は破れやすく、狭小部を配管する際に破れて本来の役割を果たさないといった問題があります。ブリヂストンが独自に開発した「らく楽コルゲートパイプ」は、傷に強く破れにくい外被でパイプを保護しているため、工事品質の確保・向上にも貢献しています。

　また、ポリブテンパイプ同士やパイプと水栓具を接続する部材「継手」においても独自の技術を用いた商品を開発しています。ブリヂストンはロウ付けや融着などの専門技術がいらないワンタッチ接続構造の継手を国内で最初に開発しており、その簡単な施工性によって現場工事の工期短縮化や工事品質の安定化に貢献しています。

　大切な住まいに、安心してブリヂストン商品をお使いいただくために、「人の命を預かるタイヤ品質でのモノづくり」に取り組み、JIS規格の評価基準に加えて、ブリヂストン独自の安全基準で製品を開発しています。また、品質維持のために、製品生産時にはパイプの全長検査、継手の全品検査を行っています。

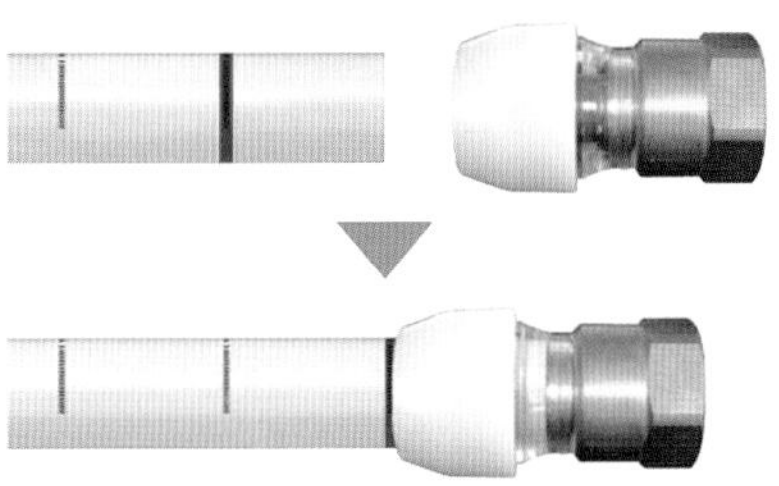

パイプを差し込むだけのワンタッチ接続

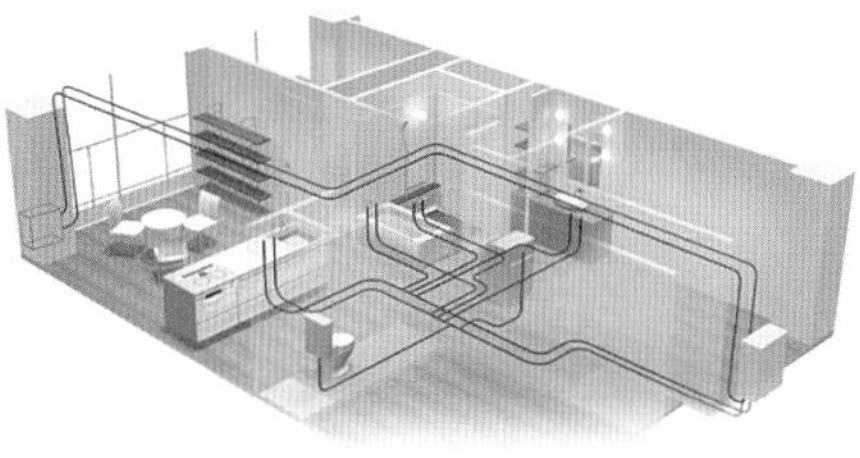

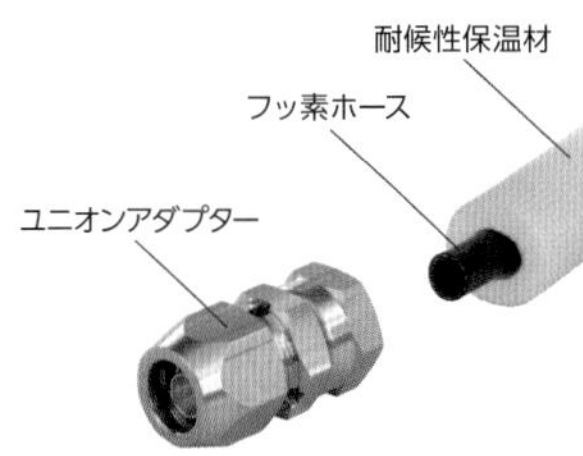

エコるーぷ構成部材

エコキュート（ヒートポンプ）用配管の更新

　近年の環境意識の高まり、国の環境施策の推進を受けて、エコキュート※2の出荷台数は年々増加しており、戸建て向けZEH（2012年開始）、集合住宅向けZEH―M（2018年開始）の住宅補助金により、エコキュートの導入が一層見込まれています。

　一方で、従来のエコキュートの配管には、一般的な給水給湯用の配管材が用いられることが多く、一部では熱などによる配管の劣化に起因した漏水事故が発生しています。

　集合住宅では、ヒートポンプ（給湯器）と貯湯タンクをつなぐ配管が室内の天井や床下を通っているため、漏水による被害は複数の住戸に及び、深刻な問題に発展する場合もあります。

　また、従来の配管材は熱によって配管材が硬くなるなど柔軟性が不十分なため、改修工事の際に、配管の交換が難しいという課題があります。

　そのため、既設配管の撤去には天井や床を剥がして交換するケースがあり、大掛かりな工事になると居住者が1週間程度のホテル住まいを余儀なくされることもあります。

　ブリヂストンでは油圧用ホースや樹脂管の技術を生かし、耐熱性・柔軟性に優れたエコキュート専用配管材『エコるーぷ』を開発しました。

　『エコるーぷ』は、業界トップクラスの最高使用温度100℃に対応した設計で、機器の寿命を想定した耐久性を持っています。さらに、『エコるーぷ』は優れた柔軟性から配管交換にも適しています。天井や床を剥がす従来の工事と異なり、『エコるーぷ』の工事では、まず天井に点検口を数個設置し、点検口を使って、通貫用の保護管を廊下からベランダまで設置します。最後に、廊下もしくはベランダ側の保護管の端部から『エコるーぷ』を通貫することで、既存の配管材のように天井を剥がすことなく配管交換を行うことができます。さらに、『エコるーぷ』には10年保証が付帯しており、より安心してお使いいただける商品になっています。

※2：「エコキュート」は、電力会社・給湯機メーカーが自然冷媒（CO_2）電気式ヒートポンプ給湯機を総称する愛称です。

お問い合わせ

ブリヂストン化工品ジャパン株式会社

〒105-0011 東京都港区芝公園2-4-1
芝パークビルB-4階
☎03-4590-7008
https://www.bridgestone.co.jp/products/dp/pushmaster/index.html

"積算資料ポケット版 マンション修繕編〈別冊〉シリーズ"
マンション管理組合・居住者のためのモデル事例集!

積算資料 ポケット版 マンション修繕編〈別冊〉　2019年6月発刊

マンション建替えモデル事例集Ⅱ

編集・発行 一般財団法人 経済調査会
A4変型判　132頁
定価　1,210円（本体1,100円+税）

◇高経年マンションを再生させるための"建替え"を検討中の方々へ、成功に導くための進め方とポイントをこれまでに実施された事例を交えてわかりやすく紹介。

主要目次
・巻頭企画　・基礎知識　・モデル事例
・マンション建替えに取り組む企業紹介

本書を推薦します
（公財）マンション管理センター
（公社）全国市街地再開発協会
（公社）日本建築家協会
（公社）日本建築士会連合会
（一社）再開発コーディネーター協会
（一社）マンションライフ継続支援協会
（一社）日本マンション管理士会連合会
（一社）不動産協会
（一社）マンション管理業協会
（一社）マンションリフォーム推進協議会
（一社）マンションリフォーム技術協会
NPO法人全国マンション管理組合連合会
NPO法人リニューアル技術開発協会
建物診断設計事業協同組合

積算資料 ポケット版 マンション修繕編〈別冊〉　2018年5月発刊

マンション給排水モデル事例集

編集・発行 一般財団法人 経済調査会
A4変型判　128頁
定価　1,210円（本体1,100円+税）

◇マンションを長持ちさせるための給排水設備の改修方法について、これまでの事例と最新設備機器をわかりやすく詳細に紹介。

主要目次
・巻頭企画　・モデル事例　・給排水設備改修に取り組む企業紹介

本書を推薦します
（公財）マンション管理センター
（公社）全国市街地再開発協会
（公社）日本建築家協会
（公社）日本建築士会連合会
（一社）マンション計画修繕施工協会
（一社）マンションライフ継続支援協会
（一社）日本マンション管理士会連合会
（一社）不動産協会
（一社）マンション管理業協会
（一社）マンションリフォーム推進協議会
（一社）マンションリフォーム技術協会
NPO法人全国マンション管理組合連合会
NPO法人リニューアル技術開発協会
建物診断設計事業協同組合

積算資料 ポケット版 マンション修繕編〈別冊〉　2017年6月発刊

マンション地震対策モデル事例集

編集・発行 一般財団法人 経済調査会
A4変型判　84頁
定価　998円（本体907円+税）

◇すでに地震対策に取組んでいる、またはこれから本格的に地震対策への取組みを検討しているマンション管理組合の方々に、実際に地震対策を行ったマンションの事例を解説付きでわかりやすく紹介。

主要目次
・巻頭特別インタビュー　・マンション防災の基礎知識
・専門家インタビュー　・マンション地震対策モデル事例
・巻頭特別企画　・マンション地震対策に取組む企業紹介

本書を推薦します
（公財）マンション管理センター
（公社）全国市街地再開発協会
（公社）日本建築家協会
（公社）日本建築士会連合会
（一社）マンション計画修繕施工協会
（一社）再開発コーディネーター協会
（一社）マンションライフ継続支援協会
（一社）日本マンション管理士会連合会
（一社）不動産協会
（一社）マンション管理業協会
（一社）マンションリフォーム推進協議会
（一社）マンションリフォーム技術協会
NPO法人全国マンション管理組合連合会
NPO法人リニューアル技術開発協会
建物診断設計事業協同組合

● お申し込み・お問い合わせは ●

経済調査会出版物管理事務代行
KSC・ジャパン（株）　0120-217-106　FAX 03-6868-0901

詳細・無料体験版・ご購入はこちら!
Bookけんせつ Plaza 検索

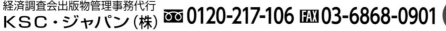

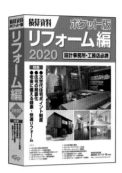

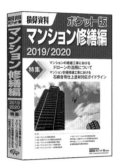

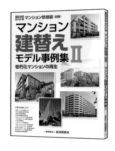

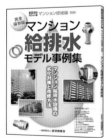

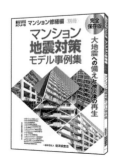

積算資料 ポケット版 マンション修繕編〈別冊〉

マンション改修モデル事例集Ⅱ

2020年6月10日 初版発行

編集発行
一般財団法人 経済調査会
〒105-0004 東京都港区新橋6-17-15 菱進御成門ビル

印刷・製本 株式会社ローヤル企画
誌面デザイン 松澤ともみ

ISBN978-4-86374-279-6

● **書籍購入に関するお問い合わせ**
販売……0120-217-106　FAX 03-6868-0901
（経済調査会出版物管理事務代行 KSC・ジャパン㈱）
書店……☎ 03-5777-8225　FAX 03-5777-8240

● **内容に関するお問い合わせ**
出版事業部 企画調査室……☎ 03-5777-8221　FAX 03-5777-8236

● **広告に関するお問い合わせ**
メディア事業部………………☎ 03-5777-8223　FAX 03-5777-8238

編集協力 ※五十音順

今井 章晴 （株式会社ハル建築設計）
奥澤 健一 （株式会社スペースユニオン）
小野 富雄 （株式会社小野富雄建築設計室）
岸崎 孝弘 （有限会社日欧設計事務所）
齊藤 広子 （横浜市立大学 国際教養学部 教授）
柴田 幸夫 （一般社団法人クリーンコンサルタント連合会　代表理事）
鈴木 和弘 （有限会社八生設計事務所）
中野谷 昌司 （一般社団法人マンション計画修繕施工協会 常務理事）
宮城 秋治 （宮城設計一級建築士事務所）
柳下 雅孝 （有限会社マンションライフパートナーズ）
山口 実 （建物診断設計事業協同組合 理事長）